江西师范大学
区域创新与创业研究中心学术丛书

MARKET ECONOMY:
THEORY AND REVELATION

市场经济：理论与启示

刘荣春 ◎ 著

图书在版编目（CIP）数据

市场经济：理论与启示/刘荣春著. —北京：经济管理出版社，2015.8
ISBN 978-7-5096-3919-1

Ⅰ.①市⋯　Ⅱ.①刘⋯　Ⅲ.①市场经济—研究　Ⅳ.①F014.3

中国版本图书馆 CIP 数据核字（2015）第 203967 号

组稿编辑：丁慧敏
责任编辑：张　艳　丁慧敏
责任印制：司东翔
责任校对：赵天宇

出版发行：经济管理出版社
　　　　　（北京市海淀区北蜂窝 8 号中雅大厦 A 座 11 层　100038）
网　　址：www.E-mp.com.cn
电　　话：（010）51915602
印　　刷：北京九州迅驰传媒文化有限公司
经　　销：新华书店
开　　本：720mm×1000mm/16
印　　张：14.25
字　　数：240 千字
版　　次：2015 年 8 月第 1 版　2015 年 8 月第 1 次印刷
书　　号：ISBN 978-7-5096-3919-1
定　　价：45.00 元

·版权所有　翻印必究·

凡购本社图书，如有印装错误，由本社读者服务部负责调换。
联系地址：北京阜外月坛北小街 2 号
电话：（010）68022974　　邮编：100836

前　言

　　人类社会生产力的真正发展得益于思想家们对市场经济理论的不懈探索和市场体系的日益完善。市场经济意识历史悠久，古希腊、古罗马及秦汉帝国时期的商品货币观念已经孕育了市场经济的思想萌芽。事实上，正真意义上的市场经济理论及相应的制度建设开启于17世纪中叶的资本主义社会。亚当·斯密、李嘉图、巴师夏、西斯蒙第、凯恩斯等经济理论大家对市场经济理论的不断发展，推动着西方市场经济体系的日益完善，带来了近现代西方社会生产力的极大繁荣。

　　20世纪70年代末，中国开始了以市场经济为导向的改革之路。众多学者以极大的勇气和坚定的信念，走上了建设有中国特色社会主义市场经济的探索之路。他们的努力，推动了中国经济由计划向市场的历史蜕变，创造了经济发展史上的"中国奇迹"和"中国模式"。市场经济改革30多年的辉煌历程充分说明，中国经济繁荣发展根植于市场经济体系的不断发展和日益完善。

　　1982年，笔者有幸考取了华东师范大学经济系，开始了经济学的学习与思考。当时，改革开放初启，西方思潮渐次涌入。东西方文化的交织与冲突、商品货币与计划经济的矛盾、西方的繁荣与中国的贫穷等极大地激活了我们的思想，激烈的辩论成为我们学习的一大景观。陈彪如、朱彤书等著名学者所讲述的《西方经济学说史》等课程，使我们对历史上的市场经济理论充满敬仰。《亚当·斯密"看不见的手"的逻辑思路》是笔者本科毕业的论文选题，可见学生时代对"市场经济理论之父"的崇敬，市场经济理论成为笔者学习的主要兴趣。1986年，笔者进入江西师范大学政教系政治经济学教研室，开启了经济学的教研生涯。《西方经济学》《西方经济思想史》《政治经济学》《马列经济原著选读》是笔者长期教授的主课。这样的课程设置，加之中国特色社会主义市场经济建设的改革主题，自然使笔者把"西方市场经济理论及其在中国市场经济建设中的借鉴"作为学习和研究的主线。近30年来，伴随着中国市场经济改革的步伐，先后完成了近百万字的学习心得，从中依稀可见中国市场经济建设的历史脉络和时代特征，梳理下来，主要有以下三个方向：①经济思想史上若干有代表性的经济学家的经济思想介评；②相关市场经济制度的建设研究；③区域经济发展的对策研究。这三点也构成了本书的基本框架。

时光飞逝，2016年就是笔者大学毕业暨从教30周年。在这样一个值得纪念的日子即将到来之际，出版此书，既是对自己过去学习心得的一个总结，更是对自己继续探索更好的市场经济的一个鞭策。

在本书即将付梓之际，感谢老师、同事们对我的关心和帮助，感谢家人无私的付出和艰辛，感谢他们！

谨以此书献给我引以为傲的女儿，祝她正义健康、愉快地成功！

刘荣春

2015年7月于南昌

目 录

第一篇 若干重要市场经济理论新解

第一章 简论李嘉图的机器与失业关系理论 …………………………………… 3
第二章 对亚当·斯密财富增长理论的探析 …………………………………… 7
第三章 市场理性与道德同情的有机结合
　　　　——亚当·斯密"看不见的手"调节机制新探 ………………… 12
第四章 巴师夏"经济和谐论"的历史庸俗性、合理内核
　　　　及现代启示 ……………………………………………………… 19
第五章 凯恩斯货币需求理论与我国民间资本需求动机分析 ………… 28
第六章 公共选择理论的政府失败说及对我国的启示 ………………… 33
第七章 西方管理思想中的人性观 ……………………………………… 39
第八章 先秦时期盐业管理思想初探 …………………………………… 44
第九章 试论刘晏的盐业管理思想 ……………………………………… 48
第十章 再论马克思恩格斯的经济伦理思想 …………………………… 53
第十一章 毛泽东经济思想中的几个问题探析 ………………………… 62

第二篇 市场经济实践

第十二章 西方经济学中的宏观调控目标与我国宏观调控
　　　　　目标的定位分析 ………………………………………………… 69
第十三章 科学发展观视野中的生产力跨越式发展 …………………… 74
第十四章 如何调控地方政府投资 ……………………………………… 81
第十五章 城镇国有土地产权市场的马克思主义经济学思考 ………… 85

第十六章	我国产权交易市场发展的若干思考	89
第十七章	对我国私营企业建立的现代企业制度的若干思考	93
第十八章	我国经济增长中投资与消费的失衡及其矫治	98
第十九章	发达国家的融资租赁模式及对我国中小企业的启示	103
第二十章	我国会展经济发展中的若干问题思考	111
第二十一章	公开市场业务对经济增长的传导路径探析	118
第二十二章	服务在市场营销中的核心地位刍议	122
第二十三章	西方跨期消费理论和刺激内需的几点政策性建议	127
第二十四章	我国合资企业跨文化差异解析	130
第二十五章	寻租与制度建构分析	133
第二十六章	跨国公司对华并购现状、趋势、影响及对策分析	140

第三篇　区域经济发展

第二十七章	经济全球化时代我国生产力跨越式发展的哲学思考	147
第二十八章	区域创新体系建设的路径选择——以江西省南昌市为例	160
第二十九章	国内外科技发展战略比较研究	167
第三十章	可持续发展指标体系实例研究	171
第三十一章	区域对外科技交流与合作的环境约束及对策研究——以南昌市为例	176
第三十二章	江西省产业竞争力研究——基于赣粤产业区位商的对比分析	180
第三十三章	推进江西省经济持续快速增长的宏观政策选择	185
第三十四章	资源禀赋与产业融合下江西省创业发展模式探讨	190
第三十五章	基于农批市场经营户视角的农产品质量安全可追溯行为分析	195
第三十六章	农产品质量安全问题及其解决路径探析	204
第三十七章	构建农产品可追溯体系的理论与实践——以南深农产品批发市场为例	208

参考文献 　217

第一篇

若干重要市场经济理论新解

第一章　简论李嘉图的机器与失业关系理论

李嘉图是英国工业革命时期的资产阶级经济学家，英国古典经济学的完成者。他拥有大量具有划时代意义的学术成就，其中关于机器与失业关系的理论，深刻分析了机器驱逐工人，造成人口过剩的经济规律，为马克思的"相对过剩人口理论"奠定了理论基础。在过去很长一段时间内，我国经济学说界在介绍李嘉图的这一理论时，总是倾向于介绍马克思所肯定的正确结论，而忽略了李嘉图在这一理论上的纠正错误过程，其实，深入了解李嘉图在这一理论上的纠正错误过程，即使在今天来看，也是有意义和启示的。至少可以说明，一个正确理论的形成，要经历否定之否定的过程。

一、机器大工业产生的理论背景

产业革命之后，英国的资本主义由工场手工业阶段进入机器大工业阶段，随着生产的发展，机器的使用日益普遍，资本主义的内在矛盾也逐渐加深，资本家阶级与工人阶级的对立日益尖锐。李嘉图就是在这一时期开始了他的经济学研究。由于受到亚当·斯密的影响，李嘉图一直认为资本主义社会是自然秩序，是唯一合理的社会。在他看来，在资本主义社会中，资本的积累，社会各阶层的收入都会与之保持相同的比例增加。因此，随着资本积累而引起的生产规模的扩大、机器使用的普遍化，在资本家的利润增加和地主阶级的地租增加的同时，工人阶级的收入也相应地增加。他认为机器应用于任何一个生产部门，都可以节省劳动，所以是一种普遍的利益。这时，地主阶级因为商品跌价，所收到的地租可以买到更多的商品。资本家阶级由于最先使用机器，会得到超额利润，此后在这种超额利润因竞争而消失之后，仍可以得到平均利润。工人阶级也因商品跌价，以原有的工资能买到更多的商品。当然，李嘉图承认由于使用机器，生产量增加了，如果需求不随着比例增加，工人就会被资本家解雇，但是这些被解雇的工人又会被别的资本家雇用，生产对社会有用但其需要尚未得到满足的商品。因此，社会上对劳动力的需求不会减少，工资也不会下降。所以他认为工人阶级和别的阶级一样，都会因机器的普遍使用而获得好处。

二、李嘉图失业关系理论存在的问题

当时的实际情况是：资本越积累，工人阶级越贫困，失业者越多。尽管李嘉图有着上述想法，但在这种事实面前，却不得不重新思考，最终认识到上述观点存在错误，需要加以纠正。

约翰·巴顿1817年发表的《影响社会上工人阶级生活状况的现实条件的考察》一文，彻底改变了李嘉图的看法。在这篇论文中，约翰·巴顿对资本积累同社会对劳动力的需要之间的关系进行了探讨，指出尽管资本积累增加，但资本的不同构成部分却不会随着资本积累的增加和生产力的发展而保持同一比例增加。约翰·巴顿认为随着资本积累的增加，流动资本（实为可变资本）部分和固定资本（实为不变资本）部分，会相对地减少。因此，社会上所雇用的劳动力的数目与国家的财富不构成正比例关系。一个工业不发达的国家所雇用的劳动力多于一个工业发达的国家。

约翰·巴顿举了下面的例子来说明他的论点。假定一个纺织资本家拿出资本1000英镑，雇用工人20名，每人每年工资50英镑。又假定进行再生产的时候，这个纺织资本家增投资本1000英镑，这时他的资本就由1000英镑增加至2000英镑，其中1500英镑用于添置机器设备。这样，由于使用机器，劳动生产率大大提高，过去需要20名工人才能完成的工作，现在只需5名工人就能完成。因此，这时资本家的资本增加一倍，但他所雇用的工人不仅没有保持相同比例的增加；相反地，在原先雇用的20名工人中，反而有15人变成多余的了。约翰·巴顿又指出，生产和修理这些机器设备也需要雇用工人。假定生产机器的工人的工资和纺织工人的工资同为每人每年50英镑，1500英镑可以雇用30名生产机器的工人。他又假定一部机器平均可用15年，同时这30名工人所生产的机器，分别卖给15个资本家，在这种情况下，每个资本家在15年中雇用2名工人从事机器生产。他又假定每个资本家需要雇用1名工人修理机器。这样，资本家需要雇用3名工人从事机器生产和机器修理。

因此，约翰·巴顿认为，一个纺织资本家以前需要雇用20名工人，现在由于使用机器只需要雇用5名纺织工人和3名机器制造工人。对整个资本家阶级来说，只需要雇用8名工人，原来雇用的20名工人中，有12名不需要了。

接着约翰·巴顿又指出，资本家由于利润增加了，消费支出也增加了。假定资本家的利润收入为他所拿出资本的10%，在其资本没有增加之前，他的利润收入为100英镑，现在他的资本增加至2000英镑，因此，他的利润收入也就增加至200英镑，假定他把这增加的100英镑收入全部用来添雇家庭佣人，满足个人享受，同时，佣人的工资和工人一样，每人每年为50英镑，那么，这个资本家用他增加的100英镑收入，添雇了2名佣人。这样一来，以2000英镑资本和200英镑的利润收入，这个资本家雇用了5名纺织工人、3名机器制造工人和2名家庭佣人，共10名。这样一来，有10名工人失去了工作。

由此，约翰·巴顿下结论说：对劳动的需求取决于流动资本的增加，而不取决于固定资本的增加。如果这两种资本确实能在一切时间和一切国家都保持相同的比例，那我们就可以说，所雇用工人的人数无疑会随国家财富的增加而增加。但是，这种情况事实上是不会存在的。技术越发达，文化越进步，相对流动资本而言固定资本所占的比例也就越大。英国生产一匹棉布所使用的固定资本，比印度生产同样一匹棉布所使用的固定资本，至少要多100倍，甚至1000倍。在某种情况下，每年积蓄会全部添加到其固定资本中。在这种情况下，劳动需求增加就不可能发生。

约翰·巴顿的上述发现具有历史意义，他不仅最先指出了对劳动力的需要不随资本积累的增加而保持正比例增加这一经济规律，阐明了全部资本是由固定资本和流动资本两部分的一定比例构成，而且指出了资本主义人口的发展趋势，为李嘉图后来提出的"机器驱逐工人，造成人口过剩"的原理提供了理论基础。马克思认为，这是约翰·巴顿的"很大的功劳"。

三、李嘉图对失业关系理论的修正

自约翰·巴顿发表了上述看法之后，李嘉图不仅改变了原先的看法，接受了约翰·巴顿的观点，而且根据约翰·巴顿所阐述的原理，进一步阐述了机器的使用会引起人口过剩，随着资本积累的增加，工人阶级生活状况恶化。

在《政治经济学及赋税原理》（第三版）中，李嘉图改变了原先所持的对劳动力的需要随资本积累的增加而正比例增加的看法。他指出，机器使用的结果，是对地主阶级和资本家阶级所产生的影响。但是，对于工人阶级所产生的影响，他的看法改变了，认为用机器代替人类的劳动，对工人阶级所产生的影响是极其有害的。

李嘉图在批判先前的错误看法时，做了这样的说明：每当社会纯收入增加时，其总收入也会增加。所以使国家纯收入增加的那一原因同时可以使人口过剩，从而使劳动者生活状况恶化。下例能够说明这一结论。他说，假定有一个资本家拿出资本20000英镑来经营农业和生产生活必需品的制造业。假定这20000英镑资本中，7000英镑为固定资本，用来建筑厂房和购置工具等生产资料。其余的13000英镑用来雇用工人。如果资本的利润率为10%，那么，这一笔资本每年为这个资本家提供2000英镑的利润。

假定这个资本家每年以13000英镑的资本继续进行生产。这13000英镑全部用来雇用工人，工人每年同样为他提供2000英镑的利润。这13000英镑的资本所生产的生产物（食物和其他生活必需品）的价值，共为15000英镑，纯收入为2000英镑。这2000英镑的纯收入全部被这个资本家花在个人消费上面。

现在假定这个资本家采用新机器继续进行生产，仍然拿出资本13000英镑，新机器价值则为7500英镑，因此这个资本家只剩下5500英镑用于雇用工人。结果，原先以7500英镑雇用的工人，就会因得不到雇用而失去工作。因此，由于资本家使用机器，对劳动力的需求减少了。这样一来，就有一部分人失业。在现实的资本积累过程中，一方面，资本和人口不断增加；另一方面，粮食生产困难不断增大，粮食价值日益上涨，工资不断上升。工资上升的结果是资本家更多地使用机器进行生产。尽管资本积累会产生一部分对劳动力的需求，造成对劳动力的需求增加。但是相对机器使用的增加而言，对劳动力需求的增加是不断减少的。就这样，随着资本积累的增大，用于机器的资本不断增加，而用于雇用工人的资本却不断减少。这便造成人口相对过剩，工人失业人数日益增加。

李嘉图的这种转变，在政治经济学的发展史上具有划时代的意义。指出了随着资本积累的增加，资本构成发生变化，引起工人失业。表明他对资本主义的积累规律做了比较科学的阐述。马克思指出：李嘉图表述了正确的资本增加规律；向前发展的唯一一点就是"他不仅像约翰·巴顿那样提出，对劳动的需求的增加同机器的发展不是成比例，而且还断言，机器本身造成'人口过剩'，即造成过剩的人口"。李嘉图在机器与失业关系理论上的观点转变，确实经历了否定之否定的过程。这对今天的理论研究，也不无启发。

第二章　对亚当·斯密财富增长理论的探析

将经济发展作为一般分析对象的主要功绩，无疑属于亚当·斯密。这话一点也不过分。确实，20世纪40年代末期以前，在汗牛充栋的经济学著作中，还没有任何一部经济理论著作，像亚当·斯密的传世之作《国富论》那样，通篇以财富增长为主线进行鞭辟入里的剖析。在该书中，亚当·斯密试图说明影响经济增长的因素，安排能够迅速促进财富增长的制度，并提出了一般的财富增长均衡模型。

一、基础和源泉：劳动与资本

亚当·斯密将劳动看作价值的唯一源泉。由此出发，他明确指出，人均产出的增加，一方面取决于投入生产的劳动力数量与质量；另一方面取决于生产劳动者和非生产劳动者的比例。

首先，看看亚当·斯密关于生产劳动者与非生产劳动者的区分。其实当亚当·斯密说劳动是价值的唯一源泉时，他把劳动看作一种基于交换的人类活动。也就是说，劳动生产的产品是以交换为目的，而且在这种互通有无的交换中能够创造剩余价值和利润。相反，不能创造剩余价值的劳动则称为非生产性劳动，例如古代家仆对主人的服务。亚当·斯密从劳动的具体形式出发，认为不管是何种形式的劳动，只要能创造剩余价值，就是生产性劳动。因此，亚当·斯密下了定义：生产劳动是同资本交换的劳动，非生产劳动是同收入（消费）交换的劳动。

两种不同性质的劳动对国民财富增长的作用是不一样的。非生产劳动者消耗了社会财富，妨碍了资本积累的增长。因为每年的劳动生产物的数量是有限的，用以维持非生产性的人手越多，用以维持生产性的人手必越少，而次年生产物亦越少；反之，用以维持非生产性人手越少，用以维持生产性的人手越多，从而次年生产物亦必越多。

其次，在论述劳动作为财富增长原因时，亚当·斯密更加注重劳动的质，即劳动生产率。他指出财富的增长主要依靠劳动生产率的提高。劳动生产率的提高也是劳动生产力的发展，表明劳动在单位时间、单位原材料中能产出更多、更好的产品，从而创造出更多剩余价值。而劳动生产率的提高在于其技术含量的增加，依靠技术进步。同时劳动分工又是技术进步的主要内容。因此劳动分工是提高生产率、增加国民收入的重要途径。这又引出了亚当·斯密对劳动分工的论述。在亚当·斯密看来，分工使同数量劳动者能完成比过去多得多的工作量。亚当·斯密还进一步指出，劳动分工不仅包括工场手工业内部分工，还应包括社会分工：在整个社会，同工场手工业一样，要注意分工以提高生产力。文明民族之所以比原始民族富裕，农业国家之所以不如工业国家富裕，就在于有没有分工和分工程度的不同。同时还必须进一步指出，亚当·斯密认为，分工不是人类智慧的结果而是由人的本性——互通有无的交换性决定的。而这种交易本性是在人类两大行动目标：维持个体生存和种族繁衍的指引下形成的。因为孤立的个体是无法抵抗外界的危险的，他们只有结成社会群体，互相依赖、互相交换各自的情感和物品。在交换中，个人是本着利己主义原则进行的，然而在社会"看不见的手"的指引下能够达到并非他们本意想要达到的社会福利。

最后，关于劳动者数量问题。①这里必须先保证社会中生产劳动者的数量远远大于非生产劳动者的数量。②全社会劳动者的数量必须确保社会的总人口有所增加。但这绝非无限制增加，增加过多会导致工人工资下降，不能维持生活。同时亚当·斯密还发现了社会财富增长与人口增长的比例关系，其中介是工资。也就是说，当一国财富不断增长时，工人工资必然相应增加，社会人口也会随之增加；而当一国财富处于停滞时，则工资、人口不会变化；当一国日益贫穷时，则工资、人口都会有所下降，这样就维持了一个动态平衡。

亚当·斯密把资本看作经济增长的又一源泉。这里的资本如同前文的劳动一样，并非一般意义上的钱，而是用来挣钱的钱，也就是说，这钱能够创造剩余价值。在资本投入再生产以获收入的过程中，根据其在生产资本不同组成部分周转的不同，可以把资本划分为两部分：固定资本和流动资本。在企业中，用于购买有用的机器和工具或改良土地生产力的资本为固定资本，用于购买劳动力和原材料这样的投资品的资本为流动资本。同时，固定资本与流动资本的划分也适用于社会总资本存量的区分。两种类型的资本，都是生产所必需的，且随着工农业的发展，人均占用的流动资本和固定资本也会相应增加，固定资本与流动资本的比例会逐步提高。

固定资本和流动资本是由什么转化而来的呢？或者说投资率是由什么决定的呢？亚当·斯密指出：资本增加，由于节俭；资本减少，由于奢侈与妄为。这表明，他认为追加投资只能通过增加储蓄才能获得。而储蓄主要源于对收入的节省，因为工资是假定全被用于消费的。储蓄总是用于购买投资品，或用来雇用生产劳动者，即用于流动资本与固定资本的追加。这样，储蓄可在一些年内维持较多的生产劳动者，推动更多的劳动量，带来产出和收入的不断增长。因此，从长期看，储蓄过程与投资过程是一个自我强化过程。

什么因素决定了收入在消费与储蓄（或投资）之间的分配比例呢？亚当·斯密认为，追求利润是投资和储蓄的动机，为获利而进行投资和储蓄的欲望，是正常的欲望。只要投资能带来超过风险报酬的利润，储蓄就会进行，资本积累就会持续下去。但是，储蓄与投资还受收入的约束。因为个人资本与国民资本都有一定限度，要增加个人资本与国民资本，都需从收入中节省而不断储蓄。

亚当·斯密极为重视资本积累对经济增长的作用。他指出，要增长一国财富，只能增加生产劳动者的数目和提高劳动者的生产力。而要增加劳动者数目，必须先增加资本和劳动基金。要增进劳动生产率，必须增加便利劳动的机构和工具或者予以改良，否则就要改善工作的分配方式，这些都需要增加资本。劳动供给增长率与资本增长率、工资增长率与资本增长率之间都呈正比例关系，不管一个社会、国家的资本存量多大，不变的投资率总意味着经济停滞，下降的投资率就意味着衰退，而提高的投资率则表明经济进步。而且资本积累的持续增长会促使分工深化，后者又促进了劳动生产率的提高。因此，劳动与资本作为经济增长的两种不可或缺的要素，互相协调、互相促进。劳动作为财富的唯一源泉，是一种创造性的潜能，而资本正是使这种潜能不断变成现实的形式。

二、机制与过程：市场经济

亚当·斯密对社会经济制度的考察，立足于经济的能动主体——个人。在他看来，一切社会经济现象都是具有利己主义本生的个人，即后来所称"经济人"活动的结果。亚当·斯密认为，每个人都在不断努力为其所能支配的资本找到最有利的用途，使其生产物的价值最大。在市场竞争中，他们如同受一只看不见的手的指导,去尽力达到一个并非他本意要达到的目的。人追求自己的利益,往往能更有效地促进社会的利益。正因如此,允许私人自由决定投资方向,是极为重要的。亚当·斯密认为,关于资本用在什么种类的国内产业上,其生产物能有最大价值这一问题,每一个人处在他当前的地位,显然判断得比政治家或立法家好得多。政府则不能胜任预测投资方向的工作:如果政治家企图指导私人运用资本,那不仅是自寻烦恼地去注意最不需要注意的问题,而且是撷取一种不能放心委托给任何个人,也不能放心委任给任何委员会或参议院的权力。因而,国家不能干预经济活动。

这种经济自由主义认为一切都应自由放任,不加限制,任其自由发展,将有利于资本主义生产的发展和国民财富的增长。而自由放任的主要内容就是自由竞争和自由贸易;一切特惠或限制制度,一经完全废除,最单纯的自由制度就会建立起来。每一个人,在他不违反正义的法律时,都应使其完全自由,让其采用自己的方法,追求自己的利益,以其劳动和资本与任何其他人或其他阶级竞争。为此,亚当·斯密主张资本的自由流动,资本家就有随心所欲经营产业的自由,随意变动其生产物价格的自由,自行处理其财产的自由。为了维护自身利益,资本家要求劳动者有自由流动的权利。因为没有劳动的自由流动,资本也就无从取得投资的自由。他说:妨碍劳动者的自由流动,也同样妨碍资本的自由流动。亚当·斯密全力主张自由竞争,认为外国商品和本国制造品都会由于竞争而降低价格,如果缩小竞争只会使商人的利润提高到自然程度以上,其余市民都会为商人的利益而承受不合理的负担。

基于资本与劳动自由流动和自由竞争所形成的就是市场经济制度机制。在市场经济机制下,首先,劳动力的自由流动,解除了劳动者封建社会生产关系的人身依附。确保劳动者能够自由出卖劳动力,从事生产性劳动。同时,社会劳动人口的增减也会随社会生产的发展及资本积累的程度自动调节,既保证社会生产所需劳动人口,又维持社会和谐。其次,劳动生产率的提高受制于劳动分工的程度,而劳动分工是人类物物交换本性所导致的。作为极度发达的商品交换的经济形态——市场经济能够正确有效地促进社会劳动分工,提高劳动生产率。

最后,能够创造价值的资本,其神奇魔力就在于能够增加劳动者的数量,提高劳动者的技能,或增添新型机械和工具,以形成更大的规模经济,从而促进经济增长。但是资本的魔力也必须在市场经济机制下才能发挥作用。只有在市场经济条件下，资本才能自由流通，选择最好的投资机会，争取最大化利润。而且，市场规模越大，资本流通就越自由，寻求利润的机会也就越多，资本积累和资本存量也就越大。同样，资本存量越大，表明市场规模越大。

总之，劳动与资本是亚当·斯密国民财富增长论的两大增长源泉，而市场经济则是促使劳动与资本迅速增加国民财富的最优制度安排，三者相辅相成，互相统一，一起构成亚当·斯密国民财富增长论的理论要点。

第三章　市场理性与道德同情的有机结合
——亚当·斯密"看不见的手"调节机制新探

从19世纪中叶开始，传统经济思想史研究者在对亚当·斯密"看不见的手"调节机制理论内涵进行分析时，往往强调其通过市场内在理性竞争来调节"经济人"的利己冲动，以实现经济社会中私利与公益的协调。事实上，亚当·斯密的以上分析是建立在纯粹市场理性假设基础之上的，他在对现实经济社会的分析中，已敏锐地意识到单靠市场理性这只"看不见的手"往往难以形成对"经济人"利己冲动的制衡，需辅之道德同情之手，才能在真正意义上实现私利与公益的均衡，促进经济社会的和谐统一。我们认为，在市场化程度和市场意识进一步强化的今天，厘清亚当·斯密的"看不见的手"调节机制的理论内涵，对确立我国市场经济主体的经济利益责任和社会道义责任，构建和谐社会主义市场经济有一定的理论和现实意义。

一、亚当·斯密"看不见的手"的思想内涵

"看不见的手"这一词语在亚当·斯密的《天文学》、《道德情操论》和《国富论》三部著作中都曾出现过。在《天文学》一书中，亚当·斯密对"看不见的手"没有做出明确阐释，只是提出了这一概念，而在《道德情操论》和《国富论》中，他则以人的利己心为出发点，分别从不同角度对"看不见的手"的思想内涵加以明确阐释。要理解亚当·斯密"看不见的手"的思想内涵，必须先了解其在三部著作中的不同表述，并把握其内在联系。

亚当·斯密首次使用"看不见的手"是在《天文学》一书中，亚当·斯密先肯定万事万物都有其自身的运动规律，不待外求，但与此同时也存在"朱庇特的这只看不见的手"的影响。显然，亚当·斯密在此并没有形成对"看不见的手"的

明确认识，只是把它看作是对不合理事件的某种调节。但当亚当·斯密在《道德情操论》中再次谈到朱庇特这个神祇时，则把它喻指为人们对道德与罪恶的天然敬畏和恐惧之情。这种天赋情感先于理性存在，而不是出于人的理性、聪明，而是出于神的智慧，指导人们理性地提出和实现社会和谐的目的。

假如我们把亚当·斯密在《道德情操论》中关于朱庇特的这段论述与其在《天文学》中提出的"朱庇特的这只看不见的手"联系起来，可以看出，最早的"看不见的手"的思想内涵应该是指人们出自神的智慧而产生的对道德的敬畏和对罪恶的恐惧的天赋情感，这种天赋情感促使人们惩恶扬善，实现社会和谐。

在《道德情操论》中，亚当·斯密开始形成了对"看不见的手"的明确认识。通过对人类道德同情的分析，亚当·斯密发现，人们表面上受"自爱"（Self-love）之心的驱动去追求财富，获取财富所带来的豪华享受和显赫地位，但本质上财富所带来的一切并不比"百宝箱"中那些提供微小便利的工具多出些什么，人类真正的幸福存在于平静与享受之中。那到底是什么促使人们宁愿放弃平静与享受的幸福而不辞辛劳地去追求财富呢？亚当·斯密认为，这种动力来源于人的同情心，来源于人们对旁人同情、赞赏的需要，而旁人总是倾向于同情他人的快乐、同情财富所能带给主人的享受与满足。亚当·斯密把人的这种天然情感称为"天性的欺骗"，正是这种"天性的欺骗"促使人们不遗余力地追求财富。在《道德情操论》中，亚当·斯密明确提出了正是这种受自爱之心驱使的"天性的欺骗"，导致了富人与穷人关系的均衡与协调，富人在自爱的前提下，受"天性的欺骗"驱使，去救济穷人。人们在追求自身享受时，受"天性的欺骗"驱使，不得不把消费不了的东西分配给如建筑师、烹饪师、雇工之类为他提供享受的人。显然，亚当·斯密在《道德情操论》中"看不见的手"的思想可以理解为：人们对财富的追求或获取，是从荣辱之心一类的私利出发的，是受人们的情感和爱好驱使的，人们在这只"看不见的手"的指导下，在追求狭小私人目的的同时，却始料未及地实现着增进人类福利的更大社会目的，"看不见的手"正是人们自爱行为背后的道德同情。正是这只"看不见的手"促使了富人与穷人、私利与公益的统一。

"看不见的手"第三次出现在《国富论》中时，主要是就市场理性竞争所能导致的有益结果而言的。在《国富论》中，他把自己生活其中的社会看成是一种交换的联合，而这种交换的联合根源在于"人类的本质"。

他认为，人类本性的根本特征是"互通有无、物物交换、互相交易"的倾向;"这种倾向为人类所共有,也为人类所特有,在其他动物中是不存在的"。然而,在他看来,人们彼此之间固然需要互相提供帮助,但是这种帮助并不是出于人们的利他考虑,而是出于利己的考虑。个人利己主义是亚当·斯密整个经济研究的前提和出发点,经济活动的主体就是这种体现人类利己主义本性的个人,即"经济人",一切经济现象都是"经济人"活动的结果。

按照亚当·斯密的看法,虽然每个人追求的是个人利益,但是每个为自己利益打算的人不能不顾及其他也为自己打算的人的利益,从而就自然而然地产生了相互的共同利益。在他看来,每个资本家从事投资时,他所考虑的只是个人利益,然而最终结果却增进整个社会的福利。亚当·斯密在《国富论》中所颂扬的这只"看不见的手",实际上就是市场理性竞争的自发势力,即利己心。在此,我们可以把亚当·斯密"看不见的手"的思想内涵概括为:作为市场主体的"经济人",其并不打算促进公共利益,他所盘算的是自己的利益,但在以利己心为出发点的市场理性这只"看不见的手"的引导下,他会尽力达到并非本意要达到的增加社会公益,实现社会私利与公益的均衡。

亚当·斯密三次对"看不见的手"的叙述中,第一次是在一般意义上的含义模糊的总体比喻,后两次则是"看不见的手"在人类社会生活和经济生活中具体明确的运用。在亚当·斯密看来,后两次源自于人类利己的交换本性。这种交换在《道德情操论》中体现为人们社会情感交换的需要,人们自爱行为的内在动力在于获得同胞的赞赏和钦佩,即同情心;在《国富论》中体现为人们交换产品的需要,在交换中,个人的切身利益受"看不见的手"的支配,自然与他人利益和社会利益相统一。

通过以上分析我们可以看到,亚当·斯密"看不见的手"思想内涵的核心内容是:"看不见的手"是一种对从利己出发的活动进行调节,从而使私利与公益协调的力量。这种力量在经济生活中表现为市场理性,在社会生活中表现为道德同情;作用是实现经济均衡、社会均衡。而这种调节作用的发挥必须以下列条件为基础:①以同情为基础的公正旁观者;②以公正为核心原则的法律制度;③完全平等条件下的自由竞争。

二、"看不见的手"是市场理性与道德同情的有机结合

所谓的"亚当·斯密问题",最早是由19世纪中叶德国历史学派经济学家提

出的。他们认为，亚当·斯密的《道德情操论》和《国富论》存在着相当大的对立和不一致。《道德情操论》把人类行为的动机归结于同情和利他，而在《国富论》中则把人们经济行为的动机归结为利己之心，由此造成了对立和矛盾。例如，卢森贝斯在其《政治经济学史》一书中就明确强调了亚当·斯密的这一问题，他认为，亚当·斯密研究道德世界的出发点是同情心，而研究经济世界的出发点则是利己主义。事实上，只要我们认真领会亚当·斯密"看不见的手"的原义，就不难看出这种所谓"亚当·斯密问题"是不存在的。无论是《道德情操论》还是《国富论》，其所阐述的"看不见的手"的思想内涵都有其共同的出发点，即人的利己心，"看不见的手"是以人的利己之心为出发点而实现私利与公益统一的力量，这种统一是建立在市场理性与道德同情有机结合的基础上。

通过对亚当·斯密"看不见的手"思想内涵的表述，我们可以明确看到，"看不见的手"对经济人的利己调节机制以两种形式表现出来。即在《道德情操论》中以道德同情作为私利和公益的调节机制，而在《国富论》中则以市场理性作为私利和公益的调节机制，两者的有机结合共同实现了经济社会的和谐与统一。

我们先来看看我们已经熟悉的市场理性这只"看不见的手"对"经济人"的调节作用。"经济人"自我利益的实现需以交换的成功为前提，这一方面要求各个单独的"经济人"能自由自主地选择其所从事的特定生产，提高各自的生产率；另一方面又要求交换双方的利益都能得以实现，由此，个人利益与他人利益和社会利益才能统一。牺牲一方成全另一方的交换是违背市场交换本性的，不会长久。在此，以市场理性为核心的"看不见的手"引导人们在从事经济活动时自觉遵守市场理性原则。无疑，亚当·斯密的这种分析是对纯粹市场机制、市场运行的分析，以个人理性对交换本性的自觉遵守为前提。但亚当·斯密也敏锐地看到了：在现实经济生活中，由于各种因素的综合作用，不可避免地会导致市场交换本性被遮蔽。个人逃离"看不见的手"的指导，违背市场理性原则，利用种种不道德的手段，纯粹为谋利而谋利，使市场失去自然和谐。正因为如此，亚当·斯密在《道德情操论》中提出了其对"经济人"的"道德制衡"思想。

在《道德情操论》中，亚当·斯密看到仅仅为获得同胞们的赞同而进行的个人自爱行为并不能使人真正适应社会，而容易导致人们为了获得表面的赞同、荣誉和财富，而采取种种不道德手段，破坏社会道德秩序。因此，他进一步指出："单凭这种对于同胞的赞同所抱的愿望和对他们不赞同所感到的厌恶，并不会使人适应他所处的社会。于是造物主不仅赋予了他某种被人赞同的愿望，而且赋予了他某种应该成为被人赞同对象的愿望，或者说，成为别人看来也应当自我赞同的对象。"这种自我赞同就在于采取正当合法的手段去获得赞同，使得这种赞同实至名归而感到自我满足，它对于"唤起他真正热爱美德和痛恨罪恶必不可少。""看不见的手"作为人们自爱行为的先在指引，不仅促使人们受"天性的欺骗"去不断追求荣誉和财富，而且引导人们受天性的教导去自觉维护道德，遵纪守法。这样，人们对财富与美德的追求统一起来了。显然，亚当·斯密"看不见的手"的思想是对"经济人"利己冲动的有效制衡，这种制衡反映为市场理性与道德同情的有机结合。

三、"看不见的手"的思想对构建和谐社会主义市场经济的若干启示

中共十六届四中全会做出的《中共中央关于加强党的执政能力建设的决定》，首次提出了建设和谐社会的历史任务，表明我们党对所处历史时期的清醒认识，表明党对我国社会所面临的发展机遇和深层次矛盾的准确把握。改革开放以来，我国经济社会得到了快速发展，国民财富日益增加，人民生活水平不断提高，但同时也存在着"为富不仁"、"道义不明"、"法制不全"、"损公利己"等不和谐因素。就我们的市场经济实践而言，早在200多年前亚当·斯密所阐述的"看不见的手"的诸多思想，对已经步入市场经济但仍显幼稚、仍存瑕疵的当代中国有着太多启示。

启示一，进一步完善市场经济体制，通过体制建设消除经济发展中的不和谐因素。

亚当·斯密把建立在自由交换基础上的市场经济体制看作一种合乎人类本性的理想经济体制，能够实现私利与公益的统一，促进社会的和谐。他通过观察与分析，认识到市场机制有一种神奇的力量，能将社会引向物质繁荣与和谐统一。在他心灵深处，充满着对市场机制的颂扬与肯定，市场经济是人类的一个伟大发明，是人类理想的经济制度。亚当·斯密的这些思想，对消除我国经济生活中出现的种种不和谐因素有着深刻的启示。当前，我国经济生活中出现的各种不和谐因素如分配不公、贫富悬殊等，不是因为市场因素太多，而是因为我国市场经济还不完善和不成熟。事实上，市场机制是解决资源配置的最优手段，可以实现经济利益的均衡，可以充分调动社会成员的积极性和创造性，可以把个人利益的追

求转变为对社会利益的增进，促进社会在利益关系上的和谐。我们应努力发挥市场经济对实现社会利益和谐的巨大推动作用，进一步完善而不是削弱市场经济体制，在市场经济这个制度平台上解决经济发展中的不和谐问题，实现社会的经济和谐。

启示二，树立"经济人"的"经济利益责任"意识不仅把"经济人"追求自身最大经济利益看作是经济行为的最高准则，更将其视为应尽的社会责任。

亚当·斯密"看不见的手"是以人的利己本性为出发点，强调"经济人"在利己本性驱动下不断获取和追求自身经济利益的最大化。在此，亚当·斯密事实上已经把追求个人经济利益最大化不仅看作是"经济人"的最高行为准则，更将其视为应尽的社会责任。在经济社会中，"经济人"实现的经济利益越大，对社会尽到的责任也就越大，也越应受到社会的尊重。他的这一思想对我们构建和谐创富环境，实现经济社会的全面发展有着深刻的启示。在市场经济条件下的当代中国，我们太缺乏一种"创富"的社会激励环境。树立"追求自身经济利益最大化是经济人应尽的社会责任"的思想观念，对我们进一步解放思想、尊重"创富"、和谐"创富"、实现"裕民富国"有着积极的推动作用。

启示三，正确理解和把握亚当·斯密的利己本性，促进社会"追求富裕"和"道德提升"的统一。

利己心是亚当·斯密全部思想的出发点。传统研究者往往有失偏颇地认识亚当·斯密的这一思想，把利己心归结为人的自私自利。其实，亚当·斯密心中的利己心绝非自私自利，更不是损人利己，而是一种利己和利他的完美统一。其思想内涵包括以下三个方面：

第一，利己心是人类普遍有效而且永恒不变的人性，是人类一切活动的出发点和原动力。

第二，利己心绝不是极端的自私自利，必须保持"适度感"和"正义感"，即适当地表现自己的利己心和遵守社会正义，这种抑制自我私心而广施仁慈构成了人性的完美。

第三，在以市场经济为主体的社会制度下，在"看不见的手"的引导下，利己心具有自发趋向美德的内在力量。

可见，亚当·斯密所提示的利己本性是追求利己和遵循社会正义的统一。在市场经济条件下，我们更应大力激发人的利己本性，以正确的利己观和完美的人性促进社会"追求富裕"和"道德提升"的统一。

启示四,用自爱之心、他爱之情推动经济社会的全面发展。

亚当·斯密在论述"看不见的手"的调节机制时,把基于个人利益的利己主义称为自爱,自爱是人类的一种美德,是一切经济活动的必要条件。只有在这种自爱条件下,人类从事经济活动才能实现自然与和谐。在我国现实经济活动中,"经济人"追求自身经济利益大都是在自爱之心驱使下进行的,缺乏他人的同情与赞赏,追利和创富行为难以得到社会的同情、赞赏和肯定。这一现象严重影响了我国市场经济的和谐发展。对此,我们必须全面把握亚当·斯密的自爱思想,用"经济人"的自爱之心和旁人的他爱之情,推动经济社会的全面发展,把财富的创造看作受人同情和赞赏的利德行为,形成和谐的全民创富环境。

启示五,加强符合市场理性的道德伦理机制建立,实现市场理性与道德同情的有机结合。

亚当·斯密认为,"看不见的手"的调节机制非常重视市场理性与道德同情的有机结合。改革开放以来,我们建立了市场经济体制,"经济人"追求自身利益最大化的市场理性原则得以充分发挥,但没有真正建立起符合市场理性原则的社会道德伦理机制,"经济人"的自利行为普遍缺乏反映社会道义的道德同情,缺乏应尽的社会道义,经济的发展难以带动社会的全面进步,产生如贫富悬殊、垄断特权、欺行霸市等不良后果。我国目前的道德伦理教育,除结合一定的"时代特征"外,大都局限于儒家"仁义礼智信"的说教,难以体现人的利己本性和市场理性,难以解释市场经济社会的各种现实,更无法支撑整个市场经济的道德伦理基础。在这种符合市场理性的道德伦理机制缺失的情况下,借鉴并运用亚当·斯密以遵从市场理性为原则的伦理道德观,建立符合市场理性的道德伦理机制,可能更加适合我国市场经济。

第四章　巴师夏"经济和谐论"的历史庸俗性、合理内核及现代启示

随着构建和谐社会思想的提出，巴师夏，这个在我国学术界并不引人注意的，被马克思称为"庸俗经济学辩护论的最浅薄因而也是最成功的代表"的法国经济学家，又成为人们纷纷研究的对象，批判者有之，欣赏者更不乏其人。在此背景下，笔者也对巴师夏的"经济和谐论"进行了认真的重温和梳理，并拜阅各方观点，得出的结论依然是必须用马克思主义的世界观和方法论，历史地、辩证地看待巴师夏的这一思想。

一、巴师夏"经济和谐论"重温

巴师夏在其临终之作《经济和谐》一书中，构筑了其"经济和谐论"的完整体系。这一理论力图证明经济和谐是一种自由、平等的和谐，在资本主义自由竞争和平等交换下，个人利益尤其是资本和劳动的利益是和谐一致的。巴师夏对此进行了伦理学和经济学两方面的论证。

在伦理学方面，巴师夏认为，人性是构筑和谐的基础。在他看来，自然和谐的社会秩序受其内部自然规律的支配，后者又取决于人性。他认为，人性是复杂的，有自私的天性、智慧的天性，也有善良和邪恶的天性等。但总的来说，人性无外乎两种，一种是为自己打算的利己天性，另一种是为他人打算的利他天性。他借用神的力量把两种互相矛盾的人性调和起来，断定这两种人性是可以互相补充的，而且善良最终会战胜邪恶。在他的心目中，"向善"是构建自然和谐社会的伦理学基础。

巴师夏"经济和谐论"的经济学论证是建立在其服务交换论和服务价值论基础上的。服务交换论要证明的是经济生活的本质，服务价值论要说明的是经济生活的基础。在巴师夏看来，政治经济学的研究对象是人，而人的本质无非是欲

望、努力和满足三者的结合。因此，欲望、努力和满足就是政治经济学研究的基本内容，经济生活的本质是为了满足人的各种欲望而进行的活动（努力）。巴师夏指出，人的欲望各种各样且会不断地增加，但每个人所能提供的东西非常有限，因此必须通过交换才能满足自己的需要。巴师夏把交换理解为服务的交换，每个人为满足别人的欲望做出的努力，就是为别人提供一种服务，别人用另一种努力和服务报答，这就是两种服务的交换。他依此证明，交换制度是一个非常机巧的制度，它能够把无以计数的欲望和努力连接在一起，使社会具有活力，因此能够进行自由交换的制度是一种能够满足人类欲望的合乎自然原则的和谐制度，资本主义就是这样的制度，所以能够达到和谐。可见，巴师夏的经济和谐是建立在自由交换的基础上的。巴师夏用服务价值论来解释经济生活的基础，在他看来，经济生活的本质在于交换，而交换的基础在于价值，价值又是一种相互交换的服务关系或比例。在他看来，两种交换的服务是等价、平等互利的，交换能够实现各阶级之间利益的和谐，由此他认为，基于等价交换原则的资本主义制度一定是和谐的。可见，巴师夏把等价交换原则看作是经济和谐所应遵循的基本原则。

无偿效用规律是巴师夏"经济和谐论"的重要规律。巴师夏把效用分为两类，一类是上帝或自然无偿赐予的自然财富，即无偿的效用，如空气、阳光等，这类效用在人类交易史中一直是公有的；另一类则是人类行动应给予的社会财富，即具有价值的有偿效用。他指出，随着人们逐渐用自然力来完成他们原先只用体力完成的工作，无偿的效用部分一直在增加，劳动或服务所取得的有效效用部分及价值逐渐缩小，而价值的下降意味着个人财产的削弱。在他看来，人类社会随着公有效用比重的不断提高，个人财富比重逐渐缩小，社会会出现趋于社会化和平等的最强烈的倾向。巴师夏已经把社会化和平等化看作是经济和谐的重要表现。

巴师夏不仅要证明资本主义社会是和谐的社会，还要证明资本主义社会各阶级之间的利益也是和谐的。为此，他提出了财富分配的"资本规律"，即劳资两利而不是劳资对立的分配规律。他认为，随着资本的增加，社会总产品会不断增加，劳动者和资本家任何一方所分得的绝对量都会越来越多，但是，同劳动者所分得的那部分比较，资本家分得的比重将继续减少，这就是伟大的、奇妙的、保险的、必要的和不变的资本规律。巴氏论证说，资本家获得的相对数额会不断下降，是因为随着资本的增加，利息将会不断下降；绝对额将会不断增加，是因为资本总额不断增加，会使得利息总额不断增加。同时他用数字证明"比例于资本的增加，社会总产品中分配给资本家的那部分产品的绝对量也就会增加，但是相对量却会减少；相反地，分配给工人的那部分产品的绝对量和相对量却会增加"。他由此劝说工人和资本家应该很好地合作而不应互相对立，因为双方的利益是一致的。显然，巴师夏在想通过所谓的"资本规律"来说明资本主义社会劳资两利的和谐阶级关系。

巴师夏的"经济和谐论"还包括"资本里面存在和谐"的重要思想。他认为，资本主义社会现实的和谐立足于过去，过去的人不断创立和积累资本，创造资本是一种精神和社会的美德。而资本的根源来自于人类的某种天性——先见、智慧和节约。为了创造资本，我们必须面对未来，并且为了未来而牺牲现在，为了一种崇高的目的我们必须控制自己，控制我们的口味；我们必须抗拒现时享乐的引诱，控制虚荣心的冲动、时尚和社会舆论反复无常的变化，这些对于一般不思前顾后和奢侈的人是富有诱惑力的。所以，资本的获得是和一种精神的和社会的美德联系着的。巴师夏还进一步认为，不仅资本的创造需要精神的和社会的美德，而且资本的作用也需要精神的和社会的美德。他认为，资本作用的特殊影响就是为我们取得自然界的合作，使我们在生产上能够从最繁重、最费体力和最原始的工作中解放出来，使明智的原则越来越占优势；扩大闲暇的领域；减少人类原有的生理欲望的迫切性，使之更易于得到满足；同时用种种在本质上更高尚、更细腻、更文雅、更艺术和更神圣的欲望享受代替它们。所以，资本可以使人们的欲望高尚化、努力轻便化、享乐纯洁化、道德习惯化，可以促进公平、平等和自由。他由此得出结论：资本存在着一切伟大的自然规律的无可怀疑的音调和标志——和谐。

二、巴师夏"经济和谐论"的历史庸俗性

尽管当我们可以看到巴师夏的"经济和谐论"思想对构建和谐社会的诸多启示，甚至有些观点从现在来看可谓远见卓识。但切不可由此否认或回避该思想的"庸俗性本质"，更不能由此动摇马克思对巴师夏在经济学说史的历史定位。

改革开放以来，随着西方经济思想的引入，我国学界对马克思将李嘉图之后的西方主流经济思想（指18世纪末至19世纪60年代的西方主流经济思想）归

结为庸俗经济学颇有微词，甚至有人干脆按西方经济学家的划分方法，将这一时期的西方主流经济思想归结为反映市场经济共性的所谓"新古典经济学"。笔者以为这是不符合历史事实的，是回避实质问题的一种妥协和退让。事实上，马克思将这一时期的西方主流经济思想归结为庸俗经济学，完全符合当时资产阶级经济思想的基本特征：①无视资本主义社会的各种矛盾，一味为资本主义制度进行辩护，粉饰太平；②不去研究经济现象的内在联系，而只限于描述经济现象表面化的外在联系。

巴师夏"经济和谐论"的庸俗性本质是由当时资本主义社会的历史条件所决定的。作为代表资产阶级利益的经济学家，巴师夏竭其所能于临终前创作出版的《经济和谐》一书，不可避免地反映了当时资本主义社会的时代特征和历史任务：为资本主义进行辩护。

资产阶级庸俗经济学的庸俗性本质集中反映在其对古典经济学科学成分的反动和庸俗成分的继承上。我们知道，产生于17世纪中叶、终结于18世纪末的资产阶级古典经济学，始终处于科学和庸俗的矛盾之中。其科学性表现在他们都能力图透过表面的商品交换关系，去发现反映事物本质的内在联系，以科学的态度和方法研究资本主义的实际情况。这种科学性在李嘉图那里达到了顶峰。李嘉图于1817年出版的《政治经济学及赋税原理》一书，是英国工业革命时期最具代表性的政治经济学著作，也是英国古典经济学最具科学论点的代表作。在书中，李嘉图对劳动价值论做出了比亚当·斯密更为精确的论述，并摒弃了亚当·斯密"三种收入决定论"的庸俗观点，将古典经济学的庸俗成分降到了最低点。也正因如此，美国资产阶级庸俗经济学家凯里给李嘉图加上了"共产主义之父"的罪名。李嘉图经济思想的贡献在于把劳动价值论看作是分析资本主义制度的出发点，而把其他所有政治经济学范畴都归结到这一原则之内；把工资和利润看作是劳动所创造的价值的两个部分，把资本家的利润归结为工人创造的剩余价值；第一次提出了工资和利润两者在数量变动中的对立以及利润和地租的对立，表述了资本主义各阶级尤其是劳资之间在经济利益上的矛盾和对立的关系。

另外，资产阶级古典经济学由于其历史性和阶级局限性，也深深地打上了庸俗性的烙印，成为古典经济学演绎为庸俗经济学的理论渊源。古典经济学的庸俗成分在亚当·斯密那里表现得尤为明显：

其一，错误地把资本主义制度看作是自然和谐的永恒制度。亚当·斯密从所谓的"人类的本性"出发来建立他的经济理论体系，看不到资本主义生产方式的历史过渡性。在他看来，资本主义生产方式就是一般生产方式，资本主义社会的经济规律就是一般社会的经济规律。正因为如此，亚当·斯密在他的研究中，几乎没有分析自己所揭示的经济范畴和规律的产生与发展过程，而是把它们当作一种已知的事物，只着重分析它们的数量关系，带有极其明显的形而上学和非历史性。

其二，分析方法上的二重性导致了其理论上的多元性和矛盾性，使得他在对经济现象和范畴的解释中出现了矛盾，不能首尾一致。马克思在分析斯密方法论的这个特征时说：这是两种理解方法，一种是深入研究资产阶级制度的内在联系，可以说是深入研究资产阶级制度的生理学；另一种则是只把生活过程中外部表现出来的东西，按照它表现出来的样子加以描写、分类、叙述并归入简单概括的概念规定之中。这两种理解方法在亚当·斯密的著作中不仅安然并存，而且相互交错，不断自相矛盾。当他用第二种方法分析资本主义现象时，只能是不科学甚至是错误的。这一点恰好为后来的庸俗经济学所利用。和所有庸俗经济学家一样，巴师夏的"经济和谐论"，也是在对古典经济学科学成分的反动和庸俗成分的继承上演绎而来，具有明显的庸俗性特征。他以劳动价值论为主攻方向，抓住古典经济学中的庸俗成分和错误观点，阉割其科学成分，以资产阶级眼光所看到的表面现象为依据，抹杀资本主义的内在本质矛盾，为资本主义制度辩护。在分析方法上，巴师夏继承了古典经济学的庸俗传统，以人类的本性作为经济和谐的基础和出发点，无视资本主义的历史过渡性，把资本主义社会看作是合理、和谐的永恒制度；针对劳动价值论所带来的威胁，提出所谓的服务价值论，把价值理解为"交换着的两种服务的关系"。强调在以自由放任为基础的资本主义社会中，这种服务的交换是等价公道的；在利润问题上，巴师夏同其他庸俗经济学家一样，否认古典经济学家把利润归结为工人创造的剩余价值的科学论断，根据浮现在资本主义社会表面的现象，把利润划分为企业主的收入和利息。认为企业主的收入是其努力和紧张的报酬，利息则是资本家"延缓"消费和享受所付出的损失或牺牲的报酬，两者均是合理的；巴师夏对李嘉图关于工资和利润相互对立的见解深感不安。他为了替资本家辩护和安慰工人，提出了劳资两利论。

三、巴师夏"经济和谐论"的合理内核与现代启示

尽管巴师夏的"经济和谐论"充满着"庸俗",但当我们把他的思想从对资本主义的一般分析抽象为对市场经济共性的分析时,仍可看到其诸多观点的合理内核与远见卓识。

第一,巴师夏的"经济和谐论"是对资本主义制度的辩护,但其主要论据是对市场经济的共性认识,是对市场经济的颂扬与肯定。他通过观察和分析认识到,市场机制有一种神奇的力量和作用,能将社会引向物质繁荣和精神文明,市场经济是人类的一个伟大发明,它不仅能使人们享受到高品质的生活,而且它本身体现出的是一种经济的和谐,是人类理想的经济制度。巴师夏对市场经济充分肯定的这些思想,已为当今社会实践所证实,我国市场经济的实践也充分说明了这些思想的正确性与预见性。

第二,巴师夏"无偿效用规律"的基本结论是正确的。在"无偿效用规律"中,巴师夏把实现人类欲望的效用分为两类:一类是满足人类欲望的公有效用,另一类是满足人类欲望的私有效用,并由此得出两个相关的基本规律:①随着社会的进步,满足人类欲望的公有效用的比重会不断增加,满足人类私有欲望的私有效用的比重会逐渐减少;②随着公有效用的比重不断增加,私有效用比重的不断减少,会出现社会化和平等的倾向。巴师夏在150年前就提出的这些观点和预见,在越来越强调通过公共效用和公共产品建设来提高人们的整体生活水平、促进社会化和平等的今天,愈显其理论的正确性和远见卓识。

第三,巴师夏关于劳资两利而不是劳资对立的分析,有一定的可取之处。巴师夏劳资两利论的目的是维护资本主义统治,反对古典经济学的劳资对立论,但我们也应看到在市场经济条件下,劳资关系远非劳资对立那么简单,劳资关系既有对立的一面也有合作的一面,资本作为生产要素,确实具有吸纳劳动力、增加就业机会的经济作用,劳动和资本的结合在一定条件下有利于经济的发展和劳动者生活水平的提高。

第四,巴师夏关于资本的获得和资本的作用需要"精神的和社会的美德"的论证也有可取之处。诚然,资本家积累资本的最终目的在于追求更多的剩余价值,但资本的获得确实要与抗拒现时享乐、抗拒虚荣心的冲动等"精神的与社会的美德"联系在一起。而且资本也确实能够提高人们的精神和社会美德。资本可

以使自然界为人类服务，可以使人们从繁重的工作中解放出来，增加闲暇时间，使人们的欲望高尚化、享乐纯洁化、道德习惯化。

第一，经济和谐是构建和谐社会的基础，发展经济是构建经济和谐的首要任务。中共十六届四中全会做出的《中共中央关于加强党的执政能力建设的决定》，首次提出了建设和谐社会的历史任务，表明我们党对所处历史时期的清醒认识，表明党对我国社会所面临的发展机遇和深层次矛盾的准确把握。和谐社会不在于社会生活中某一单方面的和谐，而在于社会生活各领域的全面和谐与协调发展，这种整体和谐表现为经济、政治和思想文化等方面的诸多和谐。对这种和谐，我们既要看到其内涵的整体性，也要看到其各组成部分的差异性，不能等量齐观，在社会发展的不同时期应有所侧重；必须按历史唯物主义的观点，坚持经济和谐的基础地位；必须根据我国目前仍处于经济欠发达的实际情况，坚持把发展经济和解决经济发展中出现的各种矛盾当作首要任务来抓。

第二，进一步完善市场经济体制，通过体制建设解决经济发展中的不和谐问题。巴师夏在"经济和谐论"中，把建立在自由交换基础上的市场经济制度看作一种合乎自然状态的制度，能够促进社会和谐。尽管他也看到了在上述制度下会有"祸害"存在，例如垄断特权、战争动乱、奴役和贫困等，但是，他认为这些"祸害"的存在恰恰是自由主义原则未能完全体现，市场体制不够完善所造成的，解决办法不是否定而是进一步完善市场经济制度。他的这些思想，对解决我国经济生活中出现的各种不和谐问题有着深刻的启示。当前，我国经济生活中出现的各种不和谐因素如分配不公、贫富差距过大等，不是因为市场的因素太多，而是政府管得太多。事实上，市场是能够使资源得到最优配置的手段方式，可以实现经济和利益的均衡；可以充分调动社会成员的积极性和创造性，推动生产力的迅速发展和财富的不断积累，为和谐社会创造必要的物质条件；可以把个人对自身利益的追求转变为对社会成员利益的改进、促进社会利益关系的和谐。我们应努力发挥市场经济对实现社会和谐的巨大推动作用，进一步完善而不是削弱市场经济体制，在市场经济这个制度平台上解决经济发展中的不和谐问题，实现社会的经济和谐。

第三，努力构建"向善"的和谐社会伦理观。巴师夏把"人性"看成是构筑经济和谐的基础，并且借用神的力量将人性中的利己和利他本性协调起来，将人的向善本性看作是构建和谐社会的伦理学基础。在这里，我们抛开他的唯心主义的"向善"追求，可以看到该思想对构建和谐社会的重要启示。人性的善恶向背，历来是思想家们讨论的焦点，但人们无一例外地将"惩恶扬善"当作社会追求的目标，有的通过神的力量来实现，有的通过市场的手段来实现，有的通过法制的手段来实现，有的则通过意识形态的手段来实现。我国目前正处于市场经济的过渡时期，市场初期的无序状态时有发生，不少人为追逐资本和财富的积累不择手段，垄断特权、欺行霸市、贪污腐败、仇富笑贫等"恶性现象"比比皆是。为此，我们必须通过市场、法律、意识形态等手段，大力弘扬人类的"向善"本性，努力构建"向善"的和谐社会伦理观，营造浓厚的"向善"社会伦理氛围。

第四，大力加强公共产品建设，提高"公有效用"水平，实现人的"和谐需求"。巴师夏在"无偿效用规律"的分析中，将"公有效用"比重的提高、"私有效用"比重的下降，当作是构建经济和谐、促进社会平等的重要手段。这一重要思想非常适合当今中国的实际。满足人民群众日益增长的物质和文化生活的需要，是构建社会主义和谐社会的重要手段，然而，在很长一段时间里，我们只注重对群众"私有效用"的生产，而忽视了满足群众"公有效用"的公共产品建设，造成了"私重公轻"的畸形需求。事实上，衡量一个社会生活水平的高低，除了看这个社会所能提供的私人产品和私人效用外，在很大程度上更要看这个社会所能提供的满足群众"公有效用"的公共产品上。目前，在满足群众需求上，除了进一步加强私人产品供给外，更应高度重视公共产品的建设。不断提高群众的公共需求水平，尤其是农村公共产品的建设，解决消费中的"私重公轻"问题，实现"和谐需求"，促进社会公平。

第五，努力解决劳资矛盾，构建和谐劳资关系。巴师夏"经济和谐论"中提出的劳资两利原则对我们构建和谐社会也有重要的启示意义。毋庸讳言，随着市场经济的发展，我国客观上已经形成了一批资本家阶层，雇佣劳动关系业已存在，劳动者和资本家也已成为我国市场经济中的两大利益主体，劳资关系成为构建经济和谐的主要矛盾。在对待和处理劳资关系上，我们必须坚持辩证的方法论，一方面，要看到其在社会总产品既定的情况下，两者利益此消彼长的对立数量关系；另一方面，也要看到在市场条件下，他们作为相应生产要素的供给者，在生产中的合作关系和分配领域中的利益一致性。通过市场、法制、政府调控等手段克服或减少两者在利益上的固有矛盾，构建两利共赢的新型劳资关系。

第六，提倡资本的"精神的和社会的美德"，增强资本的社会责任性。巴师夏在"经济和谐论"中提出了"资本里面存在和谐"的观点，强调无论是资本的获得还是资本的作用，都需要"精神和社会的美德"。这种观点对我们规范资本的积累过程、加强资本的社会责任意识、实现资本的历史责任有着极其重要的意义。我国在市场经济建设过程中，的确出现了在资本积累过程中的不择手段和资本积累完成后的为富不仁，使社会产生仇富心态，直接影响了整个社会的和谐与稳定。在大力提倡构建和谐社会的今天，我们的确应该认真领会150年前巴师夏提出的"资本里面存在和谐"的思想，大力弘扬资本的"精神的和社会的美德"，增加资本的社会责任性，通过资本的力量实现人们欲望的高尚化、努力的轻便化、享乐的纯洁化、道德的习惯化。唯有如此，"尊重资本"的良好社会氛围才能得以实现。

第五章 凯恩斯货币需求理论与我国民间资本需求动机分析

我国政府加强对国民经济宏观调控的直接动因之一就是对我国社会经济运行中出现的"高投资、低就业"这一反菲利普斯曲线现象进行的纠偏。近年来,政府为了刺激社会有效需求,抑制通货紧缩,通过举债等一系列方式加大了对社会公共产品的投资力度,以期拉动民间资本投资,促进经济增长,增加社会就业。然而,现实情况却不尽如人意,民间投资并没有因为政府投资的增加而全面启动,2000年、2001年、2002年我国城镇居民登记失业率分别为2.9%、3.3%、3.4%,城镇居民失业率仍居高不下,在此背景下,我们认为,重温凯恩斯的货币需求理论,结合国情,深入分析我国民间资本需求动机,对解决民间资本"启而不动"现象大有裨益。

一、凯恩斯货币需求理论重温

1936年凯恩斯出版了《就业、利息和货币通论》,就货币理论而言,凯恩斯在书中提出了以收入支出学说为核心的货币理论,取代了以费雪方程式和剑桥方程式为代表的传统货币数量论,是西方经济学货币理论的重大突破与发展。尽管后凯恩斯主义者(如鲍谟、托宾、惠伦等)在对凯恩斯的货币理论进行深入分析时发现了这一理论存在的一些缺陷,但并没有因此改变凯恩斯货币理论的总体科学性及其对现实的借鉴意义。

凯恩斯对货币需求理论的突出贡献是对货币需求动机的分析,其货币需求理论的基石是流动偏好理论,所谓流动偏好指人们的货币需求行为。凯恩斯认为,人们在得到货币收入后,通常要做两个抉择:①要决定收入中有多少用于消费,有多少用于储蓄,即存在时间偏好的抉择;②要决定用于储蓄的那部分收入,究竟以什么形式来储蓄,是以手持货币来储蓄还是以购买有价证券来储蓄,即存在流动偏好的抉择。对于时间偏好的抉择，凯恩斯引入了消费倾向和储蓄倾向的概念。根据收入与消费和储蓄间的关系，他得出了边际消费倾向递减和边际储蓄倾向递增的结论。对于流动偏好的抉择，他分析了人们为什么不将其未消费的那部分收入全部用于投资以获得正常利润，从而归纳出了货币需求即流动偏好的三大动机：交易动机、预防动机和投机动机。

（1）交易动机。交易动机指个人生活上或工商业务上为应付日常支出而对货币的需求。因为企业的收支活动并不完全一致，企业在收到销售货款后，为了支付日常成本开支，需要在手边保留一定数量随时可以支用的货币，以弥补业务收支的差额，即营业动机；从个人来说，收入一般是定期取得的，但对收入的花费则是经常进行的，因此，为满足日常消费支付的需要，也必须保持一定量的货币，可谓所得动机。

（2）预防动机。预防动机指人们为了预防紧急支出而须持有货币的需求。就是说，出于交易动机人们会在手边保存一定数量货币以备日常交易之用。同时，为了预防一些未曾遇到的、不确定的支出和购物机会，人们也必须在手边保持一定量的货币。

交易动机和预防动机的区别在于：前者持有货币的目的是便于应付日常支出，支出是有规律的、大致确定的；后者持有货币的目的是便于应付意外支出，支出是突发的、不确定的。但两者都注重货币的流通手段职能和支付手段职能，两者都主要取决于收入的多少，是收入的递增函数。凯恩斯把由交易动机、预防动机产生的货币需求统称为交易性货币需求。交易性货币需求的主要特征是：①货币主要充当交换媒介用于商品产换，货币持有者将货币作为商品交换的媒介，发挥流通手段职能；②交易性货币需求相对稳定，一般可以事先确定，因为在一定时期内用于交易的数量、用途和支出时间大体上可以预见，因而货币的需求相对稳定；③交易性的货币需求是收入的递增函数，其大小与收入和货币的流通速度有关；④交易性货币需求对利率不敏感，由于持币会损失利息收入，所以利率的变化会影响货币需求。但是，交易性货币需求主要用于日常经济活动或生活中必不可少的交易，因此利率损失再大也必须持有一定数量的现金，以保证日常交易得以顺利进行。

（3）投机动机。投机动机分析是凯恩斯货币需求理论中最具特色的部分。他认为，人们持有货币除为了交易和应付意外支出外，还为了储藏价值或财富。凯恩斯把储藏财富资产分为两类：货币和债券，货币是不能生利即不能产生利息收入的资产；债券是能够生利即产生利息收入的资产。这里的关键是微观主体对利率水平的估计。假如人们确信现行利率水平高于正常值，则意味着他们预期利率水平将会下降，从而债券价格会上升，在这种情况下，人们必然倾向于多持有债券。如果有相反的预期，则会倾向于多持有货币。因此，投机性货币需求同利率存在负相关关系。

凯恩斯的货币理论深入探讨了货币需求动机，提出了以投机需求为中心的流动性偏好理论，从而把利率变量引入需求函数，为中央银行运用经济杠杆调节货币供应量提供了理论依据。把货币需求量与名义国民收入和市场利率联系在一起，使货币成为促进宏观经济发展的重要因素。这一理论对我国政府通过收入政策和利率政策调控货币供应量，启动民间资本投资，促进经济增长，实现社会就业增加，仍然具有现实借鉴意义。

二、我国民间资本需求动机分析

我国民间经济活动具有明显的复杂性，既包括民间企业法人、个体工商户，也包括民间个人的经济活动。这种民间经济活动的复杂性必然导致我国民间资本需求动机的复杂性。然而，根据凯恩斯的货币需求理论，结合我国民间资本活动的基本特点，我们仍然可能基本厘清我国民间资本需求的主要动机。

（一）为了交易便利而产生的需求动机

持币者在其收入或资产中必须保留一部分货币，作为即时应付或将要发生的各种购买行为的交易手段，这是最基本的动机。这个动机在我国实行计划经济体制时也是存在的。虽然当时按配给制进行分配，但是日常生活消费仍需进行交易，而且当时的消费比例占收入相当大的比重。随着我国社会主义市场经济的深入发展，人民收入增加，生活水平不断提高，消费倾向有递减趋势。这并不是说我国人均消费水平绝对值在下降，恰恰相反，我国消费水平随着收入的增加而增加。但是从相对量看，消费比例在下降，这从我国居民储蓄存款的迅速增加可以看出。正是在此背景下，我国居民因购买而对货币的需求总量有所增加，但相对量在减少。即便如此，在民间需求结构中，交易、购买动机所占比重仍然较大。

交易和购买需求的货币主要有两部分，一部分是为各种即时交易而持有的货币，另一部分是为延期可能发生的交易（可测的及不可测的）而持有的货币。这种即时与延期消费所产生的货币需求与商品和劳务的交易都有密切关系。

从需求主体看,交易需求有如下几种:①个人交易需求,指个人为即时或延期消费相关的持币动机;②民间企业法人和个体农工商业者因营运需要而产生的交易需求,这种交易需求主要出于维持日常经营和简单再生产的动机。

(二) 谨慎和安全动机

谨慎和安全动机,实际上就是预防动机。任何人都无法准确预测未来的不确定因素:程度大小、性质如何、危害如何,因而每个人都自觉地想靠各种办法来防范不确定因素变成现实的可能性。在防范措施中,一定的物质手段是必不可少的,为此必须持有若干货币。可见防范不确定因素是人类的本能之一,为此而产生的需求是基本的需求。这种防范动机对生产者和消费者而言都同样重要。生活消费者除日常需要一部分货币外,增加一部分货币持有会产生安全感,从而在现实消费和未来消费之间取得某种平衡;对生产经营者而言,这是防范市场的瞬息万变,保证简单再生产能够稳定周转下去的基本手段。

(三) 对货币贮藏的动机

该动机引起的货币需求是建立在货币的贮藏手段职能的基础上。货币需求不仅是对流通手段的需求,也包含着价值贮藏手段的需求和投资手段的需求。考察对货币贮藏动机而产生的需求是相当复杂的事情,但有一点是无疑的,即无论各需求主体对此种需求的程度如何,都与其自身的经济利益原则相吻合,而且依各人社会经济地位的差别而有不同的表现。

对货币的贮藏动机在我国大致有两种情况:

(1) 民间个人的贮藏需求。在我国现有经济体制条件下,个人贮藏需求的动机是极为复杂的,概括起来大略有如下几种:积攒、准备、取息和财富积累。积攒是一种带有普遍性的小零星贮藏。准备则是特别目的的贮藏,例如:为了购置房产、耐用家电设备、更换家具、装修房屋;为结婚、旅游做的准备;为子女前途(包括上学、结婚、盖房等)着想。取息则是以定期、保值等为主要形式的货币贮存。由于金融意识日益深入人心,所以在许多家庭中,尤其在广大城市居民家庭中,财富积累需求的动机越来越多样化、复杂化。

(2) 民间企业和个体业者的贮藏需求。民间企业和个体经济本来就是新经济体制的产物。对于这些经济成分而言,贮藏动机源于其对市场风险的估计以及因此而储币的能力。

（四）对货币的投资动机

我国民间资本贮藏动机包括取息、谋利和积累财富的动机。那种以为我国民间贮藏动机只是延期消费或未实现购买力等看法是过时的论断，这些动机本来就包含投资的成分在内。持币者对货币的投资动机与贮藏动机都是建立在货币的价值贮藏手段的职能基础上。在我国金融资产多样化的今天，只把货币作为一种购买力和交易手段已经过时，货币作为一种资产必然产生增值的利益冲动。这种状态下的动机自然而然产生投机成分，此种动机对利率与物价表现得十分敏感。从我国民间金融的实际情况看，投机成分占有一定的比重，但从整个金融资产的结构分析，投机成分却不一定很大。从民间游资的规模可以看出，投机成分主要集中在股票市场和债券市场，但与我国庞大的储蓄存款市场相比，投资占绝对比重。在当前情况下居民投资的主要途径是购买有价证券，民间企业和个体企业主则主要以直接投资为主要方式。

必须指出的是，以上对我国民间资本需求动机的分析，尽管是建立在凯恩斯的货币需求理论基础上的，但也应结合我国实际，把握各种货币需求动机之间的区别与联系，既注重各种动机的内在个性分析，又在宏观上加强对各需求动机的整体把握。只有这样，才能切实把握我国民间资本的需求动机，诊断出民间资本"启而不动"的原因，真正启动民间资本投资，实现储蓄与投资的均衡，进而推动国民经济增长与社会就业的增加。

第六章　公共选择理论的政府失败说及对我国的启示

政府的作用问题越来越成为人们关注的焦点，正如世界银行《1997年世界发展报告：变革中的政府》所指出的：在世界各地，政府正在成为人们注目的中心。全球经济具有深远意义的发展使我们再次思考政府的一些基本问题：它的作用应该是什么，它能做什么和不能做什么，以及如何最好地做这些事情。现代市场经济可以说是一种以市场调节为基础，以政府调节为补充的经济体制，因而政府如何处理好与市场、企业和社会等方面的关系，确定并履行好自身的社会经济职能，就成为市场经济发展中一个至关重要的问题。这不仅是一个理论问题，而且是一个亟待解决的实践问题。

一、公共选择理论的政府失败说

公共选择理论是旨在将市场制度中人类行为与政治制度中的政府行为纳入同一分析轨道，即经济人模式，从而修正传统经济学把政治制度置于经济分析之外的一种新公共经济理论。它不仅是当代经济学的一个分支，而且也是现代政治学一个极为重要的研究领域。

（一）公共选择理论的基本假设

所谓公共选择是指非市场的集体选择，实际上就是政府选择。公共选择理论的基本特点是以"经济人"假定为理论前提，探讨在政治领域中"经济人"行为是怎样决定和支配集体行为，特别是对政府行为的集体选择所起到的制约作用。公共选择理论实际上是经济学与政治学交叉融合后而产生的一种理论。按照公共选择学者缪勒的说法，"公共选择理论可以定义为非市场决策的研究，或简单地定义为将经济学应用到政治学。公共选择主题与政治科学的主题是相同的，涉及国家理论、投票规划、投票者行为、政党政治、官僚机构等。然而公共选择所使用的是经济学的方法,它的基本假定就是'经济人'假定,即人是自利的,理性效用最大化者"。基于这一假定,公共选择理论认为,国家不是神的创造物,它并没有无所不在和正确无误的天赋。因为国家(政府)仍是一种人类的组织,其中做决定的人一样会犯错误。因此,建立在道德神话基础上的国家政治理论一遇上"经济人"这一现实问题便陷入难以解决的困境。由此可见,公共选择理论就是应用经济学的假定和方法来研究非市场决策或公共决策问题的一个研究领域,其核心主题则是用经济学的方法来说明市场经济条件下政府干预行为的局限性以及政府失败问题。

(二)政府的失败及其根源

所谓"政府的失败",是指个人对公共物品的需求在现代民主政治中得不到很好地满足,公共部门在提供公共物品时趋于浪费和滥用资源,致使公共支出规模过大或者效率降低,预算上出现偏差,国家或政府的活动并不像应该的那样"有效",或能够做到理论上的那样"有效"。在布坎南看来,政府作为公共利益的代言人,其作用是弥补市场的不足,并使所做决策的社会效应比政府干预以前更高,否则,政府的存在就无任何经济意义。但政府决策往往不符合这一目标,有些政府的作用恰恰相反,它们削弱而不是改善了社会福利。因为政府是由人组成,政府的行为规则是由人制定,政府的行为也需要人去决策,而这些人都不可避免地带有"经济人"的特征。因此没有理由把政府看作是解决一切疑难杂症的灵丹妙药,没有理由认为政府总是集体利益的代表和反映。政府同样也会犯错误,也会不顾公益追求由政府成员所组成的集团的利益。因此,那种一旦发现市场有缺陷就认为任何国家干预都是合理的观点是片面的。正如布坎南所说"市场的缺陷并不是把问题交给政府去处理的充分条件","政府的缺陷至少和市场一样严重"。

布坎南对政府失败的根源进行了较深入的具体研究,主要有以下几个方面:

(1)公共行政管理失误。公共选择主要是政府决策,政府对经济干预的基本手段是制定和实施公共政策。与市场决策相比,公共决策是一个更复杂的过程,存在着种种困难、阻碍和制约因素,使得政府难以制定并执行好的或合理的公共政策,导致公共政策失效。这非但不能起到补充市场机制的作用,反而加剧了市场失灵,带来了更大的资源浪费。

(2)公共物品供给的低效率。非市场缺陷或政策失败的这一表现也可说成是官僚机构（Buraucracy）的低效和浪费。原因有三个：①政府部门的行为不可能以盈利为目的，因而失去了追逐利润的政府官员，因其会把他们所提供的公共服务的成本努力压缩到最低限度，结果使得社会支付的服务费用超出了社会本应支付的限度。②政府部门往往倾向于提供超额服务，以超出公众实际需要的程度来提供公共服务，导致公共服务的过剩生产，使资源不能使用到更需要的社会部门，而这种过剩生产公共服务的倾向，又是与政府官员追求个人政绩意愿相联系的。③政府官员行为的监督往往是无效的。政府官员和政府部门的工作确实也受到民选代表的监督和上一级行政首脑或行政部门的监督，但由于向这些监督者提供情况的恰恰是被监督者，因此除了重大的流弊之外，监督者完全可以被监督者所操纵。

（3）内部性与政府扩张。公共选择理论认为，公共机构尤其是政府部门及其官员追求自身的组织目标或自身利益而非公共利益或社会福利，这种现象被人们称为内在效应或内部性（Rn-ternalities）。在非市场条件下，内部性扩大机构供给曲线，即提高机构成本，使其高于技术上的成本，导致多余的全部成本、较高的单位成本和比社会有效水平更低的非市场产出水平，这样就产生了非市场缺陷或者政府失败。

政府扩张是一个人所共知的事实。19世纪初期，欧洲国家的赋税收入占国民收入的8%~9%，而现在国家却吞噬了国民收入的30%~50%。经合组织（OECD）的23个成员，按1985年不变价格计算政府支出与收入占当年GDP的比重，结果是这种比重在各国都有所增长。在布坎南看来，这种情况是因为政府官员也是个人利益最大化者，他们总是希望不断地扩大机构规模、增加其层次、扩大其权力，以相应地提高其机构的级别和个人待遇，同时也使他们制定更多的规章制度，增加俸禄和享受。

（4）政府的寻租行为。寻租是政府干预的副产品。当政府干预市场时，就会形成集中的经济利益和扩散的经济费用，政府干预带来了以"租金"形式出现的经济利益。租金是超过机会成本的收入，一切市场经济中的行政管制都会创造这样一种差价收入，寻求租金无非是寻求利润的另一说法。布坎南认为，由于政府的各项经济决策往往以某种公共利益需要而为某些利益集团服务，特殊的利益集团为谋求政府保护逃避市场竞争，实现高额垄断利润，往往进行各种"寻租活动"，便会产生政府的寻租行为，进而导致社会资源大量流入私人腰包。

二、政府失败的防范及启示

布坎南等公共选择理论家虽然对西方国家现行的政治制度和安排进行了深入批评,但他们并未对追求自我利益的理性个人在实现"公共利益"方面完全丧失信心,并提出了一些防范措施。

(一)对政府失败的防范

(1)改革公共决策体制及政治制度。公共选择理论对政府失败的分析,其逻辑结果是必须通过社会制度的改革来约束和限制政府权力。布坎南在《自由的限度》一书中提出了避免政府失败的一项根本措施,即改造现有的民主政体:①立宪改革。布坎南认为,要克服政府干预行为的局限性,必须先改革规则;②对政府的财政过程尤其是公共支出加以约束,政府扩张及浪费的集中表现是政府行政经费或公共开支的扩大趋势,机构和人员增加最终也体现为经费的增长,因此,要有效抑制政府的扩张和浪费,必须在政府的财政过程上做文章,通过财政立宪、税制选择、平衡预算和税收支出的限制等措施来约束政府的财政过程尤其是公共开支;③创立一种新政治技术,提高社会民主程度,公共选择理论对政府失败的分析,其逻辑结果是必须通过社会制度的改革,约束和限制政府权力。他们提出要借助于"需求显示法"来完善选举制度,因需求显示法可以提供一种机制,使所有参与集体选择的个体都有充分的激励,说出他对某一公共物品的真实需求情况,从而使投票者得到公共物品的数量和质量,最大限度地接近投票者的实际偏好结构。因此,这种方法不仅可以大大提高社会效率,而且必然会加强为使政治决定权力分散化而活动的力量,进而制止政府不断扩张的倾向。

(2)用市场力量改进政府效率。公共选择学者主张用市场力量改善政府的功能,以克服非市场缺陷及政府失败。他们认为,以往人们只注重政府改善市场的作用,却忽视了相反方法——用市场的力量来改善政府的作用,提出了如何用市场力量改善政府功能,提高政府工作效率的具体措施:①在行政管理体制内部建立竞争机构,可以消除政府低效率;②引进利润动机,即在政府机构内部建立激励机制,使政府官员树立利润观念,允许政府部门对节省成本的财政剩余拥有自主处置权;③更多地采用由私营企业承担公费事业的政策,即更多地依赖市场机制来生产某些公共物品或公共服务。

总之,公共选择学者认为,一旦发生公共效率低的问题,就应该从现行制度上找原因,从制度创新上找对策,以便从根本上减少失败。

(二) 对我国政府行为的启示

公共选择理论的出现体现了经济自身内在逻辑和外部世界发展的要求,面对这一新兴思潮,妄加评说是不足取的。从目前社会发展趋势来看,资本主义社会和其他形态的社会一样,也存在调整自身结构以适应发展需要的内在力量。公共选择理论的出现和人们对其的日益接受,正是社会自我调整的结果。作为凝结着人类共同智慧的结晶,公共选择理论绝非资本主义的专利品,它对正步入全球化的中国政府行为无疑也具有重要的启示作用。

(1) 必须高度重视市场经济条件下政府干预行为的局限性及限度问题。既然政府在履行其职能、干预市场运行时并不总起到弥补市场缺陷或纠正市场失灵的作用,市场解决不好的问题,政府也不一定能解决好,那么在建立和完善市场机制的过程中,必须确定好政府干预的范围、内容、方式及力度,在市场机制能较好起作用的地方,应尽快让市场去发挥作用,政府应当补充而非取代市场机制。

(2) 及时进行政治——行政体制改革。按照公共选择理论的观点,经济与政治过程是相互联系的,政治制度是经济过程的内生变量。因此,为了使市场经济更快地发展与运行,必须进行政治——行政和体制改革,特别是及时转变政府职能,由直接、微观的干预过渡到宏观间接的调控。

(3) 引入竞争机制,用市场的力量来改进政府的工作效率。政府的经济职能是当前政府的首要职能,政府对其经济职能的垄断性是导致其滥用经济职能的最重要原因。因此我们在确定政府经济职能时,应尽可能引入竞争机制,打破垄断的局面。例如,在需要政府提供产品及服务的场合,应允许其他主体进入,与之竞争,在那些确系不宜其他市场主体进入的公共产品供给领域,应尽可能由多家公共部门提供;尽可能减少管理权限,将审批制改为登记制。

(4) 政府行为法制化。即要求行政机关加强行政法规和规章的制定,使尽可能多的政府行为有具体规则可循,以最大限度地减少政府行为的任意性。

(5) 从体制和制度上杜绝寻租。依照公共选择学者的"寻租理论",行政权力对市场的干预和管制是寻租的根源。因此,抑制寻租需从制度或体制创新方面入手,消除寻租产生的土壤和条件。这就要求我们在加快经济体制变革、推进政治——行政体制改革的同时,形成一整套制约政府行为的行政法规和办事制度,建立起一个灵活、高效、廉洁的政府管理体制。

最后应当强调的是，尽管公共选择理论弥补了传统经济理论缺乏独立的政治分析缺陷，有助于解释政府扩张消除的原因，指出了政府行为的缺陷，其中的许多思想对于我们重新审视政府的作用和权限，提高政府作用的效率具有重要的借鉴意义。但是，我们应该认识到，公共选择理论产生的社会经济环境和历史背景与我们的国情有着本质的区别，因此盲目地照抄照搬，不顾国情，自然是行不通的。同时也要认识到，我们分析政府，并不是要否定政府在市场经济中的必要作用，而是要提醒人们确定好政府的干预行为和范围、内容、方式及力度，避免干预不当或过度干预所产生的政府失败现象，使政府更好地履行其职能。

第七章 西方管理思想中的人性观

西方管理思想中人性的不同假定,决定了人在管理中的地位判断,并由此决定了如何对人进行管理,有些学者在学习和研究西方管理理论关于人性假设时,提出了不少分类说法,总的来看,有"经济人"、"社会人"、"自我实现人"和"复杂人"等。本章就以西方管理思想中的人性论为基本线索来把握西方管理模式的基本特点。

一、"经济人"与 X 理论

"经济人"的假设是从所谓"享乐主义"的哲学观点和亚当·斯密的经济理论出发,认为人的一切行为都是为了最大限度地满足自己的私利。人都要争取最大的经济利益,为了获得经济报酬。

美国工业心理学家麦格雷戈 1957 年提出了两种对立的理论:X 理论和 Y 理论。麦格雷戈主张 Y 理论,反对 X 理论。而 X 理论就是对"经济人"假设的概括,其理论的基本观点如下:①多数人天生是懒惰的,他们都尽可能逃避工作;②绝大多数人希望奉命而为,宁愿被领导,怕负责任,没有抱负,要求安全高于一切;③对多数人必须用强迫、控制,甚至惩罚、胁迫去驱使他们工作,如利用他们怕惩罚、怕被解雇的心理去激发他们工作,以达成组织目标。

对人性的认识不同,管理理念、管理原则和管理方法相应有所不同。在"经济人"的假设下,企业制定了比较先进的工作标准;选拔符合要求的工人并适当加以培训使之可能达到工作标准,然后发展一套奖励措施,即以经济手段来调动工人们的工作积极性,使其服从指挥,从而提高生产效率。

事实上,在劳动仍被作为谋生手段时,在收入水平不高而且对丰富的物质产品世界充满欲望时,人的行为背后确有经济动机在作怪。因此,"经济人"假设利用人的这一经济动机,来引导和管理人们的行为,应该是一大创新,开创了对人的管理应从其内在动机出发而不是一味压迫、规制的方式。

二、"社会人"与人际关系理论

"社会人"的假设是由霍桑实验的主持人梅奥提出的。20世纪20~30年代，美国工厂在泰罗的科学管理条件下，生产率有了很大提高。但是集权强制管理也激起了工人极大的不满和愤恨，纷纷以怠工、离职来表达自己不当"牛"要做"人"的反抗，这就使得曾经提高了的生产率又降落下来。为了寻找生产率低下的原因，一些心理学家、管理学家进行了著名的霍桑实验。

梅奥的实验和观察表明，员工的士气、生产的积极性主要决定于社会因素、心理因素，决定于职工与管理人员以及职工与职工之间是否有融洽的关系；而物理环境（照明等）刺激只有次要意义。在心理学研究的历史上，霍桑实验第一次把工业中的人际关系问题提到首要地位，并且提醒人们在处理管理问题时要注意人际关系的因素。

"人际关系理论"是从"社会人"假设出发，强调满足人的社会心理需要的管理观点，即提倡尊重人与协调人际关系的民主管理观点，该理论的主要观点有：①人在社会交往中总是寻求心理满足，企业绩效高低取决于员工的士气，而士气则决定于工人在生活和工作环境中的人际关系；②群体对员工劳动态度与绩效有制约作用，其中非正式群体作用应该特别被管理者重视，管理者的任务就是通过沟通使正式组织的经济需求与非正式组织的社会需要取得平衡；③反对集权的"任务管理"，提倡尊重人的民主管理。这一理论为管理开辟了新的方向。

从"经济人"到"社会人"，对人的看法更接近人的本来面目。与此相应的管理方案已不再把人单纯地看作一个被动的接受管理者、一个经济动物，而是从人的社会需要各方面出发对人的行为加以引导，这种引导更多地从协作的目的出发，这比科学管理的经济人方案进了一大步。然而这种方案的功利性目标依然很强，方案的出发点依然是管理主体的企业或管理者，换句话说，方案本身只是为企业主、管理者设计的，被管理者的角色依然是既定的。

三、"自我实现人"与 Y 理论

"自我实现人"假设是对人的价值的一种最新看法，与"管理人"假设稍有差别。这一假设很大程度上依赖于心理学家马斯洛的"需求层次论"，该理论认为，人的行为动机先来自基本需要，如果基本需要得到满足，又会激发更高一层次即第二层次的需要。第一层次的需要通过工资、福利设施等经济和物质得到满足。第二层次的需要包括友谊、协作劳动、人与人的关系、爱情等社会需要。这些需要若得到满足，就会产生第三层次的需要，如希望被人尊敬、晋级提拔等自我需要。最后才产生自我实现的需要，即在工作上能最大限度地发挥自己潜在能力的需要。因此，"自我实现的人"是其所有需要都基本得到满足而只追求自我实现需要的人。在当代经济条件下，在人们生活质量普遍提高的情况下，的确有一大批人开始追求自我价值的实现。

麦格雷戈总结并归纳了马斯洛的人性观及其他人的类似观点，结合管理问题，提出了 Y 理论，Y 理论是与 X 理论根本对立的，它实际上是"自我实现的人"假设的概括，其基本内容如下：①一般人并不是天生厌恶工作；②控制和惩罚不是实现企业目标的唯一办法，多数人愿意对工作负责，并有相当程度的想象力、创造力；③激励在需要的各个阶层都起作用。人们在执行任务中能够实现自我管理和自我指挥。

"自我实现的人"假设理论相对应的管理思想主张是管理的重点不仅是完成任务，也不仅是协调人际关系，而是要创造一种适宜的工作环境和条件，让员工能充分发挥自己的潜能达到自我实现的满足。管理者调动员工积极性不是仅靠物质刺激，也不是仅靠和谐的人际关系，而是强调工作本身对工作者积极性的激励作用。例如工作对员工来说是具有挑战性的，是他感兴趣并能发挥其特长做出成就的，人们通过承担工作责任、行使工作权力、实现工作成就的过程来满足自我实现的需要。组织如果给员工提供了这种机会，员工将会自己激励自己。在管理制度上应提倡目标管理与自主管理，使之更具有灵活性，给员工更多一些完成工作的自主权，以便在实现目标的过程中能充分发挥人的独立创造才能。

既然现代企业中的员工可以被假定为追求自我实现需求的人，那么现代企业在对员工的管理方面就必须设计全新的组织体系，建立全新的机制，提供良好的环境，允许这些员工在企业工作中获得成就，发挥自己的潜力，实现自己的价值。有人可能要问，要实行这么大的变革，企业成本会不会很高，是不是合算？实际上，心理学、行为学早已证明，当人们做自己十分感兴趣的事时，那种投入和效率才是真正一流的。然而，企业毕竟是一个投入产出的有机整体，在企业既定目标下，企业员工的自我实现并不是海阔天空、漫无边际的，而是有一定的约束的。

四、"复杂人"与超 Y 理论

"复杂人"的假设由史克恩提出,莫尔斯、洛斯奇通过比较和实验,证明人性并不是一种固定假设,管理也就不能是一个固定的模式,因而提出超 Y 理论的管理观点。这种理论的主要内容如下:①人的需要是多种多样的,而且这些需要随着人的发展和生活条件的变化而发生改变,每个人的需要都各不相同,需要的层次也因人而异;②人在同一时间内有各种需要和动机,它们会发生相互作用,并结合为统一的整体,一个可能是要改善家庭的生活条件,另一个可能把高额奖金看成是达到技术熟练的标志;③人在组织中的工作和生活条件是不断变化的,因此会不断产生新的需要和动机;④由于人的需要不同,能力各异,对于不同的管理方式会有不同的反应。因此,没有一套适合任何时代、任何组织和任何个人的普遍有效的管理方法。

超 Y 理论并不像前述各理论那样提出非此即彼的管理主张,而是提倡兼收并蓄,强调要根据员工需要、动机的差异和变化,灵活实施管理。对于组织机构、领导作风、工作制度等都不应固定或划一,而应该实行灵活的弹性管理。要求管理者权衡情境的变化,相应改变自己的管理风格和手段。

"复杂人"假设和权变理论克服了此前各种理论片面、静止的缺陷,强调了因人制宜、因地制宜的灵活管理,这一主张包含了可贵的辩证法思想。在实践上也更加接近管理现实,对我们更具借鉴意义。但是,我们还应看到"复杂人"假设和超 Y 理论也并不完备,它过分强调了人们之间的差异性和变化性,又忽视了人性的共同性和稳定性,因而在超 Y 理论看来,管理只是一种艺术而无规律可循。

五、简短的结论

综观西方管理思想中的人性观,可以看出西方管理思想逐步确立了人在管理过程中的主导地位,继而围绕调动人的主动性、积极性、创造性去开展一切管理活动。

20 世纪 80 年代初,以彼得斯等为代表的经济学家分析批判了之前管理理论的缺陷,认为过去的管理思想过分拘泥于以理性主义为基石的科学管理,因此,他们认为必须进行一场"管理革命",使管理"回到基点",即以人为核心,发掘出一种新的以活生生的人为重点的带有感情色彩的管理模式。这一非理性主义思潮对西方管理理念的发展产生了重大影响，学习型组织、虚拟组织、知识型组织等理念都高度强调了人在管理中的重要作用，标志着西方管理又重新回到以人为本的轨道上来。可以说，以人为本的管理，是西方管理思想在 21 世纪最重要的特征之一。

第八章 先秦时期盐业管理思想初探

一、三代时期的盐业管理概况

中国盐资源分布广阔,蕴藏丰富,从地域来说,山西有池盐、四川有井盐、沿海地区有海盐、西北地区还有岩盐。远古部落时期,有些生活在海边的部落就学会了晒海取盐。传说炎帝时其宿少氏便已"初作海盐"。有些拥有产盐湖泊的部落可获取天然池盐,还有些部落由于没有产盐的便利条件,只能用自己生产的产品向产盐部落交换食盐。这些部落由于所处的地理环境不同,因而形成取盐便利上的差异,随着私有制的产生和商品交换的兴盛,盐成为我国部落先民经常用来交换的商品之一。从中国有文字记载的历史可知,虞舜时期盐已是部落间经常交换的项目,舜用自己部落的农渔产品和手工业制品,如陶器等,到顿丘出售,同时到传虚去购买自己部落所需的产品。《左传》成公六年也讲到河东产盐是"国之宝"。后来,舜将其部落中心迁到今山西靠近盐池地区的蒲州之地。深知食盐交换利润的舜,对池盐的生产与交换倍加关注,虞舜时代,交换仅限于部落之间,只有交换活动并无专业商人,交换尚未从生产过程中独立出来,交换的目的是以其所有易其所无,不以营利为目的。这时国家还没有产生,因此三代以前,盐业的生产、运输、流通销售还谈不上什么国家管理,这种自由放任、不贡不税的现象是由原始部落社会所处的历史条件所决定的。

夏朝建立,标志着中国历史揭开了奴隶社会的帷幕,国家的建立和私有制的确立,使商品交换已是人们经济生活中不可缺少的一个方面,作为商品生产和交换的重要部门——盐业,已出现新的管理形式且管理也具有新的特点与意义:①国家意义上的盐业管理开始产生,盐业管理思想已有形成的基础与前提条件;②盐业管理也有了一定的管理指导思想和管理形式与手段。夏王朝盐业管理采用的指导思想是自由放任的盐业管理思想,采取的盐业管理形式与手段是贡法盐业管理制度。夏王朝为了控制各地的部落贵族，加强其对国家的隶属关系，要求各地向王朝纳贡，规定凡出盐的地方，盐必须作为一种贡物向天子按期进贡。在商朝，盐业管理基本上继承了夏朝的思想与体制，但商朝人已经学会熬海为盐。古人称煎盐为鬻盐，说明海盐是以陶制的鬲形器皿制造出来的，而鬲是商文化的特征。

周朝的盐业管理承袭夏商的纳贡制度，但在思想和方法上更为完善周到。周代的贡盐思想及制度，规定了贡盐的用途及作用，同时政府专门设有"盐人"官职主持接纳贡盐，调停百姓在纳贡及经营盐业中产生的纠纷，贯彻执行国家的盐业管理政策，百姓纳贡后，可以自由经营盐业。

三代时期的盐业管理思想与制度，以自由放任的思想为主体，国家采用贡法控制盐业，纳贡以后，百姓可以自由经营盐业。这种自由思潮产生的原因大致有两个：①国家刚刚成立，还没有足够的政治与经济力量来全面统制盐业，只能依靠间接控制手段来维持；②盐业虽然关系国计民生，但由于盐业生产受自然条件以及生产技术的约束，还很难成为国民经济的主要部门，故在当时对国家财政收入的影响不大，政府可以采取自由放任的政策。直到春秋战国时期，国家统制盐业的管理思想和方法才开始产生。

二、春秋战国时期的盐业管理思想

春秋时期是我国历史上贵族领主制向封建地主制转变的时期，新旧生产关系的交替带来了各种思潮，盐业生产的发展使中国盐业管理思想出现了新的局面，盐业管理思想中的国家统制管理及方法在这个时期得到了确立，其突出代表人物就是为齐桓公辅政40年的管仲。管仲的盐业管理思想集中体现在《国语·齐语》和《管子》两书中。管仲治理齐国是想富民强国，力主通过经济手段，增加财政收入来巩固封建统治，为此管仲提出一系列宏观经济管理政策，他的盐业管理思想便是他"官山海"政策中影响最深远的一项改革思想。管仲的盐业管理思想的主要内容有：国家放弃自由放任的政策，对盐业采取干涉的措施，国家垄断盐业资源，实行专卖，寓税于盐，加价出售，运用"见予之形，不见夺之理"的原则，来丰裕国家的财政收入。管仲盐业管理思想在中国盐业管理思想史上占有重要地位，他确立了国家统制盐业管理思想的基本内容和模式。在管仲之前，国家仅采用贡法管理盐业，主要是听民经营，管仲以后直到近代，国家统制盐业的管理思想就居于盐业管理思想的主流地位，虽法制有兴革，但管理的基本原则一直没变，可以说管仲的盐业管理思想是中国盐业管理思想的精华。

管仲的盐业管理思想的总体概貌是：国家直接专卖，即在盐的生产上，以官制为主，民制为辅，在盐的运销上，官收、官运、官销。其具体内容则是：

第一，盐的生产体制是：官民并煮，以官煮为主，并定时禁止民制。管子将官煮盐的时间定在冬季草枯燃料足的季节，可以大量生产食盐。在官煮盐时和官煮完后的春季，不准百姓擅自煮盐，人为造成食盐的供需矛盾，以此抬高盐价至4~10倍以上，国家获取暴利。

第二，在盐的运销体制上，管子提出独特的管理思想及管理方法。在盐的收购运输上，不管是官制盐还是民制盐，都必须官收官运。在盐的销售上，总的原则是无论官制盐还是民制盐，一律官销，但销售的具体做法两者有所区别。官制盐的销售对象主要是不产盐的邻国，为了统一对外，控制盐价，获取垄断的外贸利润，采取的是官制、官收、官运、官销的完全专卖制。民制盐主要满足国内百姓食用需要，国家将民间自制盐低价收购起来，按"计口加价配盐法"售给百姓。具体做法是：政府严格算定全国男女老少人均食盐量，然后编制全国食盐人口定额簿册，国家低价收购民间盐户生产的食盐，然后加价按簿册所载人口定量分配给百姓。管子认为此法比直接向百姓征收人头税等办法好，一可满足国用的需要，二可减少百姓对强征税的反感。

此外，对没有盐资源的国家，管仲也设计了一套管理办法。有些国家虽然没有盐资源，但可以利用别国的资源，彼国销盐于我，每釜15钱买来，而官卖出则每釜卖百来钱，并未参与彼国的产盐运盐活动，只接受了彼国的盐，每釜就赚了85钱，这就是对盐的经营之道，无盐的国家也可以获取丰厚的盐利收入。

从管子的盐业管理思想可知其宏观管理的主导思想及其基本原则。首先，他认为国家控制国计民生的经济事业，掌握国家的经济命脉，有助于封建政权的巩固，将盐的产销权控制在政府手里，也符合管子的"利出一孔"封建财政原则。其次，管子的"谨正盐筴"计口配盐制，表明管子利用封建的统治力量和盐的需求特性，以垄断权来获取垄断利润，认为强征赋税，不如实行盐铁专卖。再次，管子意识到一国要富强，必须充分利用本国的特点，发挥优势，扬长避短，来奠定雄厚的经济实力。同时认为国家需要设立专门机构和制定专门法规来管理利用本国拥有的优势资源。最后，管子认为要充分利用国际贸易规律，要坚守本国的资源不让别国掠夺，同时要利用本国资源来控制列国贸易朝有利本国的方向发展。管子的盐业管理思想及政策，有力地保证了齐国的富强，同时也牢固地树立了在中国盐业管理思想史上其国家统制管理思想开创者的地位。

战国时期，封建地主生产关系得到确立，新兴的生产关系促进了生产力和商品经济的发展，改变封建割据、建立统一的封建社会是各诸侯国的当务之急，也是历史发展的迫切要求。适应统一历史要求的兼并战争造成各国在盐业宏观管理方面一度出现了宽松的局面，自由放任的管理思想居于主流，因而造成很多以盐致富的商人。例如有名的人物猗顿，从事河东池盐的生产和贩卖发了大财，富比天子诸侯。这时期自由放任的盐业管理思想及政策，客观上虽有利于商品经济发展，但却削弱了封建国家的经济基础，不利于国家集中财力进行统一的战争，同时商人经营活动造成的贫富分化也加剧了社会矛盾。最先改变这种局面的是秦国的商鞅，他继承管仲的盐业管理思想，主张"壹山泽"，即国家"专山泽之利，管山林之饶"。盐的生产环节和流通环节都必须由国家严密控制，在产盐区设官管理，制定法令，严禁私煮和私人擅自运销。虽也主张利用商人现成的销售能力，可以把专卖产品交给商人分销，但商人需交纳很重的专卖税来换取经销权，经销商人是经过特许的，人数也有限制，盐价也由国家规定。商鞅的用意主要还是使商人难以从盐业中获取厚利，因而只得转业为农，从而贯彻其农战方针。

秦国执行商鞅的盐业管理政策，增加了国家的财政收入，一定程度上保证了秦国统一战争的胜利。同时说明在封建中央集权制形成或者确立时，国家统制管理思想有助于政权的巩固和社会经济的稳定与繁荣，这也是国家统制盐业管理思想一经产生，很快就为社会接受并在盐业管理思想上居于主流地位的根本原因。

先秦盐业管理思想在中国盐业管理思想发展史上占有重要的地位，中国盐业管理思想及其三种表现形式的基本内容、基本运行体制都在这个时期得到确立，虽然并不完善，但影响深远，后来桑弘羊、刘晏、范祥等的盐业管理思想都深受先秦盐业管理思想的影响，将先秦的盐业管理思想称之为我国盐业管理思想的先导是不为过的。

第九章 试论刘晏的盐业管理思想

中国盐业管理思想的主体,是阐述国家及其政府对盐业的生产经营活动所进行的统筹管理。盐业是中国封建社会财政收入的重要来源,历代封建王朝的思想家、理财家都极为重视国家对盐业的控制,他们所进行的阐述尽管各有侧重,但其国家管理盐业的主导思想及表现形式不外乎可概括两种:一种是自由放任盐业管理观。主张封建国家除征收必要的盐税外,对盐业的生产经营活动不要进行过多的干预和控制,盐业是百姓谋生取财的途径,百姓自会积极经营。另一种是国家统制(或称国家干涉)的盐业管理观。它要求国家尽可能多地对盐业生产经营活动进行干预与控制,甚至直接参与盐业的各个方面,并有意识地通过制定政策,应用政治经济甚至军事手段,使盐业的生产经营方向朝有利于封建国家的方面发展。后一种思想自管仲确立以来,其基本内容和运行体制,经《管子》所做的理论阐述和桑弘羊、王莽、第五琦等在实践中的应用和完善,使其在刘晏盐业管理思想产生之前一直在中国盐业管理思史中居主流地位。刘晏继承和发扬了《管子》、桑弘羊、王莽、第五琦等国家统制盐业管理思想的精华,但依据时代变化注意发挥自由放任管理思想的优点和长处,即认为在商品经济日益发展的现代,完全由国家直接控制盐业会带来很多弊端,国家统制盐业管理需要吸收自由放任的盐业管理中的积极因素,借助商品经济的手段控制盐业的生产经营活动。刘晏这种具有改革精神的盐业管理思想开创了宋、元、明、清时期形成主流的盐业管理"通商"思想。

一、刘晏盐业管理思想产生的历史与理论背景

在隋朝与唐朝初期,由于社会经济的发展、商品经济的活跃,豪商富贾势力在国家政治与经济生活中有着重要影响。隋文帝及唐朝初期统治者为了巩固封建统治,大力发展农业生产,推行租庸调制,轻徭薄赋,励精图治,勤俭节约,因

此农业赋税基本上可以满足财政支出的需要，盐业从隋文帝时期到唐玄宗开元以前，基本上是无税无禁的管理体制，它是自我国盐业管理思想产生以来，自由放任的盐业管理思想在实践中的极端表现。但自唐玄宗开元起，政治日益腐败，均田制瓦解，土地兼并日趋严重，社会生产力遭到破坏，财政支出大增，单靠农业赋税已难以维系庞大的财政开支，官府开始逐步控制盐业收入。

唐朝"安史之乱"后，为支付巨额军费开支，国家财政更加拮据，思想家及理财家又开始重视盐利收入对财政的重要性了。在平定"安史之乱"战争中，大书法家颜真卿任河北招讨使，为解决军费开支，采取食盐专卖筹措军饷，颜真卿的管理思想及方法对中国盐业管理思想的发展影响颇大，它塑造了就场专卖盐业管理思想的雏形，史称"榷盐法"。

第五琦任河南等五道度支使后，以颜真卿的管理思想为基础，同时吸收《管子》等的管理思想，形成了"由政府控制的民制、官收、官运、官销"的盐业管理思想，并在全国范围内推行。其思想的基本内容可概括为：①官府直接控制生产，在产盐区政府设立盐院，召集原以煮盐为生的旧业户和部分失去土地的游民生产食盐，时称"亭户"，免其杂徭，直属盐铁使管辖；②亭户生产的盐，只能按官价交给所在地的盐院，由官府运往官府设置的机构售卖，售价由官府制定，严禁偷煮私卖，违者以弄法处分；③政府以每斗10文钱统购亭户的盐，加榷价100文，以每斗110文钱售与百姓，差额全归财政，这套管理办法并未取得明显的财政效果，反而暴露出明显的弊端。原因有以下几个：①官府经销食盐，机构庞大，人员众多，开支庞大，官吏贪污中饱私囊严重；②官府运盐要向民间无偿征用运输工具，分派劳役，辗转运输，农民旷时废业；③官府售盐，官商作风严重，流通渠道不畅，官吏只许百姓用现钱或绢帛购盐，不赊欠，不换购，缺钱的贫苦人家只好淡食；④由官吏下乡销售，由于百姓居住分散，供应很难普遍，有时一吏到村，百家供奉，敲诈勒索，盐售不掉就硬性摊派；⑤任意抬高盐价，"安史之乱"前，盐价每斗不过10文钱，到乾元二年（公元759年）第五琦盐业管理方法实行后，上涨到110文钱，几年之间，就上涨10倍，加重了人民负担和社会矛盾。刘晏的盐业管理思想就是在这样的社会背景下产生的。

二、刘晏盐业管理思想的基本内容与特点

代宗宝应元年（公元762年），刘晏继第五琦之后，全面主持盐铁转运事务。

他针对第五琦盐业管理出现的弊端，对第五琦的盐业管理进行改革，提出了他自己的盐业管理思想，使盐业管理方法"法益精密，官无遗利"。刘晏盐业管理思想的基本内容和特点可概括为以下几方面：

其一，刘晏知道盐是生活必需品，价格弹性小，虽税重价高，人民也只能忍受。国家控制，可以"因民所急而税之"，并解决国家财政问题。

其二，刘晏改变食盐产销由官府全面垄断的管理，创立实行"官府控制的民产、官收、商运商销"的管理体制，即所谓"就场专卖制"或"间接专卖制"或"榷盐法"。其基本内容就是：政府在盐场设置盐官，监督盐民自行产盐，亭户生产的盐官统购，不许私自卖给商人。盐官要严厉禁止走私，盐官所收的盐就在盐场或盐场所在地加价转售给盐商，对食盐所征的盐税就在盐价之中。盐商交款后，可自由运往各地销售。盐官仅设在食盐产地，原各州县设的盐官逐一取消，国家控制食盐的货源和批发环节，可以减少盐商投机倒把的机会。这套体制的施行，一方面可以避免唐朝初期盐业开放而无税收的弊病；另一方面又可减少官府统购统销的坏处，可谓一举两得。

其三，设立"常平盐仓"和实行"以绢代钱"法。由于官府只掌握头道批发，二道批发和零售都让给商人做，为防止商人贪图利润，扰乱盐市，对于离盐产地较远、交通不便的地区，刘晏设仓"转官盐于彼贮之，或商绝盐贵，则减价蔫之，谓之常平盐"。另外，在交通要道上设立数千个盐仓，储存食盐达20000余石，以便在食盐脱销时及时调去供应，以免市场溢价发生大的波动。国家设立常平盐仓，控制货源，能有效防止盐商囤积居奇和哄抬物价，既保证了国家税收，又满足了人民对生活必需品的需求。实是"轻重"论在盐业管理上的有效运用，也表明刘晏是利用商品经济规律，尽量运用商业经营方式来增加国家财政收入。刘晏实行"以绢代钱"的办法，主要是为了筹措将士春服所需材料，他允许商人用绢直接换盐，并特意提高绢与盐的交换比价，使政府短期内获得大批绢料并及时解决军队的春装需要。这样一可扩大食盐销量，从而促进食盐生产；二可及时获得大量绢与丝，满足军需；三可节省国家转购的麻烦与费用；四可鼓励和方便盐商们贩运食盐，提高他们的积极性。

其四，对管理机构进行改革。刘晏认为，盐业管理得好坏，关键在于人而不在于官多，官多徒然增加开支，骚扰百姓。因此，他精简矫治，组织精干的管理盐务机构。原先全国各州县都设置有盐官，他们多数都没起到作用，反而给百姓制造麻烦,刘晏除在重点产盐区留下少数精干的盐官外,在非重点产盐区设置的盐院全部撤销,全国仅保留10个盐监和4个盐场,分别管理食盐的生产、收购、储存、分销业务。另外,在主要城市设立13个专办盐务巡院,负责管理食盐销售市场和打击盐商的不法行为,同时向盐户提供制盐的工具和技术。

其五,刘晏盐业管理思想在实践中的运行特点有:生产上,注意发挥亭户的积极性,一方面,充分给盐户提供生产工具,扩大生产,满足商人运销需要;另一方面,改进和指导盐户的生产技术,提高劳动生产率,增加亭户的经济收入。在运销方面,注意保护贩卖官盐商人的利益,严禁私售食盐,同时简化盐税,取消各道征收的商船过境和使用堰所加征的盐税,即禁止地方政府私设关卡收取税捐,为商人贩运扫除障碍,便利商旅交通。此外,刘晏采取"以绢代钱"法,拓宽了食盐经营渠道,便利了盐商,也有利于国家。再者,刘晏以放开盐价来刺激盐商贩运食盐的积极性,以适当收购价向亭户收购食盐,然后按官定的批发价批发给盐商,至于商人以何种价格集盐与民,官方不作明确规定。同时,刘晏为了防止盐商囤积居奇,垄断食盐价格和供给,建立常平盐仓来平抑盐价。在盐价剧涨之时,将官盐大量投放市场,以扭转盐商高价居奇的局面。

其六,刘晏建立了比较广泛的物价情报网。物价情报网所监视的价格也包括盐价在内,及时了解价格状况,并及时控制其涨落,是刘晏管理思想的重要特点之一。

其七,刘晏盐业管理在实践中的效果可使政府在食盐上获得三种收入:①生产收入,他裁减盐吏,劝导盐产,可降低生产成本,提高效益;②盐税收入;③买卖收入。以致来自食盐的收入,由每年40万钱,激增至600余万缗。

刘晏盐业管理思想在理论和实践上都取得了辉煌的成果。史书记载:刘晏盐业管理措施实行前,政府每年财政收入为400万绪,其中盐税收入约60万绪,到大历末年,政府的财政收入竟增到1600余万绪,其中盐税收入近半,多达600余万绪。这对解决唐朝财政危机起了巨大的作用,同时又是在兼顾百姓承受能力的前提下取得的。刘晏的盐业管理思想具有以下几个优点:

第一,国家控制食盐生产,可以控制食盐的货源,垄断盐利,而禁人私煮是饶国吉农的有效政策。同时,国家又掌握批发环节,采限"离税于价"的办法,可以确保国家的盐利收入,使国家掌握调节食盐供求、平抑盐价的主动权。

第二,调动民间商人的经营积极性,利用他们的力量将食盐运销到全国各地，这可以减轻国家的负担，官府可以集中力量抓好食盐生产、组织货源、保障供给、平抑盐价等主要业务，同时在克服官商的弊端下，市场的价值规律、竞争规律又起了很好的调节效果。

第三，精简盐业管理机构，设立常平盐制和价格监察网，一可节省开支，提高工作效率；二可有效防止商人的投机倒把行为，稳定食盐市场，维护消费者的利益。

总之，这套吸取了国家统制盐业管理思想和自由放任盐业管理思想之长的食盐管理思想与体制，对促进食盐运销起到了显著的作用，它充分体现了刘晏运用商品生产与流通规律解决经济问题以及重视利用民间商业力量的思想。

三、刘晏盐业管理思想的历史与理论意义

刘晏盐业管理思想在盐业管理思想发展史上具有重要的历史地位，他发展了管仲、桑弘羊的盐业管理思想，对后世的管理思想产生了巨大的影响，促成宋、元、明、清时期盐业管理思想的演变，汇成一股"通商"思潮。

刘晏的盐业管理思想，改第五琦的直接专卖制为间接专卖制，其基本思想虽与管仲、桑弘羊的盐业管理思想相同，都强调国家控制盐业，但其管理形式却有差异：管子的盐业管理思想，在生产管理上，是官民混制，官煮时禁民制，而刘晏则是在官府监督下的民制，官不直接参与生产；在运销管理上，管子为官运官销，禁止私人运销，而刘晏为商运商销；在收购环节上，管子与刘晏都要求由官府掌握，官收为他们的共同点。桑弘羊在食盐生产、收购、运输上，都由国家完全控制，其中生产通过控制生产工具来实行。而刘晏仅要求官府控制食盐收购批发环节。生产由官准的亭户自由安排，运销则由商人经营。因此，刘晏的盐业管理思想是对管子及桑弘羊盐业管理思想的继承与发展，它吸取了自由放任管理思想的优点。此外，刘晏将常平仓思想引入盐业管理，拓宽了盐业管理思想的发展思路。

刘晏的盐业管理思想反映了封建社会内部商品经济正日益发展，商人势力已很强大的形势。刘晏强调国家控制盐业但在一定程度与范围利用商人力量，顺应了商品经济发展的历史潮流，他的盐业管理思想在盐业管理思想发展史上，具有继往开来、承前启后的地位，使中国盐业管理思想进入了一个新时期。

第十章　再论马克思恩格斯的经济伦理思想

马克思和恩格斯的经济伦理思想非常丰富，本章着重从交换、竞争和分配三个方面对这一问题进行分析和探讨。

一、交换概述

交换是人类社会发展中一种古老现象，它不仅是经济行为，从道德层面看，也是一种伦理行为。马克思和恩格斯就是从经济和伦理的双重视角，阐发了他们的交换经济伦理思想。

（一）交换的历史性——"交换有它自己的历史"

马克思指出："经济范畴都带有自己的历史痕迹"，同样，交换这一范畴也不例外，那么，如何认识交换的起源呢？马克思和恩格斯反对用人性论解释，因为交换既不是什么"人的天生需要"，也不是什么"罪恶的人性堕落"，他们主张运用生产力发展这一唯物史观去考察。马克思明确指出："商品交换有它自己的历史"。它"是在共同体的尽头，在它们与别的共同体或其成员接触的地方开始的"。也就是说，在原始社会生产力有了一定发展，出现了剩余产品时，才有了最初的社会交换。

对于这一点，恩格斯做了更为具体的说明：商品交换在有文字记载之前就开始了。价值规律在长达5000~7000年起支配作用。他还认为，商品交换是一种历史的进步。如果谁还"留恋那种原始的丰富，是可笑的，相信必须停留在那种完全空虚之中，也是可笑的"。可见，交换既不是从来就有，也不是永远存在，它是一个历史范畴。

由于平等和自由不仅在以交换价值为基础的交换中受到尊重，而且交换价值的交换是一切平等的和自由的生产、现实基础。因此，马克思和恩格斯在揭示交换历史性的同时，又对交换的平等性和自由性做了伦理透视。

（二）交换的"平等的规定"性——"商品是天生的平等派"

马克思认为，在商品交换中交换主体为什么具有"平等的规定"性呢？从历史看，奴隶制经济和封建制经济占主导地位的是自给自足的自然经济，而且具有强烈的人身依附色彩。但以交换为主要内容的商品经济则不同，它的一个重要特征是经济关系的契约性。市场商品交换是物与物的交换，但透过这种交换中物的依赖关系来看，无非是与外表独立的个人相对立的一种社会关系，因此，只要考察的是形式规定——而且这种形式规定是经济规定，是个人借以互相发生交往关系的规定，是他们的社会职能或彼此之间社会关系的指示器——那么，这些个人之间就绝对没有任何差别。每一个主体都是交换者，也就是说，每一个主体和另一个主体发生的社会关系就是后者和前者发生的社会关系。因此，作为交换的主体，他们的关系是平等的关系。所以，商品交换者之间不存在任何非经济的依附关系。

对交换主体人格的独立性，恩格斯也明确指出："只有能自由地支配自身、行动和财产并且彼此处于平等地位的人们才能缔结契约。"可以说，商品经济的契约性，规定了交换的平等性。马克思的名言——"商品是天生的平等派"，对这一点做了经典表述。

（三）交换的"自由的规定"性——"只取决于自己的意志"

马克思认为，交换不仅具有"平等的规定"性，而且还具有"自由的规定"性。他以交换中的产权利益和非暴力占有性对这一问题做了论证。在市场交换中具有独立平等人格的交换主体，只取决于自己的意志，也就是说，交换的任何一方都不能无偿或使用暴力非法侵占对方的产品。因为商品生产者和商品交换者对自己的产品具有所有权，有着独立的产权利益。所以，"为了使让渡成为相互的让渡，人们只需默默地将彼此当作被让渡的物的私有者，从而彼此当作独立的人相对立就行了"。因此，在交换过程中尽管个人 A 需要个人 B 的商品，但他并不是用暴力去占有这个商品；反过来也一样，他们互相承认对方是所有者，是把自己的意志渗透到商品中去的人。因此，在这里第一次出现了人的法律因素以及其中包含的自由的因素。谁都不用暴力占有他人的财产，每个人都是自愿地出让财产。总之，"如果说经济形式、交换确立了主体之间的全面平等，那么内容促使了人们去进行交换的个人材料和物质材料，则确立了自由"。

可见，交换的"自由的规定"性，体现了交换主体之间以产权独立为主的相互依存性和利益的关联性。黑格尔曾把交换过程中这种自主的存在和自为的存在的统一，概括为"他人为我，我为他人"的交换伦理命题。

（四）交换平等自由性的经济根源——交换主体处在市场"同一规定"中

马克思从伦理层面对交换中的平等自由性进行分析的同时，进一步从经济这一终极根源上做了深层次的论证。他指出：流通主体先是交换者，每个主体都处在这一规定中，即处在同一规定中，这恰好构成他们的社会规定。马克思在这里讲的"同一的规定"性即"社会规定"性，是指交换主体都受到商品经济基本规律——价值规律的制约。因为这一市场经济法则具有客观强制性，它作为一只"看不见的手"，是"作为一种内在的无声的自然必然性起着作用……"它是不以交换者个人主观意志为转移的。在市场交换中，交换者"只是作为主体化的交换价值即作为活的等价物，作为价值相等的人互相对立，作为这样的人，他们不仅相等，他们之间甚至不会产生任何差别。他们只是作为交换价值的占有者和需要交换的人即作为同一的、一般的、无差别的社会劳动的代表互相对立。而且他们所交换的是等量的交换价值，因为这里的前提是等价物的交换"。

马克思还认为，正是等价物交换的这种利益上的互利性和共同性，成为交换主体人格独立性即平等自由的具体反映。因此，交换价值制度，或者更确切地说，货币制度事实上是自由和平等的制度。

（五）交换的不平等性——"经济关系的无声强制"

商品生产和商品流通是极不相同的生产方式都具有的现象，尽管它们的范围和作用各不相同。只知道这些生产方式所共有的抽象的商品流通范畴，还是不能了解这些生产方式的不同特征，也不能对这些生产方式做出判断。所以马克思和恩格斯在对交换进行一般商品性分析的基础上，深刻地揭示了资本主义交换的不平等性。资本主义经济运行中的一个基本和典型现象，就是资本与劳动的交换。从这一经济现象的表面上看，它和一般的商品交换似乎并无二致。正如马克思所指出的：在资本与劳动的交换方面，第一步行为是交换，和普通流通所指的一模一样。如果透过现象考察，则迥然不同。也就是说，资本与劳动交换作为第二步行为在性质上则是和交换根本不同的一种过程。这种"根本不同"集中表现在交换的不平等性。由于资本家购买了雇佣工人的劳动力这种特殊商品，并通过它的特殊使用价值，无偿地占有工人创造的剩余价值，实现了资本的增值。所以马克思讲，资本与劳动之间交换的所谓平等，仅仅是在交换假象的掩盖下占有他人劳动的一种表层，即骗人的表面现象。

为了揭露这一假象，马克思做了形象而又深刻的揭露。劳动力的买和卖是在流通领域或商品交换领域的界限以内进行的，这个领域确实是天赋人权的真正乐园。那里占统治地位的是自由、平等和所有权和边沁：

（1）自由。因为商品如劳动力的买者和卖者只取决于自己的自由意志，他们是作为自由的、在法律上平等的人缔结契约的。契约是他们的意志借以得到共同的法律表现的最后结果。

（2）平等。因为他们彼此只是作为商品所有者发生关系，用等价物交换等价物。

（3）所有权。因为他们都只支配自己的东西。但是，一旦退出了劳动力商品买卖的流通领域，在资本与劳动的交换中，参与者的面貌已经起了某些变化。原来的货币所有者成为资本家，昂首前行；劳动力所有者成了他的工人，尾随其后。"一个笑容满面，雄心勃勃；一个战战兢兢，畏葸不前，像在市场上出卖了自己的皮一样，只有一个前途——让人家来踩"。

通过上述分析，马克思对资本与劳动交换的真实不平等性根源做出了结论性的回答，因为资本主义生产关系这一"经济关系的无声强制保证资本家对工人的统治"。

二、竞争概论

竞争的经济伦理思想，是马克思和恩格斯经济伦理思想的另一个重要方面。

（一）竞争范畴——资产阶级经济学家"最宠爱的女儿"

从西方经济学说思想史来看，在马克思和恩格斯之前，资产阶级经济学家就已经使用了竞争这一范畴。马克思形容竞争是资产阶级古典"经济学家的主要范畴，是他最宠爱的女儿，他始终爱抚着她"。

资产阶级古典学派之所以把竞争看成是主要经济范畴，很重要的一点，是因为他们代表着同封建社会的残余进行斗争，力图清洗经济关系上的封建残垢的新兴工业资产阶级的利益。因此他们的历史使命是将资本主义生产关系表述为经济范畴和规律，并试图证明资本主义生产方式是最有利于财富生产和增长的社会形式。

资产阶级古典经济学家虽然青睐竞争范畴,但由于阶级和研究方法的局限而没有科学地说明它。

(二) 竞争的商品经济性质——商品生产者"只承认竞争的权威"

马克思和恩格斯从简单商品经济入手,分析了竞争范畴的商品经济性质。首先,竞争是商品经济的基本规律即价值规律发生作用的主要形式。马克思指出,在一种商品上只应耗费生产该商品的社会必要劳动时间,这在商品生产的条件下表现为竞争的外部强制。恩格斯也指出,价值规律是"在竞争中表现出来并行使它的推动力",因为,只有通过竞争,从而通过价格围绕着价值这个中心上下波动,商品生产的价值规律才能得到贯彻。

其次,竞争作为调节市场的一种重要的社会经济力量,直接关系到每个商品生产者的切身利益和命运。在优胜劣汰、适者生存的激烈的市场竞争中,会引起商品生产者命运的两极分化。

总之,只要有商品经济的土壤,竞争也就存在。恩格斯强调:在一个进行交换的商品生产者的社会里,如果谁想把劳动时间决定价值这一点确立起来,而又禁止竞争用加压力于价格的办法,即一般来说是唯一可行的办法来确定这种对价值的决定,那就不过是证明:至少在这方面,他采取了空想社会主义惯有的轻视经济规律的态度。可以说,谁也挡不住竞争的洪流。

(三) 竞争的伦理表现——"支配着人类在道德上的发展"

关于这一点,马克思和恩格斯阐述了两个方面的思想:

第一,竞争是个性的解放。马克思分析了自由竞争的历史进步性,认为它打破了对资本主义经济发展的各种思想禁锢和不利的限制。因为从历史看竞争在一国内部表现为把行会强制、国家调节和国内关税以及诸如此类的事情取消,在世界市场上表现为把闭关自守、禁止性关税或保护关税废除,总之,从历史看它表现为对资本以前各生产阶段所固有的种种界限和限制加以否定。同时竞争也体现了自由这一人的"天赋权利",所以它是对被封建社会长期压抑和摧残的人性的解放。但马克思也批判了把竞争和人类自由完全等同起来的错误,自由竞争只是人类经济活动中自由的一种具体表现形态,而不是什么终极发展。

第二,竞争道德的两面性。恩格斯明确指出,竞争不但支配着人类在数量上的增长,而且也支配着人类在道德上的发展。这种"道德上的发展",也就是要求交换主体按市场规律的要求规范自己的竞争行为。如在资本主义早期阶段资本家往往采取哄骗和欺诈手段赚钱，而在资本主义发展后，这些骗人伎俩已经划不来，另外，恩格斯又指出，在经济利益的驱动下，又会产生一些违反伦理道德非理性的市场竞争行为。因为商业带来人与人之间的不信任，在商业自由竞争的情况下，每个人都企图不劳而获，损人利己，乘人之危，趁机发财。因此，自由竞争关系所造成的价格处于永远摇摆不定的状况，使商业丧失了道德的最终一点痕迹。尽管竞争具有道德和非道德的两面性，但竞争是商品经济和市场经济活力的重要源泉，这一点是毋庸置疑的。

（四）竞争与资本——"竞争使资本的内在规律得到贯彻"

马克思在对竞争范畴的考察中，批判了蒲鲁东，把竞争表述为"是工业竞赛，是自由的最时髦的方式，是劳动中的义务，是价值的构成，是平等到来的条件，是社会经济的原理，是命运的法规，是人类灵魂的必然要求，是永恒公平的启示，是划分中的自由，是自由中的划分"等，试图论证竞争是永恒性的文字游戏。并从竞争同资本运动的关系上深入考察了竞争这一范畴，而且自由竞争是资本主义生产过程最适当的形式，自由竞争越发展，资本运动的形式就表现得越纯粹。马克思正是在剖析资本本质的基础上，揭示了竞争同资本内在规律的关系。

第一，竞争不创造资本的内在规律。竞争虽然是资产阶级经济的重要推动力，但竞争不是资本主义经济规律真实性的前提，为什么呢？因为资本的内在规律是在资本主义社会的经济条件基础上产生的，如剩余价值规律等。竞争只表现为资本间的相互作用，而且要以资本本身的发展为前提。所以马克思强调，如果单纯用竞争来解释这些规律，那就是不懂得这些规律。总之，竞争不是资本内在规律的创造者。

第二，竞争是资本内在规律发生作用的主要形式。竞争虽然不能直接创立资本的内在规律，但"资本的内在规律，资本的趋势只有在竞争中，即在资本对资本的作用中，才能得到实现"，如资本积累的规律。资本家之所以要把剩余价值的一部分转化为资本，进行资本积累，不是什么"节欲"的结果，而是有其客观必然性，这就是追求最大限度利润的内在动力的驱动和竞争外部强制的压力在起作用。竞争迫使资本家不断扩大自己的资本来维持自己的资本，而扩大资本只能靠累进的积累。再如平均利润率的规律，也是在部门之间竞争和资本自由转移的基础上形成的。另外，各类资本家共同瓜分雇佣工人创造的剩余价值按资分配的规律，也是通过资本之间的竞争来实现的。

总之，竞争是资本内在规律"必然性得到实现的形式"和"执行者"。也就是说，包含在资本本性里面的东西，只有通过竞争才能作为外在的必然性现实地暴露出来，而竞争无非是许多资本把内在规定互相强加给对方并强加给自己。

三、分配的公平问题

分配的公平问题，是经济学和伦理学长期以来关注的一个理论问题。马克思和恩格斯在这方面也形成了独特的经济伦理思想。

（一）分配公平与否的判断尺度——不能靠"倾泻自己的道德愤怒"

资产阶级学者在研究分配的公平性和非公平性问题时，总是喜欢以道德尺度去评判。马克思和恩格斯是如何看待这一问题的呢？恩格斯指出，要运用唯物史观历史地去分析，但当某种社会生产方式已经走向衰败和没落，成为历史的"过去式"时，或者说群众的道德意识公布某一经济事实（如当年的奴隶制或奴役制）是不公正的，这就证明这一经济事实本身已经过时，其他经济事实已经出现，因而原来的事实已经变得不能忍受和不能维持了。这种过时的不公的分配方式，应当受到道德的谴责。当然现行制度中的分配不平等现象也会受到道德的批判。但是不管哪种情况，恩格斯强调指出，这种诉诸道德和法律的做法，在科学上丝毫不能使我们前进；道义上的愤怒，无论多么入情入理，经济科学总不能把它看作证据，而只能看作象征。这就明确告诉我们，道德谴责的作用不仅是非常有限的，更重要的是，它不可能从根本上去科学地说明和论证旧生产方式及其相应分配方式灭亡的历史必然性。道德的谴责不能代替科学的批判。

如被誉为"资本主义之父"的资产阶级古典学派的杰出代表亚当·斯密，对资本主义社会中的分配不平等现象进行了批评。19世纪著名的三大空想社会主义者法国的圣西门、傅立叶，英国的欧文，他们对资本主义社会的各种弊病和分配不公更是进行了强烈的抨击和辛辣的嘲讽。恩格斯在谈到这一点时指出，他们的观点都脱离了历史背景；双方都诉诸感情，一方诉诸正义感，另一方诉诸情感。双方都给自己的要求披上了虔诚愿望的外衣，至于这些要求为什么恰恰应当出现而不是在1000年前或1000年以后那是无所谓的。古典学派的这种局限性被马克思和恩格斯所扬弃。而三大空想社会主义者则被恩格斯形容为，就像夏日夜晚天空闪烁的流星一样，在引起思想界的注意后，很快就从社会的地平线上消失了。

(二) 分配公平的历史性——"分配关系不过表示生产关系的一个方面"

马克思和恩格斯明确指出，公平是一个历史概念，如希腊人和罗马人认为奴隶制度是公平的；1789年资产阶级的公平规则要求废除被宣布为不公平的封建制度。同样，分配公平与否也不是固定和一成不变的，它受生产关系的制约。马克思批判了蒲鲁东认为只要贯彻了等价交换原则，按商品价值进行交换，就会实现公平分配的所谓"永恒公平"的错误观点。马克思还批评了小资产阶级浪漫主义经济学家西斯蒙第，仅从道德上批判资本主义社会分配不平等社会弊病。

所以，马克思强调要从生产关系这一经济根源上看待分配的公平性问题。他指出，所谓的分配关系是同生产过程的历史规定的特殊社会形式，以及人们在其生活的再生产过程中的关系相适应，并且是由这些形式和关系产生的。这些分配关系的历史性质就是生产关系的历史性质，分配关系不过表示生产关系的一个方面。

对马克思的这一重要思想，恩格斯指出，马克思认为这里的问题不是简单地确认一种经济事实，也不是在于这种事实与永恒公平和真正道德相冲突，而在于这样一种事实，必定要使全部经济学发生革命。恩格斯也批判了杜林把分配说成是由道德因素决定的庸俗的"分配决定论"，他指出，随着历史上一定社会生产和交换的方式和方法的产生，随着这一社会的历史前提的产生，同时也产生了产品分配的方式和方法。总之，马克思和恩格斯的思想明确告诉我们，一种分配方式是否公平，不是由道德来判断，最重要的是由生产力水平决定的生产关系的性质来决定。

(三) 分配中的异化现象——"并不取决于个别资本家的善意或恶意"

在剥削阶级社会中，由生产资料私有制决定的人剥削人的不合理的分配制度中，都存在劳动成果与劳动者对立这一分配中的异化现象。马克思和恩格斯对资本主义社会中这一突出现象做了深刻的分析和揭露。

关于资本主义社会中的分配异化现象，马克思指出，社会财富越来越巨大的部分作为异己的统治权力同劳动相对立。这种现象的产生，不能从道德或资本家的人性善恶上去找原因，它是由资本主义生产关系的本质所决定的。在资本主义社会"平等地剥削劳动力，是资本的首要人权"。这是剩余价值规律的作用和驱动。马克思深刻地揭露说，资本对剩余价值有"狼一般的贪欲"，只要雇佣工人还有一块肉、一根筋、一滴血可供榨取，资本家就绝不罢休。所以剩余价值"这个规律不让资本有片刻的停息,老是在它耳边催促说:前进!前进"。

所以,资本主义条件下的分配不平等,"并不取决于个别资本家的善意或恶意",而是因为资本主义生产关系对于雇佣工人来说是一种"无声的强制"。

对于资本主义社会中的分配不公,恩格斯也指出,如果我们认为,这是不公平的,不应该这样,那么这句话同经济学没有什么直接关系。我们不过是说这些经济事实同我们的道德感有矛盾,但根本上还必须从资本主义生产关系去分析。

(四) 分配公平的相对性——"权利绝不能超出社会的经济结构"

任何公平都只能是相对的,而不可能是绝对的,分配公平也不例外。马克思通过对按劳分配问题的分析论证了这一点。

从历史的发展来看,按劳分配是人类分配史上一场深刻的革命,它是对剥削阶级社会中人剥削人的不合理的分配制度的否定,具有巨大的历史进步性。马克思在肯定这一点的同时,还考察了按劳分配中公平的相对性。他指出,按劳分配中实行等量劳动获得等量报酬的原则,它体现了平等性,但是这种形式上的平等存在事实上的不平等。因为这种平等的权利对不同等的劳动来说是不平等的权利,它不承认任何阶级差别,因为每个人都像其他人一样只是劳动者;但是它默认劳动者有不同等的个人天赋,从而有不同等的工作能力。所以就它的内容来讲,它像一切权利一样是一种不平等的权利。但这种事实上的不平等在社会主义社会又是不可避免的,因为权利绝不能超出社会的经济结构以及由经济结构制约的社会的文化发展。所以马克思强调:只有到了共产主义的高级阶段,分配才能完全超出资产阶级权利的狭隘眼界,社会才能在自己的旗帜上写:各尽所能,按需分配。

第十一章　毛泽东经济思想中的几个问题探析

毛泽东经济思想是在我国社会主义革命和建设初步实践基础上产生和发展的，是毛泽东思想的重要组成部分。认真研究其中的一些重要问题，吸收其合理成分，对于我们建设有中国特色的社会主义，实现21世纪全面建设小康社会的宏伟目标，具有重要的现实意义和指导作用。

一、发展生产力问题

毛泽东十分注重发展生产力。他认为建设一个伟大的社会主义国家最根本的措施就是集中力量加快生产力的发展。在民主革命时期，毛泽东就比较注重生产力和生产关系的相互促进，并且以发展生产力为主、改变生产关系为辅。并强调了发展生产力的重要性。

毛泽东提出了发展生产力是社会主义根本任务的论断为中共"八大"的召开做了重要的思想准备。"八大"第一次较为科学地论述了社会主义社会的主要矛盾和主要任务，提出了工作重心转移问题。1957年2月，毛泽东在其发表的《关于正确处理人民内部矛盾的问题》中，进一步指出："我们的根本任务已经由解放生产力变为在新生产关系下面保护和发展生产力。"于是，全党工作重心在"八大"后开始转移到经济建设上来。

毛泽东提出了实行对外开放、发展社会主义生产力的重要论断。新中国成立后，毛泽东对未来社会主义经济建设进行了反复思考，多次提到了如何利用外国先进的科学技术和资本加快本国经济发展的对外开放步伐。1956年4月28日，毛泽东在《中央政治局扩大会议上的讲话》中指出"不管美国人的也好，英国人的也好，日本人的也好，我们用得着的我们就得跟着学"。1956年12月，毛泽东在对民主党派人士谈话时曾经说过：只要社会有需要，可以允许资本家开私营大厂，华侨投资 100 年不没收，可以消灭资本主义，又搞一点资本主义。由于中国现代化起步晚，起点低，毛泽东认为，发展生产力我们必须以"自力更生为主、争取外援为辅，独立自主地干工业、干农业、干技术革命和文化革命，打破奴隶思想，埋葬教条主义"，这就强调了中国人民坚定地走自己的道路的深刻意义。直到今天，这个思想对我们实行对外开、建设有中国特色的社会主义仍然有着重要的指导意义。

二、经济体制改革问题

实事求是是毛泽东建立经济体制指导思想的核心内容。他认为，中国作为大国，情况十分复杂，不能设想一个早上就建成社会主义。中国经济体制也是这样，需要不断探索和改革。针对当时经济体制中刚刚暴露出来的弊端，他尖锐地指出，从苏联照搬过来的东西，那些搬得不对的，必须改过来。1957 年 2 月，毛泽东在《关于正确处理人民内部矛盾的问题》的讲话中，第一次阐明了社会主义社会的基本矛盾仍然是生产关系和生产力之间、上层建筑和经济基础之间的矛盾，只是其性质和情况与旧社会这些矛盾根本不同，它主要表现为人民内部矛盾。他主张把原则性和灵活性结合起来考虑所有制问题。在过渡时期，他主张在保证国有经济占主导地位的前提下，允许合作社经济和国家资本主义经济在一定时期内存在。同时，毛泽东对分配问题很重视。他认为，国家、集体、个人三方面的关系都必须兼顾，不能只顾一头。在个人消费品问题上，应该实行按劳分配、承认差别的原则。

社会主义时期存在商品生产和商品交换，必须重视和发挥价值规律的作用。针对当时苏联和我国经济工作中背离价值规律的种种错误做法及其危害，他精辟地指出，价值规律是个伟大的学校，只有利用它，才有可能教会我们几千万干部和几万万人民，才有可能建设我们的社会主义和共产主义，否则一切都不可能。他在批评"共产风"时说，一平二调三收款，就是根本否定价值法则和等价交换，这引起了广大农民的恐慌，这就是我们目前同农民关系中一个大矛盾、一个大问题。他认为不能把商品生产与资本主义混为一谈，商品生产与资本主义相联系就是资本主义，和社会主义联系就不是资本主义，就是社会主义。针对中国的实际情况，他还强调说："中国是商品生产很不发达的国家，现在又很快地进行了社会主义，社会主义的商品生产同商品交换还要发展，这是肯定的。"毛泽东的这些重要论述，对大力发展社会主义商品生产和商品交换有着极为重要的指导意义。毛泽东还十分注意调动地方和企业的积极性，针对当时我国在计划管理上集中过多、统得过死的弊病，指出："我们不能像苏联那样，把什么都集中到中央，把地方卡得死死的，一点机动权都没有。"各个单位都要有一个与统一性相联系的独立性，才会发展得更加活泼。1956年2月4日，毛泽东在听取重工业部负责同志汇报时说："地方同志对中央集权太多不满意。他们是块块，你们是条条。你们无数条条往下灌，而且规格不一，也不通知他们。他们的要求你们也不批准，约束了他们。"根据毛泽东讲话精神，国务院制定了《关于改进国家行政体制的决议（草案）》，划分了中央与地方行政管理职权。即凡是关系到整个国民经济而带有全局性、关键性、集中性的企业和事业，由中央管理；其他的企业和事业尽可能多地交给地方管理。20世纪60年代，根据毛泽东的意见，党中央制定了《国营工业企业工作条例（草案）》，就扩大企业的自主权规定了一系列意见。

学习毛泽东关于经济体制改革的思想，不仅可以领会毛泽东建立中国经济体制的思想精髓，而且从中可以获得构建中国社会主义市场经济新体制的重要启迪。

三、工业化道路问题

新中国成立后，毛泽东在对中国社会主义工业化道路进行了艰苦的探索后，提出了中国现代化建设，必须以工业现代化为基础，推进农业、国防和科学技术现代化的论断。毛泽东对中国工业化道路的探索过程始于1952年，完成于1962年。在这10年中，毛泽东立足于中国工业化实践，专注于中国进入社会主义工业化国家的步骤、途径和方法，对中国工业化道路的认识经过了一个不断升华的过程。在这一过程中，把发展重工业作为经济发展的核心始终是毛泽东构建中国工业化道路的主导观念。但是，中国是一个典型的人口多、底子薄的农业国家，这就使得农业发展的状况、人民最基本的生活需要及其满足程度成为制约新中国工业化的两大关键因素。因此，重工业、农业与轻工业之间的矛盾成为新中国工业化过程的主要矛盾，它构成了中国工业化道路的核心内容。毛泽东以苏联、东欧社会主义国家工业化道路的经验教训为借鉴，提出了一条符合中国国情的中国工业化道路，即国民经济建设要以"农、轻、重"为顺序的思想。1958年底，毛泽东在读苏联《政治经济学》教科书时指出："我们的提法是在优先发展重工业的前提下发展轻工业和农业并举。所谓并举，并不否认优先发展重工业的原则，不否认工业发展快于农业，同时并举也不是平均使用力量。"他在比较我国和苏联发展道路时说，生产资料优先增长是一切社会扩大再生产的共同规律，但由于苏联过分强调重工业，结果把农业忽略了；而我国则是在优先发展重工业的条件下，工农业同时并举，这便是中国道路的优点和特点。在国民经济进入困难时期后，毛泽东进一步指出，以农业为基础、以工业为主导是我国经济发展的总体方针。

毛泽东对重工业、农业和轻工业之间关系的认识，经过了一个在工业化实践基础上由浅入深、由片面到全面的逐渐完善的过程，这个过程基本上可分为五个阶段，即片面注重重工业时期；初步意识到农业、轻工业的重要性，开始整体考察重工业、农业、轻工业的关系时期；主张工业和农业发展同时并举时期；主张以农业、轻工业、重工业为序安排国民经济计划时期；提出以农业为基础、以工业为主导思想的时期。毛泽东对中国社会主义工业化道路的认识，经过了四次修正和提升，虽然每次修正和提升往往以挫折和代价为前提，但每次修正和提升都较大地促进了中国社会主义工业化的进程。同时，它也昭示我们，在中国实现社会主义工业化，必须高度重视农业的基础作用，重视轻工业对人们生活的保障。当前，我们注意到，在中国工业化建设取得长足发展的同时，农业、农村和农民问题显得尤为突出，必须引起我们足够的重视。否则，社会难以稳定，社会主义工业化就会落空，全面建设小康社会的宏伟目标也就难以实现。在我国社会主义曲折发展的历程中，由于经济发展不成熟，客观实践不充分，缺乏经验，加之主观认识上的偏颇，导致了毛泽东关于社会主义经济建设方面的一系列正确思想，没能够在毛泽东时代开花结果，因而使毛泽东经济思想表现了相当的历史局限性。尽管如此，但他的探索和实践不仅使中国摆脱了苏联模式的影响，而且对邓小平理论的形成有着直接的促进关系。在中央领导集体的领导下，我们党立足于解放思想、实事求是、与时俱进、开拓创新这一根本指导思想，继承和发扬了毛泽东经济思想中的正确部分，把毛泽东当年对于中国社会主义经济发展的愿望逐步变成了现实。

第二篇

市场经济实践

第十二章　西方经济学中的宏观调控目标与我国宏观调控目标的定位分析

十六大报告首次将充分就业、物价稳定、经济增长、国际收支平衡的"神秘四角"全面纳入我国政府宏观调控目标体系，这实际上是西方经济思想在我国的又一具体运用与实践。

一、西方经济学中宏观调控目标的基本思想

现代西方宏观经济学认为，宏观经济政策应该同时达到四个目标：充分就业、物价稳定、经济增长、国际收支平衡。

政策制定者在确定宏观经济政策目标时，既受自己对各项政策目标重要程度的理解，考虑国内外各种政治因素，又受社会可接受程度的制约。不同流派的经济学家对政策目标有不同的理解。

（一）短期稳定——凯恩斯主义宏观政策的主要目标

凯恩斯学派指出，基于人们心理上的流动性偏好和投资的边际收益递减规律，有效需求不足是市场经济的必然现象，失业在所难免。政府实施扩张总需求的政策有助于尽快缩小供求缺口，缓和经济的周期性波动，提高总体经济效率。就其调控手段看，往往是借助于财政政策、货币政策和贸易政策，以移动 IS、LM 曲线，最终使总需求曲线发生位移。国内许多经济学家也认为，经济政策的根本目的，是保证经济稳定运行，防止过热或衰退。总之，这里界定的宏观经济政策，也就是大家所说的短期稳定政策，它的目的并不是短期内改变一个国家的潜在生产能力，而是尽可能使得总需求与潜在总供给同步增长。

（二）短期稳定还是长期增长

凯恩斯经济学的诞生，把大部分经济学家的注意力吸引到了总体经济稳定的

研究上来，20 世纪 50~60 年代，源于凯恩斯经济学的宏观干预理论在各国的政策实践中经历了前所未有的辉煌。70 年代以后"滞胀"出现了，现实又部分印证了货币学派对政府干预的质疑。货币主义对"滞胀"现象的解释是，虽然短期内扩张政策能够影响产量和就业，但从长期看，菲利普斯曲线是一条起自自然失业率的垂直线，任何总需求扩张都可能只引起加速的通货膨胀，而对生产和就业不起作用。其政策含义是，相机抉择的总需求管理会使经济陷入更大的不稳定之中，应为某种旨在保持长期价格稳定的货币规则所取代。鉴于稳定政策的负面社会福利后果，从新古典宏观经济学开始，人们的注意力逐渐向经济的供给面转移。布赖恩·斯诺登和霍华德的论文对"不断发展的"关于稳定政策的作用和性质的争论做了简要的历史性综述，并"提请大家注意 20 世纪 70 年代中期以来宏观经济学家越来越感兴趣的供给面的问题和长期增长问题"。这个问题之所以不容忽略，是因为社会福利的增进，最终仍有赖于经济的长期增长，尽管短期稳定对长期增长仍是必不可少的。经济学要在这两方面进行研究，经济政策也要在这两者之间进行权衡。

（三）分析与综合

反凯恩斯主义的观点及其基本政策含义是，经济中的基本行为方程是相当稳定的，人们对短期经济行为的知识还不是制定经济政策的充分依据。从可能性看，经济可能从属于外部影响引起的十分剧烈而持续的震荡。因此，相机抉择是必要的。关键是如何根据对未来可能发展的较长期的看法进行相机抉择。

在罗伯特·霍尔和约翰·泰勒的《宏观经济学》中，他们一方面认为，"经济波动——衰退与繁荣——仍然是本书的主题"，"宏观经济政策目标在于保持低通胀，减少经济受到冲击之后产量、就业和通货膨胀波动的幅度（或持续时间）"，因为经济的短期稳定是强有力的长期经济发展的基本条件；另一方面，他们也认为，"对增长路径的暂时偏离，由于价格和工资黏性，经济在受到冲击后并不能立刻回到潜在水平"，但"劳动力、资本的供给，创新和技术进步过程是长期增长的重要组成部分"，它们决定经济的长期增长趋势。笔者因而综合了现代宏观经济学解释增长和波动必不可少的两个要素，构造了一个"完全模型"。此外，真实商业周期模型也考虑了增长和波动两个方面，但与前述的"完全模型"有所区别。

二、中国宏观经济调控目标的定位分析

（一）确定宏观经济调控目标的基本原则

宏观经济调控目标的选择是宏观经济政策的核心。这个环节必须引入一定的伦理规范或者说是价值判断，才能在众多可选择的目标中做出取舍，这方面的研究最为欠缺。在具体目标定位上，我们借鉴其他学派的观点，根据中国具体国情，注重短期政策的长期福利效果，提出符合中国实际的宏观经济调控目标。在这个问题上要体现出我们的价值判断，特别是要有利于解决当前和今后一个时期中国经济发展所面临的突出矛盾和关键任务。为此，我们认为，中国经济体制转型期宏观经济调控目标的选择，应恪守和遵循如下几条基本原则：

（1）发展战略导向原则。就是说宏观经济调控目标的确定，必须以一定时期的中国经济社会发展战略为依据，并为其实现服务。发展战略与宏观经济政策之间的关系，简言之，就是一种决定与被决定的关系，后者服从和服务于前者。

（2）国情原则。就是说一定时期的宏观经济调控目标，应该与目标的基本经济制度、发展阶段、运行模式和其他基本国情以及该时期需要着力完成的根本任务、需解决的主要困难和问题等相适应，而不能照搬别国"模式"。

（3）短期与中长期政策效应的有机结合原则。宏观经济调控固然主要是一种旨在熨平短期经济波动，并在很大程度上不可避免地会带有相机抉择的性质和特点，然而，一国宏观调控政策目标的确定和实施，又不能仅着眼于眼前的调整，而需将其置于国民经济中长期可持续发展的框架中来加以全盘考虑，把短期的政策性调节同经济的中长期发展有机结合起来，使短期政策效应有利于而不是有损于经济的长期发展。

（二）目标定位

鉴于以上原则，我们认为，中国经济转型期宏观经济调控目标应依如下顺序做出选择：

（1）稳定目标。我们把我国宏观经济调控的基本目标定为保持总体经济的稳定运行。稳定目标又由充分就业、价格稳定和对外收支平衡这三个子目标构成。有关这三个子目标的阐述，是西方经济学的常识，不必在此赘述，以下仅就其在中国的特殊含义做出说明。

1）充分就业和物价稳定目标在中国的适用性涉及与上述原则相关的初始条

件的敏感依赖。我国正处于转轨经济的特定环境和特殊因素，如果政策上不予以考虑，则必然会加剧转轨过程中的不稳定性，特别是体制性失业的缓解有赖于改革的推进，而经济结构的调整与改革，又将加剧失业，从而加剧宏观经济的波动，这是政策运用过程中的一个难题。所以，保证物价稳定和充分就业仍然是当前宏观经济调控的重要任务，也是制约或促进国民经济持续稳定健康发展的重要因素。

2) 在开放经济条件下，对内平衡的实现，有赖于国家间充分合作的国际经济协调机制。在一个封闭经济中宏观经济的调控政策是国内平衡的问题，而随着开放程度的加深，我们必须处理开放经济条件下的对外平衡问题。通常人们习惯于把外部平衡目标称之为"国际收支平衡"，经常项目余额是衡量国际收支是否平衡的重要指标。从经济学原理来说，巨额的经常项目赤字和盈余的特定条件都可能构成对内部平衡的损害，前者意味着本国借入大量外国资本，如果这些资金被用于盈利前景并不好的投资或者只是用于高水平的消费，必将削弱本国未来偿还贷款的能力，甚至可能陷入债务危机；后者意味着国内资金大量外流，必将减少国民储蓄用于国内投资的份额，对国内就业和税收的贡献降低，也增加了到期不能收回投资的风险。

（2）发展目标。促进国民经济的持续发展，无论对发达国家还是发展中国家来说，都很重要，只不过对后者来说，其重要性更为突出罢了。我党一贯强调用发展的办法解决前进中的问题，发展是硬道理，是解决中国一切问题的关键。

如果说稳定目标是基于"短期"的一种政策选择，那么，我们所要求的"长期着眼"就体现在这里提出的"发展目标"上。发展的第一要义是保证增长。

第一，经济要始终保持适当的增长率，才能保证就业目标的实现，否则社会的政治稳定将会受到不利的影响。

第二，在转轨经济中，利益的重新调整是不可避免的，经济学理论告诉我们，最容易实现的制度变迁是具有帕累托改善性质的制度变迁，只有经济始终保持相当的增长速度，才能创造更多的新增财富，用以对改革过程中的利益受损者进行补偿，以使改革进行得更为顺利。

第三，在当今时代，经济增长仍是政策有效性最重要的证明。传统上，作为宏观经济调控目标的增长，所关注的是经济增长的动态效率，至于经济增长中那些可以改变潜在总供给的因素和方面则不在探讨之列。

(3) 平等目标。稳定和发展两个目标，所关注的根本还是经济效率，理论和实践证明，自由放任的市场经济，必然会相伴产生高度不平等的收入和消费差距。随着现代市场经济的发展，大多数西方学者认为，市场机制主要解决效率问题，而政府行为则侧重于解决社会公平问题。如果说前者是经济运行的基本问题，那么后者则是社会运行的基本问题，两者共同构成经济运行的环境系统，是融为一体的。社会公共对不平等或不公平的接纳能力是有限的，超过一定限度就会造成严重的社会冲突和秩序混乱。因此，在保持效率的同时促进公平，就成了现代政府和公共政策的一项重要职责。我们知道，通货膨胀（或紧缩）、失业（或过度需求）以及国际收支失衡都会导致利益在不同主体之间的重新分配，这都是造成经济不平等的原因。

平等目标的提出，要求在经济发展过程中，要注意效率与平等之间的权衡：

第一，本质上，社会主义是一种分配理论，而不是经济管理理论，社会主义价值观所内含的人文主义信念是值得追求的，因此也是不可以轻易抛弃的。这里，我们需要探讨在何种程度上应该注重基于需要的分配，而不仅仅是基于应得的分配。

第二，尤其是在经济社会转型期，由于平均主义体制瓦解而产生的弱势群体，需要社会给予关照。计划经济下平均主义的分配方式退出历史舞台之后，人们需要重建一种社会公正观，以正确处理效率与平等之间的关系。

尽管尽了最大努力，但以上提到的宏观经济调控的诸目标之间，在内涵部分交叉仍然不可避免。也正是由于各个目标之间有着紧密联系，在随后的论述中，针对不同的目标，也许不得不从相同的角度进行阐述。当然，力求保持各个目标之间的相对独立性，在对策上，也力求集中在与其直接相关的方面。

第十三章　科学发展观视野中的生产力跨越式发展

近年来，生产力的跨越式发展问题成为我国学术界研究的热点，并取得了许多成果。科学发展观的提出又为我们研究生产力的跨越式发展问题提供了科学的理论基础和崭新的视野。所以，以科学发展观为指导来研究我国生产力跨越式发展的问题，对于深化生产力跨越式发展的研究具有重要意义。本章拟就这一问题谈谈笔者的看法。

对于生产力的跨越式发展，笔者的理解是，原本生产力水平比较落后的国家，不拘泥于先发展国家生产力发展的具体步骤，而是有效利用后发优势，在与世界先进生产力的交往中，根据自己的国情和经济发展的规律，制定和实施正确的经济发展战略，抓住有利时机，以最先进的生产力来规范自己现有生产力的发展，从整体上推动经济自主、全面、持续、健康、有规则地跨越式发展，从而最终在整体上进入世界先进生产力的行列。

因此，在笔者看来，生产力的跨越式发展当然具有高速发展的特点，但又不仅仅是经济增长的高速问题，更重要的是，新的生产力的形成或新的生产力结构的出现，导致生产力发展的新平台形成，从而实现用先进生产力取代落后生产力，使生产力的发展打破先进国家走过的常规顺序，以跨步的方式超越某个或某些阶段，在较短的时间内达到或超过先进国家在相当长时间所达到的先进水平。

基于上述认识，笔者认为，在把握生产力跨越式发展的内涵时要特别注意的是：生产力跨越式发展不是一个单纯的量的概念，不是在原有生产力水平上的一个量的扩大。后发展的国家想要在原有生产力水平的基础上单纯依靠增加资本、消耗资源来实现赶超先进国家生产力，实现生产力的跨越式发展，只能是不切实际的幻想。

就我国而言，我国在世界工业革命的浪潮中落伍于世界先进生产力，为此，我国 20 世纪 50 年代就确定了实现工业化的目标，这是必要的，也是正确的。然而，中国走工业化道路，一方面，虽然有利于推动我国从前工业化社会向工业化社会的发展，推动我国生产力和整个社会向现代化迈进；但另一方面，靠走传统的工业化道路是不可能达到、更谈不上超越西方发达国家水平的。众所周知，以电力和内燃机为动力器的传统大工业的生产是以对能源和物质材料资源的大量消耗为基础的，尤其是它不仅要消耗大量能源和物质材料资源，而且对环境将造成严重污染。中国作为世界上人口最多的发展中国家以及土地资源、矿产资源、水资源、森林资源等贫乏的国家，注定不可能在传统大工业生产力水平的基础上赶超世界发达国家。事实也证明，新中国成立 60 多年来，尤其是改革开放以来，虽然我国在努力实现工业化的进程中，取得了举世公认的成就，有了相当程度的发展，然而，当中国沿着传统工业化道路走到 20 世纪时，资源枯竭的威胁、环境污染的阴影，对我国传统产业的经济发展构成越来越大的阻力。这表明，在我国，走传统工业化的道路不可能实现生产力的跨越式发展。

  需要指出的是，有研究者认为，中国特色社会主义实践，在执行改革开放的政策以来，生产力以跨越的形式得到了迅速发展，特别是在沿海开放城市获得了异常迅速的发展。笔者认为，这种观点并没有真正把握生产力跨越式发展的内涵。这是因为，从我国改革开放直至 20 世纪末，生产力发展总体上走的仍然是依靠增加资本、消耗资源来增加经济总量的传统工业化道路。尽管生产力发展的异常迅速，但是我们要清醒地认识到，我国的产业结构还比较落后，农业仍处于较低水平，传统产业、低技术层次产业仍占主导地位，而高新技术产业、以知识为基础的第三产业在产业结构中所占比重较小；低水平的生产工艺、设备在我国生产力构成中还占主导成分，而高新技术，特别是信息、生物、新材料、新能源等还比较落后，这说明，以高科技产业为代表的先进生产力在我国还没有占据主导地位。尤其是在改革开放初期，中国特色社会主义建设正处于探索阶段，由于缺乏科学的理性指导，在经济发展过程中出现盲目求发展、求速度、上项目等问题，这些问题虽然是发展中出现的问题，但客观上使我国生产力发展走了不少弯路，付出了许多沉重的代价，如资金和资源能源的巨大浪费，自然环境受到严重破坏，人的生存条件不断恶化等。这些使我们不自觉地走上了一条"先发展，后治理"的西方现代化发展的老路。因此，笔者认为，虽然改革开放 30 多年来，我国生产力得到了迅速发展，取得了举世公认的成就，但这种发展并不是生产力跨越式发展，只是在原有形态基础上的量的扩大。

既然走传统工业化道路在我国不可能实现生产力的跨越式发展，那么我们就必须走新的科学发展道路。为此，中共中央《关于制定国民经济和社会发展第十个五年计划的建议》中提出了"发挥后发优势，实现生产力的跨越式发展"战略思想。江泽民同志在中共十六大报告中则进一步把实现我国生产力跨越式发展的道路概括为"新型工业化道路"。进入21世纪以来，党中央立足于社会主义初级阶段基本国情，总结我国发展实践，借鉴国外发展经验，适应新的发展要求，提出了科学发展观。科学发展观的提出，为我们研究我国生产力跨越式发展问题提供了科学的理论基础和崭新的视野。

第一，要实现我国生产力的跨越式发展，必须坚定不移地走中国特色新型工业化道路。在当代，科技进步和创新促进了生产力发生新的质的飞跃。现代信息技术、生命科学和生物技术、新材料技术引发了新的科技与产业革命。在这种背景下，虽然农业经济和工业经济作为第一产业、第二产业的传统经济依然存在，但是在产业结构中所占比重呈现逐渐下降的趋势。越是先进的国家和地区，以高新技术和知识为主导的第三产业的发展就越迅速，在整个产业结构中所占比重就越大。当代先进的生产力除了反映在第三产业已经占据主导地位以外，还表现在高新技术在传统的第一产业、第二产业中的应用和渗透，加快了传统产业的技术升级和换代，使它们重新焕发出新的生机和活力。因此，当代最先进的信息技术、生命科学和生物技术、新材料技术在生产力中的含量，不仅是先进生产力的集中体现，而且以这些高新技术为代表的第三产业在整个产业结构中占据主导地位，并运用这些高新技术改造的传统产业，成为当代先进生产力的主要标志。

科学发展观，第一要义是发展。坚持发展这个第一要义，在生产力的发展问题上，就要关注和研究世界科技及生产力发展的新趋势，抓住机遇，抢占科技领域的制高点，大力发展高新技术产业，构筑先进生产力发展的新平台。按照科学发展观的要求来思考生产力跨越式发展的问题，就是要坚定不移地走十七大报告指出的"中国特色新型工业化道路"。中国特色新型工业化道路就是要求我国的现代化进程必须跨越以消耗大量资源为特征的高成本的传统工业化阶段，把工业化进程置于当代先进生产力的平台上，建立以现代高科技特别是以信息技术为基础的新型工业化。如十七大报告指出，要"发展现代产业体系，大力推进信息化与工业化融合，促进工业由大变强，振兴装备制造，淘汰落后生产；提升高新技术产业，发展信息、生物、新材料、航空航天、海洋等产业；发展现代服务业，提高服务业比重和水平；加强基础产业基础设施建设，加快发展现代能源产业和综合运输体系"。总之，走中国特色新型工业化道路，站在当代生产力发展的制高点上，正确把握工业化和信息化的关系以及当代生产力跨越式发展的特点，是基于中国国情、基于当代科技革命的趋势和综合国力、基于中国特色社会主义前途命运而做出的战略选择，是一条中国实现生产力跨越式发展的切实可行的道路。

第二，必须把生产力的跨越式发展与生产力的可持续发展结合起来。可持续发展是科学发展观的基本要求之一。长期以来，自然界仅仅被人们视为生产力发展的单纯的对象性存在物。人们认为，生产力的发展就是人对自然征服的过程，人征服自然的能力越强，生产力发展的水平就越高。然而，随着人类工业化的推进，地球的整个生物圈和生态系统遭到严重破坏，人与自然的矛盾开始突出。特别是近几十年来，人类无节制、过度地消耗资源及对环境的污染和破坏，使人与自然的关系不断恶化，人类的生存和发展遇到了空前的危机。在这种危机面前，人们经过反思，认识到必须要摒弃传统的人统治自然、征服自然的发展理念，建立一种人与自然和谐、统一的现代新型发展观。可持续发展就是处理当代社会发展中人与自然关系的一种新的科学发展理念和发展思维。坚持可持续发展，就要统筹人与自然和谐发展，实质是处理好经济建设、人口增长与资源利用、生态环境保护的关系，推动整个社会走上生产发展、生活富裕、生态良好的文明发展道路。

坚持可持续发展对于实现我国生产力的跨越式发展具有重要意义，是生产力跨越式发展的前提和基础。没有生产力长期持续的发展，从而没有一定规模的资本积累、技术积累，生产力是很难实现跨越发展的。尤其是生产力的跨越式发展需要丰富的资源，包括自然资源、物质资源、文化资源，特别是资金。这种客观现实要求我们在实行生产力跨越式发展的具体实践中，绝不能无视可持续发展的问题，否则，即使通过非经济手段调动各种力量来强制实行生产力的跨越，也只是暂时的，最终将因为没有物质力量的持续支撑而走向失败。因此，只有生产力的持续发展，才可能实现生产力的跨越式发展。

以生产力的持续发展为前提来思考生产力跨越式发展的问题，在具体对策上就必须考虑经济适度增长的问题。在这个问题上，拉美国家的教训值得我们吸取。20世纪60年代以来,一些拉美国家受追赶心态的驱动,一味快速推进工业化进程,曾经一度实现了超常、跨越式的发展,但这种发展是建立在大量举债、寅吃卯粮、大量消耗资源基础上的,最终酿成了80年代的经济危机这杯苦酒,导致经济大衰退,形成了负"跨越"。由此,我们可以看出,经济的适度增长是生产力跨越式发展最基本的经济运行条件,也是坚持可持续发展观的具体要求。只有在保持经济适度增长条件下来实施生产力跨越式发展战略,生产力跨越式发展所引起的超常发展才能够与经济持续增长形成良性互动,即经济的持续增长为生产力的跨越式发展夯实必要的基础,而生产力的跨越式发展则成为拉动经济持续发展的动力。

第三,必须把生产力的跨越式发展与生产力的平衡发展结合起来。全面协调发展是科学发展观的又一基本要求。按照科学发展观的这一基本要求,我们在思考生产力跨越式发展问题时,必须要思考生产力平衡发展的问题,正确处理生产力的不平衡发展与平衡发展之间的关系。所谓生产力的平衡发展,是指一个国家的生产力系统协调和全面发展;所谓生产力的不平衡发展,是指在生产力的发展过程中,优先发展某些生产力的部门、产业和某些地区,以期带动一个国家生产力的整体发展。从其生产力跨越式发展的实施来看,尽管在不同的历史时期,不同国家采取的具体措施不同,但主要是通过不平衡战略的实施来进行的,即先在重点行业、重点领域和重点地区进行重点投资、优先发展和率先突破,并带动与促进其他行业、领域和地区的快速跟进,最终在整体上推动经济自主、全面、持续、健康、协调发展,从整体上跃到一个新的水平。这是因为,后发展的国家往往受资源和资金短缺的限制,依靠有限的资源和资金不可能全面推进生产力各部门、各领域和各地区生产力快速增长。只有以生产力的不平衡发展方式为先导,先将有限的资源、资金重点投放到主导性产业、高新技术产业,以不平衡的方式建立起不同技术、不同部门、不同地区之间的联系,并且进一步在不平衡中谋求建立新的协调关系。其结果是主导产业和高新技术产业将迅速崛起,并拉动其他产业的发展,引起其他产业的升级换代,最终在整体上使生产力得到跨越式发展。

在我国,由于地域广大,地区间存在较大的差异,而且无论资源还是资金都相对贫乏,因此,这种国情不适用于齐头并进的平衡发展战略,要实现生产力的跨越式发展必须要采用不平衡发展战略,允许不同的产业、不同的地区和不同的技术部门有一定程度的不平衡发展，其中最关键的是要选择一些基础相对较好、对整体生产力发展具有重大影响、能够产生巨大带动作用和渗透作用的产业和技术，集中人力和物力，在学习、借鉴的基础上自主创新，使其尽快发展到世界先进水平。

生产力的跨越式发展固然要通过不平衡战略来实现，但是，我们在实行不平衡发展战略时，又要注意不能过分失衡。一般来说，任何国家的生产力发展都不可能是绝对平衡的，平衡是相对的。对于后发展国家来说，要追赶先进国家的生产力，实现跨越式发展，生产力的发展必须以不平衡发展为特征，但一个国家的各个生产力部门、技术部门和地区的发展又不能长期存在不平衡和过分失衡，否则，势必影响经济的正常发展和生产力自身的持续发展，并将给社会发展带来一系列问题。因此，正确处理平衡发展与不平衡发展的关系，使两者协调统一，对于我国实现生产力的跨越式发展尤其重要。

正确处理平衡发展与不平衡发展的关系，首先，要求我们在实施生产力跨越式发展的不平衡战略时，一定要以平衡、协调发展为前提。这是因为，不平衡发展要以一定的产业布局、产业结构为基础，正是原有的这些产业布局、产业结构所形成的国民经济各部门的相互联结协调关系，为某些部门、某些产业的优先发展提供了基本条件，使不平衡发展成为可能。其次，要善于在生产力的不平衡发展中谋求动态的、整体的平衡。生产力的不平衡发展不是一个恒定的模式，而是在动态中实现的，它是一个由不平衡到相对平衡再到不平衡的不断运动过程。在这一过程中，某些优先发展的生产部门和主导产业发展到一定程度后，势必产生诱导效应，吸引众多企业和研制部门关注、学习和采用其先进技术，从而充分发挥先进技术的渗透效应，大大加快新老技术、新老产业更新换代的进程，打破原有生产力结构，形成一种新的生产力结构，使整个生产力系统和结构得到优化和提升。此外，优先发展的部门、产业和地区获得的发展效益可将其一部分投向其他部门、产业和地区，从而使它们快速跟进，其结果是使整个生产力系统达到一种相对平衡的发展。在此基础上，又开始新一轮的不平衡发展。正是在这种不平衡与平衡的波动中，生产力得到跨越式发展。最后，正确处理平衡发展与不平衡发展的关系，必须坚持统筹兼顾。如前文所述，生产力的跨越式发展是以不平衡发展来推进的，不平衡发展必然会造成一些矛盾。如果这些矛盾激化，势必成为实现生产力跨越式发展的巨大社会阻力。所以，在实施生产力跨越式发展的不平衡发展战略时，一定要把握好不平衡的度，避免过度不平衡。那么，如何把握不平衡发展的度呢？我们认为，在坚持推进生产力跨越式发展的不平衡发展战略的前提下，必须按照科学发展观的要求，坚持统筹兼顾。统筹兼顾，就是要平衡各个发展环节，协调各方面的利益关系，从而调动一切积极因素，优化配置一切资源。为此，就必须充分发挥政府的宏观调控作用，对实施生产力不平衡发展过程中出现的重大矛盾关系及其状况做好监测评估和反复统筹调整工作，把矛盾的状态调控在不影响经济健康发展、经济和社会保持正常运行的范围内。

第十四章 如何调控地方政府投资

实行地方财政包干以来，中央政府已变单一的投资主体为较超脱的宏观调控者，而地方政府则逐渐演变为投资的决策者和直接或间接的投资主体。放权让利的改革强化了地方政府对投资的权益，使地方政府的行为偏好直接影响或决定了投资的规模、结构和效益，从而导致投资行为的地区行政化和投资粗放型增长局面的持续。

一、地方政府投资效应的环境约束

地方政府投资存在下列环境约束：

（1）投资体制不健全。投资主体的自我风险约束机制尚未真正建立起来，对地方政府投资主体和国有企业投资主体缺乏有效的监督、制约和责任约束机制，投资扩张的冲动很强烈，这是造成投资规模膨胀、结构失衡和效益低下的根本原因。长期以来形成的向国有经济倾斜的投资体制，限制了民间投资的范围，使非国有经济难以进入有较高预期投资收益的领域。加之投资建设服务体系不健全，已有的各种中介机构的公正性和执业信誉不高，投资领域法律法规体系不健全，不能适应市场经济发展的需要。

（2）投资功能定位模糊。一方面，我国一直强调中央政府的主导作用，地方政府在原本较中央政府更具优势的包括基础设施在内的公共服务以及实现资源配置职能方面的作用得不到充分发挥；另一方面，地方政府虽对大多数区域性投资项目甚至一些中央政府负责的投资项目负有营运和管理责任，但许多投资项目的决策、筹资、支出权都分散在各政府部门手中，各部门均为一个个"小财政部"，从而制约了地方政府投资自主权的发挥。

（3）投资分工不明确。地方政府既安排公益性项目和基础性项目的投资，还承担一部分以盈利为目的的竞争性项目的投资，与企业争项目、争市场的现象比较突出。一方面，政府投资范围过大，资金分散，导致对公益性、基础性产业的投资不足，企业迫不得已又承担了部分投资，造成该领域政企不分；另一方面，地方政府与中央政府的投资责权不明，财政分配与投资事权划分不协调，互相扯皮、管理混乱的现象接连出现，严重影响了地方政府投资的效率。

(4) 投资结构趋同化。地方政府出于本位主义，着力在本地区发展门类齐全的产业体系，往往较少顾及国家的产业政策和本地的建设能力及效应，不注意发挥区域比较优势和专业分工的好处，而致力于采取区域内产业"大而全、小而全"的投资结构政策。由于各地方政府致力于自成体系，而不考虑国家整体布局和市场容量，不注重发展本地有明显优势的特色经济，因此，尽管我国东中西部地区自然条件、资源条件、市场条件、技术水平和劳动力素质差异大，但各地的产业结构和产品结构趋同。这必然导致地区之间产品的低水平竞争，引起地区间的利益矛盾，进而阻碍了全国统一市场的进一步形成和发展。

(5) 投资管理模式存在缺陷。目前，对地方政府投资工程，尤其是"非经营性"的社会事业项目，其投资管理主要采用以下管理模式："一次性业主"，即从政府有关部门或企事业单位抽调人员组成"一次性临时工程建设管理机构"进行管理；"建管用合一"，由各个行政、事业部门（如教育、文化、卫生、体育、公安、司法）或者一些工程项目较多的单位的基建处等常设管理机构管理；在"建管用合一"形式中又存在"一次性业主"现象。上述管理模式都存在较大缺陷，"一次性业主"管理模式的主要隐患是存在安全、质量问题，一个项目一个管理班子，对众多分散的业主难以实施有效监管，容易造成腐败，易导致重大工程质量事故的发生；机构重复设置，浪费现象严重，由各部门或单位常设机构进行管理的模式，虽然可以较好地体现使用者的要求，但其"分散性、自营性"与适合经济发展规律的社会化、专业化相违背；此外，建、管、用不分，使用单位充当业主，本身就有投资扩张的冲动，从而导致投资失控；在"建管用合一"形式中又存在"一次性业主"现象这类混合模式，会因主要负责人的参与而影响投资主体的正常业务，易形成管理上的漏洞，滋生腐败现象。

(6) 投资乘数效应弱化。随着我国经济体制的深化，居民边际消费倾向下降，部分行业出现相对过剩，居民的消费行为也越来越理性化，这一切使消费需求开始脱离投资需求对它的决定性影响，投资乘数效应减弱，不可避免地弱化了政府投资对经济的拉动作用。

二、完善投资调控机制的六大措施

中央对地方政府投资调控的关键在于是否可以一手以市场调控的方式处理好市场问题，另一手以行政手段管好地方政府的投资冲动，最终实现经济周期的平缓过渡。

（一）明确投资定位与分工

中央与地方政府在行为目的上有显著区别，前者着眼于全局，以社会利益最大化为目标，后者则"一身两任"，既执行中央政策，也有以地方局部利益最大化为目标的行为。

对中央政府而言，当务之急是要在充分肯定地方政府经济利益独立的基础上，按照"分权+制衡"原则完善中央与地方投资主体的关系。地方政府对那些具有区域性公共品特征的投资项目行使充分的投资自主权，中央政府则应通过规范的政策、经济手段对地方政府投资加以制衡，使之既贯彻落实中央精神又具效率活力。

地方政府从一般营利性项目直接投资领域退出，确立以基础设施和公益性项目为主的新的投资重点，使自己成为区域经济活动的调节者。只有地方政府脱离竞争性产业，才能使地方竞争性国有企业成为真正的投资主体和市场经营主体，才能在投资领域发挥市场对资源配置的基础性作用并提高投资效率。

（二）强化和健全省级地方政府投资调控体系

省级地方政府既是中央决策的执行者，又是省级以下政府的领导者，省级政府贯彻中央投资宏观调控政策，与本地区区域经济发展之间的协调和矛盾所在，足以反映整个国家投资宏观调控的成效。省级地方政府投资宏观调控的目标是以投资为纽带，促进企业进行增量或存量调整，以达到资源配置的最优化和社会化大生产组织系统合理分布。省级地方政府宏观投资调控的力度是中央宏观调控措施能否实现的关键，而它有足够条件以"城市辐射农村"的方式将本区域经济活动不断纳入符合经济发展的轨道。

（三）积极发挥投资导向作用

随着各类投资主体职能的分工逐渐明确，各级政府投资主体将逐步从许多产业领域退出。根据投资体制改革的任务，投资将逐步向三个方向转变，即从传统的产业领域向社会基础设施领域和新型高科技产业领域转变，从实业开发领域向资本市场领域渗透；创业投资将受到越来越多的重视。在转变过程中，地方政府从发展区域经济的需要出发，引导资金投向。在今后相当长的一段时期里，地方政府投资重点在长期投资、风险投资和巨额投资上发挥作用，在民营经济不能干涉的领域施展才能，有选择地培育和发展产业优势，积极涉足高科技产业领域。

（四）促进政府投资主体资本经营

作为政府授权的投资主体和国有资产经营主体，各地投资公司目前的基本格局是以实业投资为主，但从建立社会主义市场经济体制的目标和投资公司的优势看，还要坚持资本经营的方向，进一步完善投资功能、融资功能和产权经营功能，以求更大的发展空间。在经营方针上，投资公司应当坚持政策性取向和高经济效益为中心的原则，最大限度地追求国有资产的保值增值。要在抑制固定资产投资规模膨胀、保证重点建设、调整产业结构和提高投资效益等方面积极发挥作用。此外，投资公司还应大力进行结构调整和资产重组，针对投资项目"多、散、小、差"的现实，坚持以存量结构调整为主、增量结构调整为辅的原则，收缩战线，盘活存量，培育优势，实现资源和要素的优化配置。

（五）与国际投资管理模式接轨

适度集中政府工程的业主职能，成立一个专门负责政府投资项目管理的业务部门，取消政府其他部门建设管理的业主职能，也不再设立临时性的基建班子。对营利性项目，按照成本效益原则，先成立法人后进行建设，由法人对建设项目的立项、筹资、建设实施，直到竣工投产后的生产经营、债务偿还以及资产的保值、增值，实行全过程负责。对非营利性项目，确立一批代表政府行使投资管理职能、具有法人地位的经济实体，实行总经理负责制，并设立监事会对其进行检查监督。

（六）提高居民消费水平

通过增加居民收入尤其是增加城镇居民的持久性收入和低收入阶层的收入、通过减轻城乡居民的税负、完善消费信贷体制等方式，扩大消费需求，加强投资乘数效应。

第十五章　城镇国有土地产权市场的马克思主义经济学思考

1979年至今，我国城镇国有土地产权市场从产生、发展到具有一定规模，并不断走向成熟，取得了可喜的成绩。同时，也应看到，我国城镇国有土地产权市场也存在不少问题，如何看待这些问题的实质，并寻求解决途径，笔者从马克思主义经济学的地租理论出发做了浅显的探讨。

一、城镇国有土地产权市场存在的主要问题及实质

改革开放以前，城镇国有土地使用有三个特点：①计划调拨；②使用期无限制；③不允许出让与转让。1979年，我国首次尝试对新开办三资企业征收场地使用费。这是我国城镇国有土地产权市场的萌芽。1987年，国家土地管理局提出，在上海、深圳、天津、厦门、福州、广州等地进行土地使用制度改革试点，按两权分离的原则，通过拍卖、招标、协议等形式出让土地使用权。这是我国城镇国有土地产权市场的正式启动。我国城镇国有土地产权市场走向规范的标志是，1990年我国首次颁布了《中华人民共和国城镇国有土地使用权出让与转让暂行条例》（以下简称《条例》）。从此，我国城镇国有土地产权交易进入有法可依阶段。与此同时，我国城镇土地产权市场交易规模也不断扩大。

在肯定以上成绩的同时，我们也应注意到，我国城镇国有土地产权市场也存在许多问题：

（1）尽管市场规模不断扩大，但一些原则性理论问题并未解决，市场基本是在没有理论作为指导与根据的状态下发展起来的。这种理论上的滞后带来两个问题：①理论本身处境尴尬，好像正被实践所抛弃，连证实实践的正确性也做不到；②实践也出现一定程度的盲目。

（2）土地使用权出让与转让期限也缺乏科学的理论依据。目前，我国城镇国

有土地市场使用期限按《条例》规定分别为：居民用地 70 年，工业用地 50 年，商业及其他娱乐场所用地 40 年，比一般发达国家土地使用权期限都长。这样，国家从土地使用权出让与转让中获取的收益减少。

（3）土地使用权出让与转让价格悬殊。我国城镇国有土地产权市场的价格从东南沿海到中部地区再到西部地区，呈梯度下降态势，从中心城市到中等城市再到中小城镇，市场价格也如此，这种差距在 10~100 倍不等。

（4）一级市场土地使用权出让价格偏低。以工业用地为例，地价基本上只相当于政府征用农村集体土地的成本价。有关统计资料表明，近年来，浦东新区工业用地的土地使用权成交价甚至只有成本价的 99%，低于开发成本，呈倒挂现象。在全国其他开发区，尤其是沿海开发区，为吸引外资不惜人为压低地价，有的甚至低于开发价的 46%。

（5）一级市场上出让转让土地使用权的收益分成不合理。目前在我国沿海地区，从城镇国有土地使用权出让转让中获取的收益已占地方财政收入的 25%~50%，而国家财政从中获利较少。这样造成两个后果：①进一步降低中央财政占全国财政的比重；②因东南沿海土地交易远胜于中西部地区，也进一步拉大了中西部与东部地区的经济发展差距。

（6）二、三级市场高价炒卖现象严重。由于一级市场价格偏低，二、三级市场土地使用权交易空前活跃。一些交易者从一级市场低价购得土地使用权后，根本不开发，不进行任何投资，又在二、三级市场上转手高价炒卖。更有甚者，一些交易者还未支付从一级土地市场购买使用权所应支付的资金，就转手又将土地使用权在二、三级市场上进行交易，"无本经营"也同样获利。所以，出现了福州市中心一块土地在没有任何开发的情况下在不同的中间商之间转手 6 次之多。

从马克思主义政治经济学的地租理论来看，上述问题的实质可归结为三个理论问题：

（1）所谓原则性理论是，社会主义国家土地存不存在土地使用权问题，是只存在法律上的所有权，还是存在事实上的所有权？

（2）一级市场与二、三级市场价格问题以及一级市场收益分成问题，其实质是，在社会主义国家，城镇国有土地因地理环境的差别而产生的超额利润中，应有多少转化为国家的第一形式级差地租？

（3）土地使用权出让与转让期限问题，其实质是国家应在多大程度上"剥夺"土地投资者获取的超额利润，使之成为第二形式级差地租？

二、正确分析与解决城镇国有土地市场问题的相关理论

（一）社会主义土地所有权问题

社会主义国家土地能不能"买卖"，社会主义土地存不存在地租，实质是社会主义存不存在事实上的土地所有权问题。传统理论认为，社会主义国家土地使用，除了国家收取级差地租，以保证每个人从公共土地上获取平均收益外，土地不应该收取地租，也就不存在使用权"买卖"。其理论根据就是马克思主义地租理论。因为马克思认为，地租是土地所有权在经济上借以实现的经济形式。地租存在的前提是土地所有权存在。而土地所有权就是对土地的垄断。所以，马克思反对土地所有权。因此，有人说：在社会主义制度下不存在地租。其根本原因在于实现了土地等生产资料的社会主义公有制，纵使土地所有权在法律上存在，但是却意味着土地所有权事实上的废止。

如果对马克思土地所有权理论囿于以上了解，当然无法解决社会主义国家城镇国有土地地租问题，但笔者同时也认为，必须正确把握马克思这一思想。

马克思认为，在较高级社会形态中不应该存在土地所有权。这里所说的较高社会形态是与较高级生产方式相联系的。如果一个社会生产方式较落后，则土地所有权仍有存在的必要。我国还处在社会主义初级阶段，生产方式还相对落后。从生产方式中起决定作用的生产力看，生产力不发达是这一时期的基本特征；从生产方式的另一要素生产关系看，仍是多种所有制及多种分配方式并存，利益主体多元是生产关系的重要特征之一。所以在这种较为落后的社会生产方式下，不仅从法律上说城镇国有土地所有权在于国家，而且存在事实上的社会主义土地所有权。明白这点，我们才能理解社会主义中国也存在地租。因此，我们不仅要在实践中积极培育与发展土地产权市场，在理论上也应该理直气壮地支持地产市场的发展。

（二）社会主义国家第一形式级差地租问题

我国城镇国有土地产权市场价格收益分成问题，包括因地域不同造成价格悬殊进而导致国有土地获益不均问题，归根到底是土地使用权租用者因土地所处地理环境不同而所得超额利润应在多大程度上转化为第一形式级差地租所攫取。从城镇国有土地产权市场看，并非如此，二、三级市场之所以能在对土地不进行任

何投资的情况下高价炒卖，"炒者"所得正是应归第一形式级差地租的那部分超额利润。因为很清楚，如果这种超额利润全部转归为土地所有者即国家，从一级市场购买土地使用权者，唯一获利方式只能是经营土地，而不能指望炒卖土地。

马克思地租理论还认为，在迅速发展的地方，因为日益扩大的城市及日益扩张的交通电信业和商业，一些原来地理位置相对差的"劣等地"可变为有利可图的"优等地"，并产生超额利润。因此，在迅速发展的城市，建筑投机的真正对象是地租，而不是房屋。笔者认为，这也是我国地产市场投机的一个主要原因。国家作为土地所有者，未能很好估计到经济发展带来的地价上升，未能以第一形式级差地租收取可能因地理位置变动带来的潜在超额利润。

针对此问题，笔者认为，应较大幅度提高一级市场价格。尽量使因地理环境不同或可能的变化导致的现实或潜在的超额利润转化为国家的第一形式级差地租，而且地租的大部分应归国家财政。这样，一来可抑制二、三级市场投机行为，二来可避免因价格悬殊加大东部与中西部之间的经济差距，三来可增加国家财政收入，从而使国家更具有调控宏观经济的能力。

（三）社会主义国家第二形式级差地租问题

前文已经指出，我国城镇国有土地使用权出让与转让期限问题，实质是土地经营者投资后引发的超额利润中，国家应多大程度上获得第二形式级差地租。

从马克思级差地租理论讲，租约期的长短关系到对土地连续投资所产生的超额利润在投资者和土地所有者之间分配的问题。在资本投资回报率越低的社会，为使土地经营者在弥补地租支出后有利润，一般来说，土地租期会越长。因此发达国家因平均利润率趋向下降，土地出租期限也有越来越长的趋势。

在我国，国家作为土地所有者也应收取第二形式级差地租。所以，也有一个土地使用权出让与转让期限多长为宜的问题。笔者认为，我国正处于经济高速发展阶段，资本的投资回报率远高于一些发达国家。这种情况下，我国城镇国有土地使用权出让和转让期限相应要短些，尤其是工业、商业及娱乐业用地。这样做，除了可增加国家财政收入外，还可进一步抑制土地使用权交易中的投机行为。

当然，缩短土地使用权出让与转让期限，关系到两个具体国情：①我国目前无足够财力对土地进行基础性投资，必须动员各方面的积极因素；②我国城镇居民住房问题比较突出，而收入水平不高。所以，这里存在一个度的问题，但在适度范围内，国家还要提高第二形式级差地租占土地经营者所获超额利润的比重。

第十六章　我国产权交易市场发展的若干思考

一、我国产权交易市场的基本状况

产权交易市场作为中国改革过程中的特殊产物，产生于 20 世纪 80 年代中后期我国第一次股份制改革的高潮时期。1992 年邓小平同志南方谈话掀起了更大的发展热潮，许多地方纷纷成立了产权交易所，有的叫产权交易中心、产权交易市场。北京、深圳、上海、山东、四川、武汉、江苏、河北、辽宁、河南、海南、福建、吉林、江西等省市，先后设立了 200 多家产权交易所，全国还成立了一些区域性联盟组织，如长江共同体、黄河共同体等。1997 年末至 1998 年初，出于防范金融风险、整顿金融秩序的考虑，在中央统一部署下，对涉及拆细交易和股权交易的产权交易所被视为"场外非法股票交易"，责令关闭，许多未受累的交易所实际上也处于半关闭或半停业状态，只有上海、深圳等少数产权交易所尚在正常开展活动。2000 年是中国产权交易市场出现转机的一年，出现了许多令人关注的新动向，青岛、上海、深圳等地方出现了恢复、规范、重建产权交易所的大胆探索，一向视为敏感的"非上市股份有限公司股权登记托管业务"重新得到肯定，河南、厦门、青岛、深圳等相继出台了有关政策并开始开展业务，具有产权交易性质的技术产权交易市场在全国各地蓬勃兴起，风险投资公司和因债转股政策接收了大量国有资产的国有资产经营公司，纷纷将"退出机制"瞄向各地的产权交易所。目前，我国已经建立了 170 多家产权交易市场。今后，培育和发展产权交易市场的主要任务，是对已有市场的整顿、规范、培育和完善，加强产权交易机构规章制度的建设，完善产权交易的规则和程序，提高从业人员的业务素质，建立健全产权交易信息网络。同时，还要制定政策，创造条件，突破部门限制、地区封锁，把产权交易市场建成一个能在更大范围内推动产权重组与流动的开放市场，从而保证产权交易市场中介作用的充分发挥。

二、我国产权交易市场存在的主要问题

产权交易市场的建设和国有产权进场交易情况发展不平衡，区域性中心城市好于一般城市，如深圳、珠海，除了国有产权进场交易比例较高外，其他地区不同程序存在着"有场无市，有市无场"的现象。我国产权交易市场发育还不成熟、不规范，不能适应建立市场经济体制，存在着一些问题。主要有：

（1）国家对产权交易缺乏宏观调控和有效的政策引导。由于尚未制定和建立规范产权交易活动的法律、法规体系，因此各地产权市场发育不平衡，产权交易活动也很不规范。在没有统一的法律、法规制约的情况下，各地都在按自己的思路建立市场并进行产权交易，甚至出现擅自决定国有企业整体出售的情况，损害了资产所有者的利益。

（2）产权市场功能尚不完善。如有些地方的产权市场主要搞闲置设备的调剂作用，功能单一，产权市场的建立还没有真正起到促进产业结构高效和资源优化配置的作用。

（3）全国统一规范的产权市场体系尚未形成。市场机制不完善，这在很大程度上限制了产权交易的开展。一部分国有资产产权交易收入被转作消费基金予以私分或挪作他用，没有用于发展生产，侵蚀了资本金等。部分地区党、政领导对产权交易市场建设重视不够，未能认识到产权交易市场建设的重要性。

（4）产权交易机构人才短缺。产权交易牵涉到法律、经营、财务等方面的业务，专业性与政策性强。目前，产权交易机构普遍缺乏既懂经济和法律又懂工程和技术，同时还懂国际惯例的高层次的专业人才和管理人才，甚至有的产权交易机构信息闭塞，市场封闭，交易双方很难自由进入市场，产权交易机构实在难以提供理想的中介服务。一些产权交易机构对在其场内发生的产权交易操作严重失误，有的国有企业转让产权时未经评估，有的搞私下交易、人情交易等，随意性颇大，这些都为以后的产权纠纷埋下了隐患。

三、对产权交易市场的构建与监管的建议

由于我国的产权交易市场还不完善，体制也不够健全，因此对建立产权交易市场和加强产权交易市场的监管应注意以下几点：

(1) 健全法律体系。法制建设是产权交易市场健康发展的当务之急。对于任何一个完善的市场，健全的法律体系是必不可少的。而目前产权交易市场法制建设严重滞后，直接导致产权交易中不规范行为的产生和国有资产的流失。国有资产产权转让过程中的一系列环节都应该按照有关政策法规和企业产权关系，从国有出资人的角度进行管理，这是防止国有资产流失的需要，也是行政机关依法行政的需要。

(2) 产权交易市场要有正确的定位。从产权交易机构方面来看，找准自己的定位是问题的关键。产权交易市场不同其他交易市场，它的对象是企业产权，产权市场是资本市场的一部分，它的市场功能是资金借贷市场和证券市场不能代替的。

(3) 减少政府干预，但不能缺少政府的支持。产权市场需要一个宽松、规范、公平的外部环境，而现阶段的市场自我调节难以充分发挥作用。产权交易活动涉及许多方面的问题，虽然政府在产权交易中的指导、管理、服务和监督等方面十分重要，但产权交易毕竟是一种市场行为，政府也不能代替产权市场。

(4) 实现产权交易管理职能和经营职能分开。政府应当为产权交易制定宏观政策和法规，将产权交易的经营职能剥离出来，使产权交易的管理职能和经营职能更好地发挥作用，促进产权的转让。

(5) 产权交易市场要凸显资产重组功能。为促进国有企业改革和经济发展服务，应发挥产权交易在产业结构调整中的枢纽作用。作为鼓励兼并、规范破产的一项工作，引导帮助国有企业改制入市操作，确保国有资产在企业改组与产权流动中实现保值、增值，全力做好国有股转让和资产置换工作。

(6) 自律性监管。除政府监管外，产权交易所同时要实行自律，形成政府依法监管交易所与自律监管相结合的监管模式。自律性监管主要体现在交易所章程对交易市场、交易行为、交易程序、交易方式等一系列规定上，更重要的是通过对交易所会员的管理制度实现监管。产权交易所设立的监事会应当成为自律性监管的主要机构。上海专门制定了"上海产权交易所会员管理办法"，对会员的资格、业务、权利、义务、违规处理等做了规定，严重违规的，用扣会员保证金的办法进行经济处罚，从而大大减少了会员发生场外交易、违规交易、虚假信息、价格欺诈等违反产权交易规则的行为，这些做法值得借鉴。

中国加入WTO后，国有企业面临巨大的冲击与挑战，同时也是产权交易市场发挥作用的最佳时期。产权交易的主要对象是国有企业,主要功能是为国有企业战略性改组服务,解决其实际困难,提高企业经济效益。因此,只有结合本地实际,因地制宜,建立健康有序的产权交易大市场,不断推动服务创新,不断延伸服务功能,必将为今后国有企业改革与发展发挥巨大作用。

第十七章 对我国私营企业建立的现代企业制度的若干思考

建立现代企业制度,是发展社会主义市场经济的必然要求,也是我国国有企业已确立的改革方向。随着我国社会主义市场经济体制的不断完善,私营企业的发展呈现出强劲的增长态势,在国民经济总量中所占比重日益增加。但就目前而言,我国大多数私营企业的产权制度、组织体制和财务体制等方面与现代企业制度的要求仍然相距甚远,在很大程度上束缚了我国私营企业的健康发展。如何建立规范的现代企业制度,已成为我国私营企业面临的重大现实问题。

一、建立现代企业制度,是我国所有企业当然也是私营企业努力的方向

现代企业制度的产生、建立和发展是随着资本主义社会化大生产的产生、发展而发展的,是人类社会生产力发展的必然结果。它在发达的资本主义国家历经数百年才逐步形成。

社会主义市场经济建立在社会化大生产基础上,要使生产要素得到优化配置,获得良好的经济效益,企业的组织形式必须采用现代企业制度。

在我国,自中共十一届三中全会以来,为了使国有企业成为自主经营、自负盈亏、自我发展、自我约束的商品生产者和经营者,曾先后进行过多次改革,这些改革曾对企业增强活力、转变经营机制起到了一定的推动作用。但是,这些改革由于没有触及企业的产权制度,使国有企业的资产严重流失,大中型企业的低效率状况未能得到根本扭转。要继续深化企业改革,就必须全力进行企业制度的创新。与此同时,在曾经蓬勃发展的各类集体所有制企业中,也大量存在产权关系不清、权责不明、政企不分和缺乏科学管理的现象,因而,不少企业效率低下。为了进一步完善社会主义市场经济,解放和发展生产力,必须打破过去条块

分割的所有制形式，使企业的各种生产要素实现最有效的配置。因此，建立现代企业制度，是社会主义市场经济对企业组织形式的必然要求。

《中共中央关于建立社会主义市场经济体制若干问题的决定》明确指出："建立现代企业制度，是发展社会化大生产和市场经济的必然要求，是我国国有企业改革的方向……所有企业都要向这个方面努力。"市场经济的客观规律，决定了现代企业制度适用于一切参与市场竞争的企业，毫无疑问，私营企业也包括其中。邓小平早在南方谈话中就提出了判断改革开放和各项工作是非得失的"三个有利于"标准。这三个标准，是运用马克思主义认识论分析改革开放和现代化建设的实践得出的重要原则和历史结论。是否在私营企业中建立现代企业制度，也必须以"三个有利于"作为判断标准，只有在这个基础上才能真正统一认识。根据这个标准，判断私营企业能否实行现代企业制度，具体应当体现在：一看是否按照建立现代企业制度的要求，真正把私营企业建成自主经营、自负盈亏、自我发展、自我约束的法人实体和市场竞争的主体；二看是否提高了私营企业的市场竞争力；三看是否调动了私营企业职工和管理者的积极性；四看是否有利于促进整个社会经济的发展。显而易见，在市场经济条件下，建立现代企业制度不仅仅是国有企业也是私营企业努力的方向。

二、建立现代企业制度是我国私营企业保持健康发展的必然选择

（一）私营企业的基本状况

我国的私营企业是伴随着社会主义市场经济的发展而逐步建立并发展起来的。改革初期，我国没有私营企业，只有以个人或家庭为主的个体工商户。由于生产发展和企业规模的扩大，雇工劳动逐渐成为少数大户的生产方式。1988年全国人大通过的《宪法修正草案》，正式恢复了私营企业在我国的合法地位。目前我国私营企业的数量、规模和企业组织形式都发生了很大变化。在迅速发展的过程中，为了减小风险，扩大经营规模，取得更好的效益，先后出现了个人与个人、个人与集体、私营与国营以及中外合资等合资、合作形式。一些私营企业跨地区、跨行业、跨所有制，通过参股、租赁、兼并等形式，与公有制经济相互渗透，扬长避短，发挥"杂交"优势。私营企业新的财产所有制结构正在形成，在一些私营企业发展较快的省份，还出现了不少股份有限公司，甚至由私营企业逐步发展成上市股份公司，尽管其中不少企业目前没完全达到《中华人民共和国公

司法》的要求，但可以肯定的是，它们已经具备了现代企业制度的部分特征，正在向规范的现代企业制度迈进。

（二）私营企业存在的问题

在目前我国的私营企业中，有限责任公司虽已形成了以产权制度为核心的现代企业制度的雏形，但是仍有很大距离。主要表现为：①在组织制度方面，董事会领导体制还需进一步完善，董事长或总经理大权独揽，一人说了算的情况普遍存在；②缺少能客观准确地反映企业经营状况的科学的财务会计制度，一些企业存在账实不符、不能真实反映企业变化的问题；③在管理制度方面，大部分企业缺乏全方位管理和分层次管理，管理科学性较差。由于大多数私营公司的主要出资者和经营者由一人兼任，一些企业的主要管理人员也是以家庭成员为主，这些企业虽然名为有限责任公司，而实际经营仍然直接掌握在出资人手里，当公司盈利时，出资人可以利用企业资金购买小汽车、商品房，直接归个人享用；当企业亏损时，又可以按章程仅负有限责任。出资者的个人素质、身体状况甚至家庭财产都会对这类企业的成败盛衰产生直接的影响。这种公司实质上还是个人合伙性质，如果几个出资人之间产生不和，公司就会面临解体。近两年，私营企业中出现的中外合资、集私合资、国有私营、长期租赁企业等形式，如不明确出资者与企业法人各自的权责，在生产经营和分配利益时也会产生很多无法克服的矛盾，潜伏在产权关系中的不稳定因素，必将危及企业的生存。

（三）在私营企业中建立现代制度的可行性

我国的经济体制改革之所以能取得成功，一条重要的经验就是在积极促进国有经济和集体经济发展的同时，发展了个体、私营和外资企业。个体私营经济是我国社会主义市场经济体制中的一支重要力量。

同其他类型企业相比较，我国的私营企业不同于其他经济性质的企业，在市场竞争机制方面，私营企业要比国有企业和其他经济性质的企业先行一步，并积累了一定的经验。无论从企业内部条件还是从企业外部环境看，私营企业的发展都是通过自主行为能力和行为方式的良性表现来实现的，私营企业具有得天独厚的优势和适应市场竞争的特殊能力。

现代企业制度要求企业产权界定高度清晰化，其主要有三个方面的标志：①资产的排他性，企业的资产归属明确，完全量化到各个投资者，各个投资者按投资额负有有限的经济责任；②资产的收益性，企业内投资者按比例分红，在资产使用上尤其注重保值增值；③资产的流动性，企业具有独立的法人财产权，并可通过市场实现产权转让或投放于其他企业，每个投资者均可通过产权转让形式实现资产转移。我国私营企业虽然在产权关系中存在着一些不稳定的因素，但由于它是私有制性质的经济，是随着市场经济的建立而产生的，它的产权界定要比国有企业和集体企业容易得多。

现代企业制度要求现代企业的组织制度是公司法人制度，即独资有限公司、有限责任公司和股份有限公司三种组织形式。从我国私营企业组建形式看，私营有限责任公司是独立承担民事责任的法人。现代企业制度要求现代企业的管理应是高效率的管理，即包括人、财、物、安全、质量等全方位的管理。私营有限责任公司在领导体制上实行的是董事会领导体制，企业的独立法人地位和经营运行是通过董事会的组织机构和权力机构实现的。董事会成员各司其职，各负其责，相互制衡。在这种领导体制下，公司体现了决策速度快、应变能力强、工作效率高的现代企业效率。

通过以上的粗浅分析，完全可以说，在私营企业中建立现代企业制度是大势所趋，理所当然。

三、我国私营企业建立现代企业制度的基本路径

我国私营企业建立现代企业制度是历史的必然，我们必须坚持积极引导、大胆扶持、帮助完善的原则，采取由简到繁、先易后难的方法，促进私营企业向现代企业制度转变。

（1）对已经基本具备条件的大型企业，要积极引导。对那些领导体制，组织管理制度和财务会计制度健全，权责明确，管理较科学的私营企业集团和大型私营企业，可先行引导其向现代企业制度靠拢。

（2）对中小型企业要积极鼓励和支持。鼓励和支持具有一定资金积累和经营能力的私营独资、合伙企业的投资者，按照现代企业制度的要求，组建有限责任公司。

（3）开展私营企业升级竞赛和经济交流活动，推进现代企业制度的建立。在私营企业中广泛开展升级竞赛活动，比规模、比档次、比水平、比贡献，始终贯穿建立现代企业制度这一主线，按照建立现代企业制度的要求完善竞赛条件，通过竞赛产生一批符合现代企业制度要求的，高效率、高效益的企业，推进现代企

业制度在私营企业中尽快建立。同时，也可通过经验交流的形式，在广大私营企业中大力推广建立现代企业的成功经验。

（4）依法管理和引导。政府部门要针对市场经济是法制经济这一特点，首先，抓好法律法规体系建设，以法制规范体系的建设，以法制规范企业的行为。其次，执法中要一视同仁，要为各种所有制经济平等参与市场竞争创造条件。最后，帮助私营企业加强组织建设和精神文明建设，建立健全中国共产党和工会、共青团、妇联的基层组织，并充分发挥其应有作用。另外，加强企业文化建设，培育良好的职业道德和爱国、敬业、守法的精神，使私营企业在为社会创造物质文明的同时，创造出新的精神文明。

（5）有关部门在公司注册登记时，必须对企业的注册资本进行核查。必须对全体股东实缴的出资额，包括作为出资的实物、工业产权、非专利技术和土地合作权等，依法准确地予以评估和核查，一经正式注册，企业就可以以出资者投资形成的全部法人财产权，成为享有民事权利、承担民事责任的法人实体。

第十八章　我国经济增长中投资与消费的失衡及其矫治

一、我国经济增长中投资与消费失衡的原因

我国经济增长中投资与消费失衡的形成，就其原因来看，有以下几个：

第一，中国过去和现在的投资结构和企业战略偏重于 GDP 的资本分配部分，而对能增加就业和后续增加消费分配的部分投资不足：

（1）从要素和企业规模结构看，投资于资本密集型的产业较多，而投资于劳动密集型的产业较少；投资于增加就业较少的大型企业较多，投资于能大量增加就业的中小企业较少。

（2）从投资形成资本的性质来看，近几年不会显著增加后续就业的道路、广场等政府投资较多，而能增加就业的产业投资比率相对较低；政府投资中，能增加后续就业的医院、学校等公共领域投资也相对较少。

（3）20 世纪 90 年代中后期，我们实行了国有经济改革和调整产业结构的战略和政策，关闭了许多中小企业和组建及发展大型企业。这虽然对加快技术进步、降低资源消耗、提升结构升级等起到了不可估量的作用，但是由于其他加工工业企业，特别是加工和服务业型中小企业没能及时发展替代产业，从中小企业关闭和大型企业调整中减员下来的劳动力不能理想地得以转移就业，一部分劳动力的收入绝对和相对减少，造成消费在 GDP 中的分配率过低。

第二，从企业和就业结构看，我们过去一大二公的观念和体制、限制自由职业就业和中小企业发展的政策，也造成了企业结构中资本密集型企业偏多，而劳动密集型中小企业偏少的局面，使得 GDP 中资本—利润—折旧—投资分配的功能过强，而劳动—收入—消费分配的功能过弱。

第三，农民分享城市化和发展利益的权益得不到保障，政府和投资者强行分

配和挪用本应由农民分配的利益，进行投资和资本积累。一方面，现行的土地制度导致农民在土地使用权交易时，不能分享土地要素参与发展带来的利益；另一方面，近几年，许多建设工程特别是政府投资的工程，实际投资常常大于预算，出现了大面积拖欠农民工资的现象，实际是在挪用农民的收入和消费来进行投资，结果必然是GDP中消费分配减少和资本分配增加。

第四，由于历史和现实的原因，社会保障体系薄弱，使GDP分配中社会保障分配的功能不强，低社会保障水平形成的超额利润，成了资本再投资的来源，使GDP分配中资本分配的比率居高不下：①我们过去没有提取社会保障，将应由职工消费的养老医疗等保障金变成了厂房、设备等资本，从而使资本的分配率一直较强；②从现在来看，农民工进城，基本上没有推行养老、医疗等保障，这些本来应当提取的保障分配部分，变成了投资者的利润，使投资者的再投资能力较强。因此，中国低社会保障甚至无社会保障产品和服务成本的竞争模式，必然使GDP分配中资本的分配比例较大，而消费分配的比例较小。

二、投资与消费失衡的矫治政策

投资与消费的失衡，已经给我国经济的协调发展带来了负面影响，产能过剩、能源紧张的矛盾日益显现。为保持国民经济的长期协调发展，必须下大力气解决投资与消费的失衡问题，其核心又在于加大消费需求对经济增长的拉动作用。

（一）提高居民收入，特别是提高农村居民的收入

农村消费偏"冷"一直是困扰消费市场的大问题。虽然2005年前三季度我国农民人均现金收入增速高于城镇，但是，长期以来农民增收缓慢、农村居民收入偏低且与城镇居民收入差距拉大却是事实。数据显示，近几年来，农民收入保持在4%~5%的增长，低于改革开放最初10年16%的增速；我国城乡居民收入差距也从20世纪80年代初期的1.9：1，逐步扩大到90年代末期的2.6：1，直至目前的3.2倍。现阶段我国经济运行中存在粮食增产和农民增收后劲不足的问题，我国农民增收难度正在加大。"十一五"期间，国家应加大各级政府对农业和农村增加投入的力度，扩大公共财政覆盖农村的范围，强化政府对农村的公共服务，加强农村公共卫生和基本医疗服务体系建设，基本建立新型农村合作医疗制度。同时也要提高城市中低收入阶层的收入，逐步提高最低生活保障和最低工资标准。

(二) 完善社会保障消费"后顾之忧"

与一些发达国家相比，目前我国的社会劳动保障体系还不完善，医疗、卫生、教育、养老等社会保险范围还不大，极大地影响了城乡居民的消费倾向。缺乏完善的保障体系，是目前我国城乡居民的消费率偏低而储蓄率偏高的重要原因。

专家指出，国家应适当降低教育、医疗等公益部门的消费价格，采取措施控制其对消费者的超额支出，对价格虚高、给老百姓基本生活成本带来巨大压力的消费也应进行控制。努力使百姓不断看好未来预期，不断释放消费需求。

(三) 启动住房消费和投资是一个重大的战略选择

由于房地产开发体制的扭曲和秩序的混乱，房地产市场仍然面临着巨大的障碍，要使其真正起作用，还需要做出重大调整和变革。住房消费已经成为重要的消费热点，同时住房消费的发展还能带动一个很长的产业链条，包括住院装修、装饰、家具、家电等产业的发展。因此，现在应该多搞经济适用房和廉租房，增加中低位普通商品房供应，发展住房二级市场和租赁市场，使消费者有能力购买。

(四) 发展消费信贷

我国近几年消费信贷虽逐步发展，但现在还不普遍，特别是在农村还刚起步，整个消费信贷还没有建立一个比较完整的体系，需要扩大消费信贷的规模和品种。采取灵活多样的形式，扩大消费信贷的空间，降低贷款门槛，简化贷款手续，还可以搞小额贷款，逐步建立个人信用登记制度，以利于鼓励、引导消费。

(五) 培育消费热点

培育消费热点，还需要扩大消费领域，特别是劳务消费领域。增强消费热点的带动效应。我国目前已出现一些消费热点，如住房消费、小汽车消费、旅游消费、信息消费、网络消费、文化教育消费。以上消费热点正在继续升温，已成为新的经济增长点，正体现扩大消费需求的作用，我们应该大力培育和发展这些消费热点。

(六) 改善消费环境，保障老百姓安全消费

现阶段，商贸活动中以次充好、虚假销售等各种形式的商业欺诈花样繁多，屡禁不止，在某些地区和领域还出现了高发势头。行业垄断、地区封锁、无序竞争、假冒伪劣等现象广泛存在，食品安全问题有所抬头等因素直接影响着消费品

市场的快速增长和持续发展。专家指出，国家应继续加快流通领域的法律建设，进一步整顿和规范市场秩序，坚决打击制假售假、商业欺诈、偷逃骗税等行为，加快建设社会信用体系，健全失信惩戒制度。

按照世界各国经济发展史，当一个国家经济发展进入工业化中期阶段，由于制造业加工度提高引起的产业链延伸，会产生投资率上升的过程。但是，从我国的实际情况看，我国目前已经位居世界少数几个投资率极高的国家之列，要通过进一步提高投资率来拉动经济增长的空间不大。在今后一段时期，我国提高投资对经济增长率的拉动作用，主要不是通过进一步提高投资率来实现，而要通过投融资体制改革促进投资效率的提高来实现。当前，我们要提高投资效率，必须以消费需求结构变化为导向进行投资，这样投资所形成的供给能力才是有效供给，同时提高投资，减少重复建设，减少投资领域的资源浪费，使更多的国民财富用于消费，适当提高最终消费率，扩大投资形成的能力所需要的市场需求，化解供需总量矛盾与结构矛盾。因此，国内需求的支撑点要逐步从过分倚重固定资产投资，向消费需求和投资需求均衡支撑过渡，我国经济增长的动力机制应从目前的投资主导型向居民消费、社会投资双轮驱动型转换，使供给能够满足需求，促进社会的协调发展，关于合理调整投资和消费关系的建议有以下几个：

（1）遵循工业化和产业结构升级的客观规律，保护投资稳定增长。关键是着力健全经济运行机制，主要将投资率和消费率作为宏观调控的直接目标。

（2）把调整政府投资和政府消费的关系作为切入点。政府所承担的一般经济建设职能要进一步向公共服务职能转换，并主要由政府最终消费来体现。

（3）提高最终消费率，重点在于提高居民最终消费占GDP的比重，而政府最终消费率应当保持稳定。

（4）增强企业的社会责任意识，避免企业以牺牲劳动者利益为代价片面追求资本的利益。

同时我国房地产、汽车、教育、医疗等热点消费品的供给体系过度偏重"高端"层面。就是说，由于面对中高收入者的住宅、高排量汽车、高价教育、高价医疗、高档旅游等高档消费品供给过多，从而使产业结构与消费结构形成了尖锐的矛盾，导致了市场供求体系的失衡，一方面，大量房产、汽车、医疗、教育设施闲置、需求不足；另一方面，适合中低收入群体的房地产、汽车、教育、医疗、旅游产品供给过少，远远不能满足需求。因此，未来政府要按照和谐社会的要求，引导企业调整投向，增加面向中低收入群体的商品供给体系。使各个阶层在各取所需的多样化选择中扩大消费与刺激投资，有人指出，政府应当对高档消费品的生产和消费采取加收类似奢侈税之类的措施。而对廉价房、经济适用房等采取必要的财政补助手段，以有效引导与调整投资结构。使投资能够真正面向实际、满足大多数人的需求，而不仅仅是满足少数人的需求。

第十九章　发达国家的融资租赁模式及对我国中小企业的启示

随着社会主义市场经济的发展,中小企业在国民经济发展中的重要地位日益显现,同时融资渠道不畅也日益成为阻碍中小企业进一步发展的"瓶颈"。本章以中小企业融资的一般方式为切入点,从银企两个角度分析中小企业融资"瓶颈"的形成原因,在介绍发达国家融资租赁模式的优劣势基础上,寻找打破中小企业融资"瓶颈"的第二跑道。

一、我国中小企业融资的"瓶颈"分析

融资,即资金融通。在现实经济中,对企业而言,融资渠道主要有外部融资和内部融资两大类。外部融资又分为间接融资和直接融资两种形式,间接融资是由银行中介、资金供给者将钱存到银行,银行再把集中起来的资金贷放给资金需求者;直接融资是企业通过证券市场发行有价证券如股票、债券等形式向全社会投资者直接获得资金。无论是间接融资还是直接融资都属于企业的外部融资范畴。与外部融资相对应的则是内部融资,它是指企业的自有资金和利润留存。

既然企业可以从外部融资,又可以从内部融资,那么为什么我国中小企业仍普遍存在融资困难?制约我国中小企业的融资"瓶颈"究竟是什么?

(一)公司治理"瓶颈"

众所周知,无论企业规模大小,融资时都必须根据自身的经济规模、财务状况、盈利水平、信用级别、资本运用能力等对融资的成本及其收益进行综合分析和权衡,在综合分析和权衡的基础上根据需要和可能确定适合本企业特点和发展情况的融资方式。融资方式的选择实质上就是公司治理结构的安排,只有恰当的公司治理结构才能构建良好的融资机制。我国现有800多万家中小企业,这就是说,我国90%以上的企业都是中小企业。这800多万家企业的工业总产值、实现

利税、出口额分别占全国总量的60%、40%、60%左右。可见，他们对解决我国的就业、增加税收、出口乃至经济增长贡献巨大。中小企业已成为我国经济发展中不可或缺的重要力量。然而，我国大多数中小企业目前尚没有建立符合现代市场经济要求的企业制度和融资机制，往往在财务制度的健全、信息透明度的提高、自律内控机制的形成等方面离现代企业制度所要求的公司治理结构相距甚远，难以确立资金供给者的投资信心。

（二）融资渠道"瓶颈"

就目前而言，我国中小企业的融资困难主要表现为融资手段单一、融资渠道缺乏。在现实经济中，中小企业的经营规模较小，自有资本和利润留存相当有限，负债率较高，其内部融资的可能性较小，而中小企业的规模现状也决定了其难以承担股票、债券的发行费用，在证券市场上的融资空间极其有限。所有这些使得中小企业只能以银行贷款作为主要融资手段。有关资料显示，在上海的中小企业外部融资中，银行贷款的比例高达73%，而通过有价证券方式的融资仅占2%。我国中小企业融资手段单一，融资渠道缺乏，由此可见一斑。

融资手段单一和融资渠道缺乏固然与中小企业的资信和资产的先天不足有关，但是，外部环境的后天失调也增添了困难。目前我国证券市场的规模和市场运作机制还不尽如人意，规模还未形成气候、运作机制尚需完善。一些企业从股市和债市"圈钱"的行为曾一度严重影响市场的名声。为规范证券市场运作，我国相继颁布了一系列政策法规。这些政策、法规、措施的实施对规范市场的行为发挥了一定的作用，但同时也使企业入市条件较以前严格。对中小企业而言，我国证券市场入市门槛太高，只能望而却步。

那么，中小企业为什么不向货币市场告贷呢？问题是目前我国货币市场的融资工具、手段也同样缺乏多样化。按目前的政策，商业票据的流通只给一些外企、私企等留下活动空间。即便如此，目前的融资规模对他们来说也只是杯水车薪，他们也在大声疾呼"融资难"。因此，非外企、私企的中小企业要在目前的货币市场上融资几乎无可能。

在上述背景下，我国的中小企业只能向银行告贷，银行贷款成为中小企业的最大"输血器"，毫无疑问，随着银行贷款风险意识的不断增强，商业银行必然要从自身的经营目标和资金的安全性、流动性、营利性角度对贷款对象做出选择。作为金融企业，商业银行理应以商业化模式运作。为了提高资金的使用效率，降低不良贷款水平，银行对资信优良的殷实大企业的告贷特别青睐就在情理之中。与大型企业相比，中小企业获得更多贷款的可能性下降，中小企业在获得增加贷款份额方面处于劣势也就不足为奇了。由于中小企业数量众多，涉及的产业领域广，再加上中小企业本身往往在财务制度的健全、信息透明度的提高、自律内控机制形成等方面离现代企业制度相距甚远。因此，即使银行向其发放贷款，贷款条件也相对严格。从银行角度看，自然要规避信贷风险，这样做完全有必要。但是对于先天不足的中小企业来说，无形中使得融资成本增加。例如银行贷款中的担保要求就颇使中小企业为难。一般中小企业的资产原本不多，能用作抵押的资产就更加稀缺。

二、融资租赁：中小企业融资的第二跑道

在我国目前资本市场发育不完全成熟，银企关系还未进入经济、金融良性循环的情况下，拓宽中小企业融资渠道已严峻地摆在企业和金融机构面前。为了缓解中小企业的融资困难，中国人民银行曾于 2002 年 8 月发出《关于进一步加强对有市场、有效益、有信用中小企业信贷支持的指导意见》，要求商业银行在坚持信贷原则的基础上，加大对有条件的中小企业信贷支持，尽量满足这部分中小企业合理的资金要求。这一政策的出台，在一定程度上缓解了部分中小企业的融资困难。然而，对于已商业化的信贷机构而言，上述中小企业的融资"瓶颈"不可能就此打破，融资困难依然存在。对大多数中小企业而言，寻找融资的第二跑道，仍然是他们的现实选择。

事实上，兴起于 20 世纪 50 年代发达国家的融资租赁模式可以满足他们的要求，成为中小企业融资的第二跑道。

融资租赁，亦称金融租赁，是指由承租人自己选定所需设备，由出租人购买后交承租人使用，从而使融物与融资相结合的一种租赁方式。租赁公司从银行获得贷款，或由银行附属的租赁公司出资购买用户选定的设备，然后出租给用户。资金全部由出租人提供，出租人投入的资金，在租期内陆续以租金的形式全部收回。融资租赁期与设备使用年限基本相同。这种租赁方式实际上是租赁公司对其承租人提供了一笔长期信贷。

融资租赁一般适宜长期、大型、价值高的设备租赁。在租期内不允许单方面撤销租约，出租人只负责资金；租期内设备的保养、维修和操作均由承租人自行

负责，租赁公司通常定期进行检查。由此可见，金融租赁的目的是融通资金，对于筹资困难的中小企业而言，融资租赁开辟融资新渠道的作用就毋庸置疑了。

如上所述，融资租赁是融资和融物结合在一起的经济活动，它与一般的信贷有所区别：一般的借贷是借钱，实物借贷是借物。借钱要还本付息，借物则还物。融资租赁却是既借钱又借物，偿还时则只要还钱，以支付租赁费形式出现，在租赁期内并不还物，从这个意义来说，它与信贷一样，两者都是借贷资本的运动形式。当然，他们的具体形式却不同，租赁是商品资本形式的借贷，而一般的借贷却是货币资本形式的借贷。

除了上述基本特征外，融资租赁还有一些其他特征。首先，租赁物的所有权和使用权相分离。融资租赁是两权分离的物资运动形式。这种物资运动形式与商品因买卖而使商品的使用权和所有权一并转移迥然相异。在租赁期内租赁物的所有权归属于出租人。承租人只对租赁物拥有使用权，并因使用租赁物而支付租金。当租赁期满时，出租人可以做出不同选择，例如将租赁物的所有权自动无偿转让给承租人，或者以优惠价卖给承租人，此时，承租人可以象征性价值购买租赁物，租赁物的所有权由此转移。所以，融资租赁实际上又是一种商品信贷。对于承租人而言，租赁期满后，他也有不同的选择，他可将租赁物退回出租人；也可在原来的基础上延长租期（租金减少），可将租赁物买下或者要求更新设备，重订租约等。其次，在租赁期届满前，出租人和承租人均不得终止租赁合同。再次，融资租赁给承租人提供全额资金融通，这一特点使借款人的借款能力非但不减，反而增大。最后，租金总额一般等于设备价款、贷款利息和租赁利润之总和。

目前融资租赁在国际上已经成为非常成熟的产业，这是因为融资租赁对金融租赁公司、供货商以及承租人都带来了好处。对租赁公司、供货商来说，满足了市场的需要就能拓展利润空间。对于承租人来说，融资租赁的优势则表现在以下几个方面。

（一）融资"瓶颈"

（1）融资期限长，且是一种"无本金的投资"。人们常用"借鸡生蛋、以蛋买鸡"来形容融资租赁的优势。对于受资金困扰的中小企业而言，融资租赁的优势是明显的。即便对一些资金雄厚的企业，做无本钱的投资也是上策。而且融资租赁的期限要比银行贷款长，这对企业应该很有吸引力。

（2）租金可以在租期内分期支付。企业无须一次性大规模筹资和投资，而只需在租期内分期支付租金即可。这样，企业就不必因固定资产投资而沉淀大量现金，由此企业的现金流量得以加速。

（3）获得全额资金融通，便于企业引进先进设备。科技进步、技术革新的不断发展，机器设备升级换代日新月异。融资和融物的同步进行便于承租人引进技术参数高、更新速度快的先进设备，从而使企业达到提高产品档次、增加产量、扩大出口的目标。

（二）减少业务环节、手续简便、到货迅速

融资和融物的同步进行使承租人不必先向银行申请贷款，然后再购进设备。融资租赁为企业争取了时间以尽快引进和更新设备，这有利于企业经常替换过时或陈旧的设备，设备保持高效率和先进性也就保证了企业产品的竞争力。有利于企业的技术性改造，加快企业固定资产更新速度，且有利于企业财务管理和经济核算。与此同时，技术的外溢效应也培养了企业的技术骨干。

（三）减少市场利率波动的影响

由于融资租赁业务一般采用固定利率来定价，租赁合同一经签订，租赁金额即在合同中固定，在整个租赁期内，无论市场贷款利率如何变化，对合同金额不产生影响。显然，在通货膨胀加剧利率上升的情况下，承租人的利益得到了保护。

（四）有利于满足企业暂时性或者季节性的设备要求

无论企业的规模大小，生产过程中所使用的设备往往有这样一些情况：他们不可或缺，但是使用频率却不高；一些设备的使用时段受季节变化的影响较大，这些设备闲置的时间要比使用的时间还长。如果企业不购置这些设备就无法进行生产，购置这类设备又造成企业资金的积压或者浪费。融资租赁解决了企业的这一"两难"问题。既保证了使用设备进行正常生产，又减少了企业的维修、保管及其他费用。

当然，任何事物都有双重性，在我们看到融资租赁对企业的优势时，也必须正视其劣势所在。对于承租人而言，融资租赁的主要劣势表现在：

（1）融资费用较高。出租人通常把设备的折旧率定得较高，而且将利率等费用包括在租金中，致使承租人的总费用超出银行的贷款利息。

（2）承租人在租赁期内对租赁设备只拥有使用权，承租人无权对租赁设备进

行技术改造，这会对企业提升其科技实力造成负面影响，尤其抑制了企业自身的创新能力，久而久之则会使企业处于依赖引进设备的被动局面。

（3）租赁业务的主动权往往由出租人掌握，从出租人保护自身利益出发，承租人使用最先进设备的空间较小。

（4）在合同中列明租赁金额，有利于企业核算成本，但在市场利率趋跌的情况下，承租人会承担利率风险的损失。

三、企业运用融资租赁的步骤及应注意的若干问题

由于融资租赁对国内一些中小企业来说可能还是新鲜事，为此介绍融资租赁的相关步骤及其应注意的若干问题显得尤为重要。融资租赁一般必须经过以下6个步骤。

（一）选定租赁设备

选定租赁设备是融资租赁的基础。为了使企业能够在未来的竞争中处于优势地位，企业应根据信息反馈和市场变化，结合自身的经验，预测产品的潜在变化和发展趋势，前瞻性、科学性地选定设备，或者采用新技术更换某些关键设备。此时，企业不但需要长期经验的铺垫，更需要准确的预测能力，而且还需将营销的理念融入融资租赁业务。

（二）委托租赁

承租人以租赁委托书和信函的形式将选定的租赁对象向租赁公司提出委托。在选择合适的租赁公司作为委托对象后，就可办理如下申请委托的具体手续：①正式填写《租赁委托书》或《租赁申请书》，载明需租赁设备的品种、规格、型号、性能、供货来源、质量保证、还款能力等；②租赁公司在接受委托时，需验证承租人的有关文件，其中最重要的是承租人向租赁公司提交的项目可行性研究报告，为了保证评估的顺利进行，企业在提供有关数据和资料时必须本着实事求是的精神，不得隐瞒伪造，经租赁公司审核，接受符合条件的租赁委托，并在委托书上签字、盖章，表明正式接受委托；③委托书需经租赁公司所在地的公证处的公证。

（三）谈判

谈判是租赁业务中最关键的一环，其中选定供货商通常由承租人自行确定，也可由租赁公司提出咨询意见，但最终还是由承租人拍板。4项谈判则分别为技

术谈判、商务谈判、租赁谈判和维修谈判：

（1）技术谈判。技术谈判一般以承租人为主，通过技术谈判切实掌握有关设备的规格、型号、性能、价格、数量、质量保证、配套设施、附件、技术培训、安装调试、售后服务等，并与供货商签署详细的技术服务文件。

（2）商务谈判。在技术谈判基础上开展的商务谈判，通常以租赁公司为主，与供货商就运输方式、包装、交货期、支付方式、索赔、仲裁等进行谈判。

（3）租赁谈判。租赁谈判在出租人和承租人之间进行，谈判内容主要涉及利率、佣金的确定方法及支付方式。有时，出租人还要求承租人提供担保单位，在这种情况下，承租人还得落实担保单位。

（4）维修谈判。维修谈判主要涉及设备的维修，一般出租人不负责设备的维修。如果承租人自身无维修能力，则可要求供货商或其他人维修。

（四）签订合同

融资租赁一般要签署两项合同，一项是购货合同，另一项是租赁合同。租赁合同的主要条款有租赁合同依据、租赁物件、租赁物件的所有权、交货、验收、质量保证、事故处理、租赁期间、租金、设备使用、维修、违约、保险、经济担保、承租人提交的各种批准文件等。此外，租赁公司可根据承租人状况，要求承租人先交付一定的租赁保证金。例如，我国的租赁公司规定，承租要交付合同价款 10%~15% 的租赁保证金。此项保证金可以作为最后一次租金，或在租赁期满，承租人将全部租金交齐后由出租人退还企业。

（五）购入设备

租赁双方签约后，由租赁公司在国内外融资，并向供货商付款，后者按购货合同将设备运至租赁公司后转交承租人，或直接将设备交承租人。企业收到设备后必须由租赁公司开出收据。如果合同规定由供货商负责安装调试，承租人则必须验收设备是否符合标准。

（六）偿付租金

自租赁之日起，承租人按租赁合同规定向租赁公司支付租金。一般情况下，承租人不得将租赁设备让第三者使用或者转租，非经租赁公司同意也不得将租赁设备从原安装地点移往别处。租赁期满后，租赁企业可做如下选择：①将设备退回租赁公司；②续租；③双方协商后承租人买下租赁物。至此，一笔租赁业务即告完成。

综上所述，融资租赁将借钱和借物巧妙地融为一体。在出租设备物件的同时，解决了企业的资金要求，具有信用、贸易的双重性质。它不同于一般借钱还钱、借物还物的信用形式，而是借物还钱，以分期支付租金的方式来体现借物还钱。即使租赁期满后，承租人将设备还给租赁公司，设备的残值已所剩无几。因此，以商品形态和资金形态相结合的方式提供信用是租赁融资区别于其他融资形式的最鲜明特色。在目前我国中小企业融资难的情况下，选择合理的融资方式是企业的当务之急。融资租赁可称得上是一种为中小企业量身定做的集融资、理财、资本运营于一体的金融服务，它为我国中小企业打开融资"瓶颈"提供了"第二跑道"。

第二十章　我国会展经济发展中的若干问题思考

近几年,我国出现了规模空前的会展经济热潮,在素有中国会展经济"三驾马车"之称的广州广交会、深圳高交会、厦门投洽会带来的巨大社会效益和经济效益的推动下,行业性、地方性会展如雨后春笋般涌现。作为与旅游经济、房地产经济一起并称为21世纪三大绿色、无烟产业的会展经济已呈现强劲发展态势。会展已在我国形成一个产业。据统计,我国会展数量正以每年20%的速度快速增长,1997年全国举办的各种会展总数为1063个,1998年为1262个,2000年为1684个,而2003年更高达2600个。可以说,会展经济已成为我国经济发展的重要助推器。

一、会展经济的发展历程

会展经济,是伴随着人类会展经济活动发展到一定阶段形成的跨产业、跨区域的综合经济形态。国际市场的形成与经济全球化的发展是我国会展经济产生与发展的第一推动力。15世纪末到16世纪初产生于欧洲各国的"地理大发现"活动,使世界各洲的经济文化交流密切起来,形成了连接大西洋、太平洋、印度洋的国际市场,17世纪的欧洲工业革命使国际展览业得以形成,并推动了世界经济的迅猛发展,发达城市纷纷将其贸易集市发展成为具有较大规模的国际展览会。1851年开始的伦敦世界博览会和1894年开始的莱比锡国际工业样品展览会,使得国际展览业走上了规模化和市场化的轨道。20世纪70年代以来,国际分工体系的逐渐深化和科学技术的不断进步,给国际展览业带来强劲的发展动力。德国、美国、英国、意大利、法国、日本、新加坡、中国香港等国家和地区的会展经济产值已占GDP的8%左右,成为国际会展经济的中心。米兰博览会、莱比锡博览会、巴黎博览会被誉为连接世界贸易的桥梁。20世纪90年代以来,随着信息技术为核心的新一轮科技革命的兴起，使世界市场的时空距离大大缩短，网络技术、电子商务的不断发展，极大地促进了国际展览业的蓬勃发展。

作为一种经济现象，会展经济的发展在于它自身存在巨大的经济利益。会展经济作为一个潜力巨大的新兴产业，其产业利润空间巨大。目前，对其产业利润评估大致分为两种情况：一是在会展经济发展已相当成熟、市场潜力充分挖掘的发达国家和地区，其利润水平可达25%左右。二是在这一领域发展相对滞后、市场潜力未充分挖掘的国家和地区，其利润水平高达50%左右。在会展经济刚刚起步的中国，其巨大的市场和利润空间，是外国资本进入和国内资本进入中国会展经济的直接驱动力。就经济效益而言，会展经济所具有的强大产业拉动效应也是其他行业不可比拟的。会展经济的发展可以直接拉动餐饮、交通、宾馆、旅游、商业、物流等多个行业的发展，其拉动效应一般在1∶5~1∶9。会展经济所产生的巨大社会效益也是我国竭力推动其发展的重要原因。通过信息传播、知识传播、观念传播，可大大提高市民素质，带动城市建设，增加就业机会，提高城市知名度等。

可以说，我国会展经济的发展是内外拉动的结果。目前中国是世界上最大的市场，也是最大的生产要素交易场所和交易平台。发达国家为中国提供了产业专业化的重要机会。目前西方的市场容量有限，相当大的市场在发展中国家。中国经济的发展需要吸引外国资金，这样一方面，会展成了中外经济贸易交流平台，不仅有产品展览，还有生产要素展览，如人力、技术、资金，还包括多媒体的展览；另一方面，形成了一个与我们的经济发展相适应的交易空间。参展商之间、参展商与观众之间通过展览这个平台形成一种信息平衡关系，因为参展商和观众通过展览可以看到业内的新产品和行业的发展方向。所以，会展经济的繁荣是中国经济发展的一个重要组成部分，也是中国经济发展的一个重要推动器。

二、会展经济在我国的发展历程

作为一个产业，我国会展经济初具雏形，一些基本要素还不很完备，例如市场主体的发育、行业的专业水平、行规行约的形成、行业协会的作用等，不仅与展览业发达国家和地区存在很大差距，而且与成熟产业的要求也存在一定的距离。

在产业管理方面，目前展览活动分属不同部门管理，造成展览市场不统一。

多头办展、低水平重复建设造成展会数量多、规模小、重复性强、行业集中度低、资源分散、无序竞争、价格混乱。同时，服务良莠不齐、主题重复或雷同的展会不仅让参展商无所适从，而且造成展览资源的浪费。

目前我国展览企业数量并不少，但是产业集中度不高，展馆小而散，办展企业多而杂，各办展企业、展会分工不明确、定位不清晰。首先，从展览的运作来看，没有明确分工，很多办展企业从事着同样的工作，缺乏产业化发展所需要的分工，同一批人既是展览组织者，又是展览管理者，也是展览项目的实施者，从展品征集到展品运输、展品布置直至为参展者提供吃住行服务等均由同一批人承担，难以实现社会化分工带来的高效率。其次，大部分展览企业没有明确的市场定位和长期发展战略，很多展览公司只重视拉到客户，不注重后继服务。最后，在产业链条的延伸方面，也做得不够，为展览提供辅助服务的行业，如展览信息、展览咨询、展览施工、展览评估、展览道具、展览设计等，也有待进一步发展。

在产业主体方面，我国由于体制和长期的惯性，行政办展仍然是当前展览活动的主要方式，即所谓的"政府搭台、企业唱戏"。作为一个综合性的产业，展览业的发展离不开政府的大力支持。但是，在整个展览业的发展中，政府主要从事的是后台工作，通过制定相应政策为展览业的健康发展搭建平台，提供便利。主要靠行政力量办展的方式，在很大程度上严重制约了会展经济的市场化、专业化、产业化发展。加入WTO以后，这种状况虽然已经得到了改善，但仍需要做进一步的努力，由展览会的办展主体——主办商协会、专业展览公司搭台，参展企业唱戏。

在行业协会方面，发挥展览业协会的作用，是发达市场经济国家发展展览业重要的经验总结和成功的管理模式。在展览业发达的几个国家，行业协会在制定行规、进行行业间协调和管理、对展览会进行资质评估、加强信息交流和调研、促进展览市场的透明度、进行专业人才培训、提高展览会的组织水平和质量等方面发挥了巨大的作用。而目前我国还没有全国性的展览协会，只有北京、深圳等地成立了地方展览协会。随着中国组展单位和办展数量越来越多，特别是低水平重复建设的加剧，成立全国性展览协会的必要性越来越大。国外展览城市发展时间较长，拥有大量具有丰富经验的高素质展览业专业人才。目前国内普遍缺乏高素质的展览业人才，对宣传、策划、公关、工程等方面的工作人员和翻译、导游、餐饮、报关、货运等服务人员的需求量很大,尤其是优秀的项目经理。

三、我国会展经济发展的对策

会展业作为一项综合性产业,不仅会产生巨大的经济效益,而且会带来社会效益。许多城市已将会展业作为直接关系城市全局利益的重要产业来发展,因而制定和研究会展经济的发展战略就成为其健康发展的必要条件。

(一) 调整政府角色定位,引导会展经济健康发展

政府是会展业发展过程中不可或缺的一方。办会展确实需要政府主导,但政府不能大包大揽,政府要在总体发展战略、规划布局、政策导向等方面创造条件,尤其在起步阶段,政府要组建专门班子加强领导和调控,协调好各方关系,没有政府的主导,会展业寸步难行。无论国内还是国外,成功的会展业大多是在政府创造条件的基础上,按市场规律进行招商投资才形成规模的。韩国大田和我国大连办会展的思路都是由政府创造条件,改善环境,集中力量建好会展设施两处的会展中心。通过优化人力资源和会展设施,走了一条会展业发展的良性循环之路。政府在提高会展的国际知名度、加强对外的整体宣传力度方面也具有举足轻重的作用。

因此,政府的定位应是抓"大"放"小",抓"大"即政府在会展业总体发展战略、长期规划、政策导向等方面创造条件,起宏观指导作用,营造健康有序的市场竞争环境,逐步形成良性发展的会展经济格局;放"小"即政府要选择适当的时机从会展中退出来,只有企业才是市场竞争的主体,地方政府出面主办展览,将对展览市场造成一定程度的冲击,不利于推动会展业的产业化、市场化、规范化。

(二) 强化会展经济的产业化发展方向

要促进我国会展业的进一步发展,使其在国民经济中占有一席之地,必须先走会展经济产业化的道路。所谓会展经济产业化,就是要改变过去那种"吃政策饭",依靠政府批任务、给补贴来发展会展业的体制,让会展企业在政企分开的基础上进入市场,让企业成为会展业的竞争主体,通过市场来繁荣会展经济,依靠竞争使会展企业做大做强。

实现我国会展经济的产业化,要重视"规模化"建设。规模是产业形成的前提和基础,也是产业发展的持久支持。所谓"规模化"建设主要包括三方面的内容：

第一，扩大会展产业的整体规模。一方面，加大政府扶持力度，对于会展业这一有巨大拉动作用的新的经济增长点，政府应该提供优惠政策，重点扶持，在财政、金融、税收、土地征用、对外交流等方面为会展经济的发展提供便利和支持；同时政府也要明确自身角色定位，把精力集中在创造环境上。另一方面，借助我国加入 WTO 的良好机遇，要积极引进国际优势资源，壮大我国的会展产业。目前，外资进入中国会展业已是不可避免之势，在看到外资抢占我国会展市场份额的同时，也应看到引入外资能够提供我国会展业设备改造的理念和管理技术，从而推动我国会展业的健康发展。我国会展业也可以利用这个机会建立与国外展览强国的联系，加强学习合作，参加到国际知名的会展业协会和组织中来，充分利用各种机会，了解世界会展市场的新趋势和新发展，借鉴先进经验，开发国际市场，发现业务机会，融入国际市场，参与竞争并在竞争中发展壮大。

第二，整合会展资源，加强联合，实现优势互补，扩大会展企业的规模。①通过股份合作、兼并、收购等形式，建立具有国际竞争力的展览集团，增强我国会展业整体竞争能力；②加强中国国内跨地区、跨省的会展市场联合，做大会展品牌；③加强展览项目联合，培育大规模的品牌展会。此外，还应当充分利用信息化时代的网络优势，大力开发网络展览，实现实物展览和网上展览的相互补充，拓展企业的发展空间。

第三，加强我国会展业的硬件设施建设。目前，我国会展场馆的规模特别是硬件配套设施不仅与国际会展强国之间存在着巨大差距，而且无法满足我国会展经济快速发展的需要。为此，应该在扩大规模的基础上加大硬件设施的建设力度，兴建一定数量的国际级高水平会展场馆及相应的配套设施；同时优化资源配置，集中财力和物力培育具有国际竞争力的会展中心和世界级的会展城市。

我国会展产业"规模化"建设的另一条重要途径是资本运营。在资本市场高度发达的市场经济条件下，企业的发展壮大有赖于资本运营。目前大部分会展企业处于创业期，在其发展壮大过程中必然会出现许多产权问题和收益分配问题，企业内部的资产重组、企业并购和项目合并也同时涉及这些问题，都是资本运作的重要内容，对于企业的发展具有重要意义。规范的资本运营可以避免因产权不清导致优质企业夭折，它是企业发展到一定阶段后，结合内外资源状况寻求自身进一步发展的内在需求，因此，资本运营是扩大我国会展经济规模、实现我国会展产业化的必然趋势和必由之路。

(三) 推进会展经济的企业化运作

我国会展经济要实现从粗放经营向集约经营的转变,实现更大的经济效益,离不开企业化运作。所谓会展企业化运作,就是要成立专业展览公司,按照市场原则运作,分工明确,共同协作,规范经营。

市场需求是创新的原动力,而创新的主体不应该是政府,而应是以经济收益为准则的、机制灵活的企业和各级社会服务机构。从国外会展业的发展历史看,随着展览的专业化和市场化水平的提高,展览会的主办和组织工作更多地依赖专业展览公司,只有专业展览机构的成长和壮大,才能提高展览会的整体水平,促进会展业的健康发展。

会展的企业化运作,主要包括专业化、市场化、竞争机制、信用建设四个层面。

第一,会展的专业化。所谓会展的专业化是指会展项目内容细分要专业化,从目前国际会展业的发展趋势看,综合性展览呈逐年下降趋势,而专业性展览则呈逐年上升趋势。这种情况的出现,首先,因为社会生产力水平的提高导致社会分工的专门化不断加强,某一行业、某一品种的产品也可以形成巨大的市场,企业的生产和经营不断细分和专业化的趋势,也是专业展览公司出现的一个重要原因。其次,与各展览企业的经营创新、市场拓展的行为密切相关。综合性展览容易出现展览内容雷同的情况,而专业性展览则给会展企业不断推出自己的"新产品"提供广阔的空间,使会展更加差异化、多样化,从而吸引更多的参展厂商和消费者。因此,我国的会展企业应该提高展会的专业化水平和档次,造就自己的专业会展品牌。

第二,会展的市场化。所谓市场化是针对市场经济条件下以市场为主体的资源配置方式;它是相对于以往计划经济下政府直接干预的资源配置方式而言的,因而改变政府过去"大而全"的政府职能是走向市场化的第一步。政府需要按照社会主义市场经济的原则,使城市会展市场主体尽快摆脱政府干预,实现市场化,成为市场竞争的理性主体,形成公平、理性的竞争环境。经过长期努力,国内会展活动已经取消了行政审批,这也是我国会展业市场化迈出的成功一步。

第三,市场化运作中的竞争机制。企业作为市场经济中的微观主体,其成功的关键在于引入了竞争机制。在加入WTO的谈判中,我国政府为许多行业争取了保护期、过渡期,这将为面对竞争的企业赢得苦练内功、发展自己、提高竞争力的宝贵机会,但保护手段毕竟是有限的,而且往往保护了落后,通过市场竞争的实战来培育竞争力,是市场经济下每个企业的必修课,也是最有效的办法。试想一下,若一个地区只有一个独家题材展览,展位价格下降比较难,原有的服务模式也难以随机应变、及时改进提高,当有了竞争者之后,一切都会逐渐改变。展览服务的优劣只有通过比较即通过竞争才能体现,没有竞争,服务容易失去改进的动力,而服务的改进可以为企业提供更高的附加值,保证其利润和持续发展的实力。

第四,竞争下的信用建设。从计划经济到市场经济,会展行业如同一面镜子,反映着这一变化,但商品交换的法则日益侵蚀人们的精神领域,见利忘义、道德失范、信用缺失问题在会展行业仍然屡见不鲜:名实不符、商标侵权、合同欺诈、骗税逃税……种种行为就像"病毒"一样侵蚀着会展行业的肌体。市场经济是信用经济,是法制经济,信用缺失必然影响市场经济的正常运转,导致无序竞争。因而在竞争中树立信用观念,不仅成为会展经济企业化运作的重要保障,也是解决会展行业中一系列问题的治本之策。

(四)加强会展业的专业人才培养

会展专业人才缺乏是我国会展业必须正视的问题。要促进会展业快速与国际接轨,必须把加强会展专业人才的培养作为会展经济发展的"重中之重",并采取有效措施,争取在较短时间内培养一批出色的会展人才。

第二十一章 公开市场业务对经济增长的传导路径探析

一、公开市场业务的作用

公开市场业务是指中央银行在金融市场上公开买卖政府债券，以控制货币供给和利率的政策行为。政府债券是政府为弥补财政赤字而发行支付利息的国库券或债券。这些被初次卖出的证券在普通居民、厂商、银行、养老基金等单位中反复不断被买卖。中央银行参与这种交易，在这种交易中扩大和收缩货币供给。当中央银行在公开市场上购买政府证券时，商业银行和其他存款机构的准备金将会以两种方式增加：如果中央银行向个人或公司等非银行机构买进证券，则会开出支票，证券出售者将该支票存入自己的银行账户，该银行则将支票交中央银行系统，作为自己在中央银行账户上增加的准备金存款；如果直接从各银行买进证券，则可直接按证券金额增加各银行在中央银行系统中的准备金存款。当中央银行售出政府证券时，情况则相反，准备金的变动会引起货币供给按乘数发生变动。准备金变动后，银行客户取得信贷变得容易或困难了，这本身就会影响经济，同时，中央银行买卖政府债券的行为，也会引起证券市场上需求和供给的变动，因而影响债券价格以及市场利率。有价证券的市场是一个竞争性的市场，其证券价格由供求关系决定。当中央银行要购买证券时，对有价证券的市场需求增加，证券价格上升，从而利率下降；反之亦然。显然，中央银行买进证券就是去创造货币，因为当它把10万美元的证券从某银行买进时，它只要通知那家已经卖出证券的银行，说明准备金存款账户上已增加10万美元就行了。因此，中央银行有可能根据自己的意愿增加或减少货币供应量。

公开市场业务之所以能成为中央银行控制货币供给最主要的手段，是因为这种政策手段有着比其他手段更多的优点。例如在公开市场业务中，中央银行可及时按照一定规模买卖政府证券,从而易于准确控制银行体系的准备金。如果中央银行希望大量变动货币供给,只要少量地买进或卖出政府证券;如果中央银行只希望少量地变动货币供给,只要买进或卖出大量政府证券。由于公开市场操作很灵活,因而便于为中央银行及时用来改变货币供给变动的方向,变买进为卖出证券,立即可能使增加货币供给为减少货币供给。中央银行可以连续、灵活地进行公开市场操作,自由决定有价证券的数量、时间和方向,中央银行即使有时会出现某些政策失误,也能及时纠正,这是贴现率政策和准备金率政策没有的长处。公开市场业务的优点还表现在这一业务对货币供给的影响可以比较准确地预测出来,例如一旦买进一定数量金额的证券,就可以大体上按货币乘数估计出货币供给增加了多少。

二、公开市场业务对经济增长的传导路径

公开市场业务对经济的影响可以分为两个步骤。首先,公开市场业务通过影响非借入准备金水平调节银行体系内的准备金数量或水平,以影响或控制货币供应。但是,在现代经济中,中央银行实施货币政策来改变货币供应的政策手段,唯有通过货币需求的相应变化起作用。因为,货币需求的改变会产生资产组合的非均衡,导致人们重新组合其资产结构,从而引起资产价格和收益率的变化。由此,货币供应的变化会影响市场利率的变动。其次,透过货币市场利率滚动地影响其他金融市场的利率水平,市场利率的变动又会引起总需求的变化。从而将货币政策传导到经济中,以此达到间接地影响货币政策的最终目标。

从均衡分析的角度看,描述货币需求与供应的关系及其运动,是阐述公开市场业务如何间接影响经济的一个重要切入点,货币需求方程式为:

$$M/P = kY - hr \qquad (21-1)$$

式(21-1)中,M/P 为实际货币需求,Y 为收入或 GDP,P 为价格水平,r 为利率;系数 $k > 0$,$h > 0$,系数 k 为衡量货币需求对收入水平反应的敏感程度,系数 h 为衡量货币需求对利率变化反应的敏感程度。这表明,影响货币需求的因素主要为利率 r、收入 Y 和价格水平 P 三个变量。一般而言,货币需求与利率 r 呈反方向变动,与收入 Y 和价格水平 P 呈正方向变动。

此外,货币流通速度的变化也会影响货币需求,由剑桥方程式表示为:

$$M/P = KY \qquad (21-2)$$

式（21-2）中，K 为人们为交易而持有的货币数量比率，P 为价格水平，Y 为收入。而 K = 1/V，V 为流通速度。将式（21-2）代入式（21-1）可得：

$$V = Y/(kY - hr) \tag{21-3}$$

由式（21-3）显示，货币流通速度是实际收入与实际货币需求的比率，是实际收入和利率的函数。如果利率上升会增加持有货币的成本，货币持有者会提高其使用货币的次数，使得货币的周转速度加快，由此也减少了实际货币需求。如果实际收入增加，则会减少货币流通速度。因此，货币流通速度对实际货币需求也有重要影响。

如果假定货币供应等于货币需求，且用 M 同时来代表两者，于是可得：

$$M^d = M^s \tag{21-4}$$

由式（21-4）显示，公开市场业务操作导致货币供应水平发生相应的变化，由于货币供应水平 M 是由中央银行确定的，货币需求的调整必须适应货币供应的变化。如果货币需求大于货币供应，要使货币需求等于货币供应，就必须降低货币需求。我们可以通过降低收入水平和价格水平或提高利率来向下调整货币需求；反之亦然。与价格水平和收入水平相比，由于利率调整得更快一些，因而它在促使货币需求与货币供应相等上所起的作用更为重要。

我们可以用 LM 曲线描述货币需求与货币供应之间的关系及其运动，并获得使货币需求与货币供应相匹配的所有利率 r 和收入 Y 的组合。如果将货币需求方程式（21-1）中的 r 移向左侧，再除以系数 h，可得 LM 曲线的方程式：

$$r = \frac{k}{h}Y - \frac{M}{h \cdot P} \tag{21-5}$$

式（21-5）中，k/h 是 LK 曲线的斜率。当 k 较大而 h 值较小时，既定的收入变化 Y 对利率 r 具有较大的影响，这表明，当 h 较小或趋于零时，货币需求对利率的反应相对不敏感，则 LM 曲线会趋近于垂直。如果 k 很小，则货币需求对收入的反应较不敏感，LK 曲线会趋于平缓。如果 h 值较大，则货币需求对利率的反应较为敏感，斜率 k/h 就较小，LM 曲线会相当平缓或接近水平，利率微小的降低都会引起货币需求的大幅减少，因而只能通过收入的大幅增加来予以弥补。

如果假定货币供应已经确定且固定不变，即为 $\overline{M}$，且价格水平 P 也是既定的，即为 $\overline{P}$。因此，实际货币供应水平 $\overline{M}/P$ 是既定的，与利率水平的变化无关，并以垂直曲线表示。如果假定收入水平和利率水平也是既定的,实际货币供应水平 $\overline{M/P}$ 的增加会促使 LM 曲线右移,促使利率水平降低。在这一利率水平下,收入水平必定上升。反之,实际货币供应水平的减少则会促使 LM 曲线左移,使得利率水平提高。在这一利率水平下,收入水平就必定下降。由此可知实际货币供应 $\overline{M/P}$ 对 LM 曲线具有影响,并对利率也有重大影响。

这表明,中央银行通过公开市场业务操作可以改变实际货币供应水平,引起实际货币需求的变动,使之适应或等于变化了的实际货币供应水平,从而使得货币市场均衡利率做出相应的调整。而利率的调整会引起投资支出和收入的变化。强调利率对投资支出和国民收入的影响,与强调利率对货币需求与货币供应均衡所起的主要作用的理由是一致的。近来由于受到金融创新和放松管制的影响,货币流通速度的不稳定,货币供应与国民收入之间的相关性趋弱,也引起了 IS 曲线的不稳定。因此,中央银行设定产出目标后,为改变 IS 曲线的不稳定,选择利率目标作为货币政策的中介目标和操作目标,通过调整利率水平,来影响 IS 曲线。当货币供应增加时,利率水平会随之下降。随着利率的下降,投资会上升。随着投资支出的增长,国民收入也会通过乘数作用而增加。依据 IS—LM 模型,公开市场业务通过影响或控制货币供应引起 LM 曲线的移动,又会引起 IS 曲线发生相应的移动。由此,可以获得公开市场业务对经济增长影响的传导路径。

由上,我们可以获得中央银行进行公开市场业务对经济增长影响的一般传导机制,即通过公开市场业务来改变实际货币供应水平,使之与实际货币需求一致,以求得货币市场均衡利率的变化,以此影响 LM 曲线的移动,最终引起 IS 曲线的移动,并把这种影响传递到对需求的影响上,并最终影响经济增长。

第二十二章 服务在市场营销中的核心地位刍议

一、市场营销及服务的发展历程

市场营销以服务为核心是时代的需要，我们正处于一个新旧时期转换的阶段。1959年美国社会学家丹尼尔·贝尔首创了"后工业社会"这一词条，针对当时美国社会的变化，提出"主要是生产部门的变化以及由一个产品生产的社会转变为一个服务性的社会"；1988年美国学者哈拉尔根据20世纪末期美国经济和社会的实际发展状况，给出了美国社会发展阶段的分期模式。

所谓服务社会，从西方国家对服务社会公认的定义来看，服务部门创造的价值在GDP中所占比重大于50%。按照该标准，西方世界20世纪50年代就步入了服务社会。1950年美国服务业在其GDP中占55%，1983年美国商务代表办公厅的一份研究报告表明：产品总价值中有3/4是由该部门的服务行为创造的。制造业中生产和制造成本不会超过产品最终价格的20%~30%；周到的服务和完善的送货系统成本却占70%~80%。1996年美国服务业占其GDP的75%以上。同样，欧盟服务业从20世纪70年代以来发展迅速，服务业占其GDP的65%以上；日本家庭的消费支出，1970年物品类消费占73%，服务类消费占27%，到1987年，物品类消费占64%，服务类占36%。进入20世纪90年代，发达国家与地区消费的100美元中50美元是服务消费。这些都说明，在当今世界，服务在发达工业国已不再是次要部门了，它们成为创造社会财富、满足社会需要的中坚力量，成为经济活动的中心。

市场营销学界公认，市场营销产生于20世纪50年代的美国，其后在其他发达国家逐渐扩散。进入50年代，随着世界经济的发展，企业间的竞争也日益激烈，企业经营的观念发生重大变化：原先的生产观念和销售观念逐渐发展到以顾客需要为导向的全新经营理念——营销观念，企业从而真正进入现代营销时期。换一种说法，随着社会的发展和服务竞争的出现，制造商获取和保持竞争优势的方法已经发生了改变。

哈拉尔指出了工业社会与服务社会的差别在于：在工业社会是"人与机器的竞争"，在服务社会则是"人与人的竞争"，进入服务社会，管理者将更加关注企业职员与顾客的关系以及职员之间的关系，这与市场营销的要求恰相吻合。正如1987年戴维斯曾指出，企业向顾客提供的无形产品和服务行为也许正是服务经济中价值创造的主要来源。因此，对生产企业来说，掌握服务的精髓、理解服务产品制造和确立持久竞争地位极为重要。将市场营销的产生过程与哈拉尔给出的美国社会分期模式对照，可以看出市场营销与服务社会的密切关系，可以说，市场营销实际上就是服务社会的产物。

按照哈拉尔的模式，我国目前正处于工业经济向服务经济转型的时期，企业能否把握服务社会竞争的新特点和拓展新的竞争手段，已成为影响我国企业发展的重要因素。

二、服务在市场营销中的作用

先要说明小服务与大服务的概念：所谓小服务是传统的服务概念，这种传统服务业的工作内容明显受产业范围、方式的局限；大服务则是在服务社会才出现的现象，它已突破了产业、方式的限制，成为全社会的一种普遍情况。在服务社会，任一社会部门和社会机构都需要向社会提供相当的服务活动。另外，大服务的目的也不同，它已不再是向顾客提供某些具体的手段，满足于完成顾客所需要的某些具体项目，正如诺曼（1984）指出：服务厂商最典型的特征是，其产出之一是创造了一种新的社会关系，它们必须在公司范围外拓展自身的组织能力。这段话给出了大服务的要旨：它着眼于开拓新的社会关系，且不受企业范围的限制。

从大服务的概念出发，经济学家和管理学家所考虑的焦点问题都可归结为服务问题。制度经济学派认为，企业争夺市场的手段有：①价格竞争，通过价格的差异展开竞争；②非价格竞争，即产品差异、重组分销、广告宣传、售后服务；③政治行动，即游说以争取保护。

按"大服务"的观点，这三类活动都与服务密切相关。价格竞争手段包括优惠金融，将金融归为服务是绝无问题的。在非价格竞争中，售后服务自是不消说；重组分销的目标自然是便于消费者购买，它的任务只是为消费者提供更有效的服务；产品差异，是企业向顾客提供更具针对性的产品，以便更好地服务顾客；广告宣传则是企业对消费者的说服和感染过程，将其认定是创造新的社会关系也不为过。在政治行动中，游说以争取保护的要点当然是创造新的社会关系及在公司范围之外拓展自身的组织能力，这是典型的"宏观服务"能力。

服务在竞争战略中的作用也非常突出。迈克尔·波特在企业竞争战略中指出，企业可以选择的三种战略为总成本领先战略，标新立异（差别化）战略，目标集聚（集中一点）战略。实际上这三种战略可以归并为两种，总成本领先战略和差别化战略，集中一点最后还得归附前两者。总成本领先战略实际上等同于价格竞争手段，它注重用低廉的价格向顾客提供基本服务。所谓差别化战略是企业力争在提供的产品和服务方面标新立异，希望在本产业范围内具有独特性，如设计和品牌形象、技术特点、外观特点、客户服务、经销网络等方面的独特性，它们与非价格竞争手段如出一辙，只是迈克尔·波特分析得更为细致。

服务在市场营销战略中的地位非常重要。对企业在制订市场营销战略时取得竞争优势的途径，菲利普·科特勒提出四种基本方法：产品差别（基本功能、性能、耐用性、可靠性、易修理性、式样、设计）；服务差别（送货、安装、顾客培训、咨询服务、修理、其他）；人员差别（能力、言行举止、可信度、可靠性、可交流性）；企业形象差别（标志、传播媒体、环境）。作为市场营销的专家，菲利普·科特勒将产品差别的定位看作市场营销战略的核心。但菲利普·科特勒所研究的服务还是小服务的概念，利用大服务概念，不难把这四种差别一举包揽，如在产品差别中包含的易修理性等，而人员差别中的诸项要求还是与服务相关。

服务的发展促进了服务营销的出现。由于服务在现代社会中的突出作用，克里斯蒂·格鲁诺斯提出，现今的企业竞争已不同往常，为了表示现今竞争的特点，将其命名为新竞争。新竞争的特点表现为：

（1）顾客已不满于用技术手段解决问题。顾客变得琢磨不透，企业不得不考虑市场的需求，向顾客增加产品或服务的价值。

（2）企业在向顾客增加关系或服务的价值时，与顾客的关系得到了拓展。随着顾客关系范畴的扩大，维护和发展顾客关系的职能不仅仅是营销部门的事，组织中更多部门分担着营销职能。

（3）无论是产品还是服务，技术性措施已不再是市场成功的关键。与顾客关系中的服务因素正成为创造企业竞争优势的主要途径。新竞争的特点要求企业建立一个包括顾客在内的开放系统，一个能够及时收集和处理市场信息的系统，才能及时对市场需求做出反应；营销不仅仅是营销部门或销售部门的事，而应成为每个员工的职责，外部营销与内部营销必须相结合。服务可以使企业与众不同，是实施差别化获取竞争优势的基本条件，服务是在新竞争中成功的钥匙。

从制度经济学的有关论断，经迈克尔·波特的竞争战略、菲利普·科特勒的市场营销战略，至克里斯蒂·格鲁诺斯的服务营销，他们对服务的重视一脉相承。市场营销通过自己的服务活动使社会的经济任务、企业的竞争战略最终得以落实。市场营销战略以服务作为基本手段以及"专业性"的服务营销，共同说明了服务在市场营销中的地位。

三、产品概念的发展历程

在市场营销理论中，产品整体概念的形成与服务的重要性密切相关，与服务社会的要求一致，这促进了市场营销观念的转变和发展。

从产品的整体概念来看，产品由三个层次构成，按人们对它们的认识次序依次为：

（1）有形产品。它是产品的物质实体以及能被消费者感知的部分（产品质量、商标、包装、款式、价格），是产品的基础。

（2）附加产品。它是营销者为客户提供的附加服务和附加利益，包括维修、安装、培训、送货、担保等，是企业在营销过程中逐渐把握购买者整体消费系统的结果。重视附加产品的作用，一方面为消费者带来附加利益，另一方面帮助企业完善和开发产品。

（3）核心产品。它是产品提供给消费者的基本效用，是产品概念中最深层、最难以琢磨的部分，是企业营销活动的基础，也是企业营销活动能力的标志。

发展中国家企业与发达国家企业的一个重要差别是，发展中国家企业大都只重视有形产品，而发达国家企业具有产品的整体概念，因此，发达国家具有较强的市场营销能力和市场开拓能力。附加产品概念明显与小服务的概念相合。附加值这一概念已为发展中国家所熟知，只是不了解它的来源。附加产品这一名称明确告诉我们附加值的来源是服务。都说中国产品的附加值太低，原因就在于大多数中国企业无视服务的重要性。

更应当引起我们注意的是核心产品的概念。由于任何具体产品都是消费者完成消费活动的可行手段，受经济和技术条件的限制，这一具体手段总具有"不完备性"，因此，任何消费行为无可避免地带有"缺限性"。在服务社会尚未出现之时，向消费者奉上了附加产品，以弥补消费者的缺憾。因此，莱维特强调："新竞争并不在于各家公司在其工厂生产什么，而在于能为其产品增加些什么内容——诸如包装、服务、广告、顾客咨询、融资、送货、仓储，以及人们重视的其他价值"。

现在我们提出的问题是，附加产品凭什么来确定？答案是把握核心产品。核心产品往往与有形产品相距甚远，似乎虚无缥缈，但它是一个重要的指示器，没有它，附加产品便无法生成。企业把握的核心产品越抽象，与有形产品相距越远，企业拉开的空间也就越大，附加产品的内容就越丰富。当年，作为一个"追赶型"的民族，日本企业成功的一个重要原因就是认真把握核心产品。通过了解核心产品，日本企业把握了顾客的真正需求，从而为企业不断开拓和提高服务范围、质量提供了基本依据，占据了市场发展的主动权。核心产品是现代市场营销的基点，就是因为它给企业的服务发展提供了基本方向，并且可以弥补企业在资金和技术方面相对落后的缺陷。

目前，菲利普·科特勒已经把产品的三层次概念发展成五层次，从里到外依次是核心产品、一般产品、期望产品、附加产品和潜在产品。但我们仍然认为，三层次的概念更值得我们深思。它开启的是一个新的时代，明确了市场营销的生成环境：①服务社会，它给我们指出了市场营销发展的基本方向；②重视服务，它告诉我们发展市场营销的主要手段；③服务，企业通过实施服务战略，即提供一系列服务促进顾客关系，其核心是把服务融入产品。服务成为产品不可分割的一部分，企业的竞争力体现在为顾客提供的服务水平上。

第二十三章　西方跨期消费理论和刺激内需的几点政策性建议

为刺激内需，我国在短期内连续七次下调银行存贷款利率，并且开征利息所得税。这种为刺激内需、激活市场的宏观调控力度，在世界上也是不多见的。但现实情况是银行存款不见减少，居民消费依然不涨。原因固然有很多，但有一点是我们目前尤其要重视的，即我国居民对未来预期收入的不确定性降低了当期的消费水平。

根据西方经济学中的跨期消费理论，人们当期的消费水平不仅受到当期收入水平的影响，更重要的还受到人们对未来收入预期的影响。当前收入水平高，但未来预期收入水平低，人们就会减少当期消费，增加储蓄，以备未来之需；反之，当期收入水平低，而未来预期收入水平高，人们可能增加当期消费。

随着我国经济体制改革的深入，经济市场化程度的不断加强，出现了两大制约内需扩张的约束性因素。首先，我国经济体制改革正进入攻坚阶段，住房制度、教育制度、医疗保险制度等均面临改革，对未来收入的预期较为保守，甚至悲观。其次，随着市场体制的建立，经济市场化的程度越来越高，为实现利润最大化，企业追求资源配置的最优化已是必然选择。这样，势必会对社会尤其是冗员较多的国有企业造成较大的失业压力，客观上造成了相当一部分人当前实际收入水平下降。这两大约束因素确定了我国目前"高失业、低通胀"的经济紧缩特征。

西方跨期消费理论把人的一生分为几个阶段，提出了"生命周期理论"，认为一个具体时期的消费取决于人们对一生收入的预期，而不取决于当期的收入。人的一生有两个动用储蓄的时期，即青壮年和老年。人们在青壮年储蓄是为了自己养老和抚育后代，在老年时期没有劳动收入，动用以前的储蓄进行消费。西方经济学家通过实证分析发现，西方老年家庭在任一时期消费财富的比例大于年轻家庭，因为年轻家庭要为未来养老和抚养子女而储蓄，但同时又发现，许多老年家庭并没有大量消费，而是将财产留给了后代。

尽管我国某些城市已步入老年化，老年人在人口结构中的比例不断增加，但我国老年人的消费水平较低，这也是我国目前消费不振的原因之一。我国老年人的消费水平较低的原因比较复杂。首先，我国老年人的传统思想根深蒂固，勤俭持家，贴补子女相当普遍。其次，由于历史方面的原因，目前多数老年人一生的收入就目前消费水平而言并不高，他们不可能在晚年大幅度增加消费。再次，由于我国目前存在提前退休制度，青壮年时期的收入水平和储蓄水平有限，大大限制了老年时期动用以往储蓄的消费水平。最后，从人口结构和收入结构来看，由于青年人目前收入水平普遍提高，而老年人过去的收入水平普遍较低，导致了青壮年的总体储蓄水平高于老年人过去的储蓄水平，这样进一步导致了社会的总储蓄水平有增无减。由于西方的跨期消费理论进行跨时期消费分析，因此，十分重视时间因素、利率因素对人们消费决策的影响。该理论认为，利率提高以后，会产生两种效应，一种是替代效应，另一种是收入效应。就替代效应而言，由于利率提高后，会提高目前消费的价格，即相对于未来消费而言的机会成本，因此，会降低目前的消费，而增加储蓄；利率提高后的收入效应就比较复杂。若家庭是净贷方，利率提高后，预期的未来收入会增加，因此，会减少目前的储蓄而增加今后的消费；而当某一家庭是净借方，利率提高后，预期的未来收入将减少，支出将增加，因此，会减少当前消费，增加储蓄，即对当期消费水平产生负向反应。

由于受传统文化的影响，我国多数家庭为净贷方家庭，即多数家庭在银行有储蓄，对净贷方家庭而言，利率一旦降低，这些家庭对未来收入的预期也随之降低，这样，由于收入效应的作用，人们反而会减少目前的消费，增加储蓄，以防患于未来。尽管利率降低的替代效应对我国居民也有一定影响，但由于文化经济方面的原因，效果并不明显。

跨期消费理论还谈到了流动性约束问题。所谓流动性约束，可以定义为某些人无能力为未来收入作担保而取得贷款。如大学新生尽管其对未来收入的预期十分乐观，他有可能申请到助学贷款，但他不可能申请到其他贷款，即使他的预期收入能保证他拥有一套"豪宅"，金融机构也不会以他未来预期收入作为抵押进行贷款。对这些人来说，消费是由目前的可支配收入决定的，而不是由他一生的财富所决定。

就我国而言,由于消费信贷市场不发达,流动性约束相当普遍,这也是导致目前消费水平较低的重要因素。

跨期消费理论对我国目前引导消费、激活内需有一定的现实意义,我们从中至少可以获得以下几点政策性启示:

第一,必须加快住房制度、就业制度、教育制度和社会保险制度的完善与改革,建立完善的社会保障体系,以提高人们对未来收入的预期,降低对未来支出的预期,从而提高目前的消费水平。

第二,必须大力发展消费信贷,让更多人摆脱所谓的流动性约束。目前,针对市场新出现的消费热点,可重点发展住房、汽车、教育等方面的消费信贷。

第三,必须大力发展服务于老年人的银发市场。拓展银发市场一方面是满足社会步入老龄化社会的需要;另一方面也是为老年人动用过去的储蓄、进行现期消费提供机会。老年大学、老年养生、老年公寓均有一定的市场。

第四,大力发展证券市场。发展证券市场的目的不仅在于增加人们的投资渠道,减少储蓄,而且在于增加人们的跨期预算约束,增加人们对未来的预期。

第五,在经济体制改革中应注意到政策的稳定性和连续性,政府对经济环境的变化要有一定的超前预见性和反应性。这些稳定性、连续性、预见性和反应性均会对人们未来收入的预期产生积极影响。

第六,开征遗产税、储蓄税。我国已经开征储蓄税,这必将对刺激内需产生良好影响,同时应尽早开征遗产税,以减少老年人的收入通过遗产的形式转让给后代,从而刺激当期消费。

第二十四章　我国合资企业跨文化差异解析

跨文化差异是指不同国家、民族间文化的差别。不同民族的文化都有其独特性、延续性和非物质性。各个民族间的语言、传统、性格和生活方式不尽相同，每个国家都有着与自己政体相适应的物质文化、社会文化和精神文化。从企业外部文化来说，海外子公司的生产经营必须适应东道国的法律、法规。从企业内部文化来说，人是企业的核心要素，内部文化的差异主要表现在对"人"的管理上。这里的"人"主要包括消费者、一般员工和管理者。在不同的文化背景下，消费者有着不同的消费需求和购买动机；员工有着不同的工作态度和追求；管理者有着不同的管理方法和技巧，三者又有着不同的语言、教育、宗教信仰等。如何在这三者之间进行有效的沟通、协调和管理，直接影响企业的前途和命运。

一、跨文化差异对企业经营管理的影响

（一）市场机会损失和组织机构的低效率

由于人们的价值取向不同，必然导致不同文化背景的人采取不同的行为方式，而同一企业内部便会产生文化冲突。随着合资企业经营区位和员工国籍的多元化，这种日益增多的文化冲突就会表现在公司的内部管理和外部经营。在内部管理上，人们不同的价值观、不同的生活目标和行为规范必然导致管理费用的增加，增加组织协调的难度，甚至造成组织机构低效率运转。在外部经营中，文化冲突使合资企业不能以积极和高效的组织形象去迎接市场竞争，往往在竞争中处于被动地位，甚至丧失许多大好的市场机会。

（二）跨国经营企业全球战略的实施陷入困境

从一般的市场战略、资源战略向全球战略的转变，是国际企业在世界范围内提高经济效益、增强全球竞争力的重要步骤。全球战略是合资企业发展到高级阶

段的产物。它对合资企业的经营管理提出了更高的要求。为保证全球战略的实施,合资企业必须具有相当的规模,以全球性的组织机构和科学的管理体系作为载体。但是,目前大多数合资企业的组织机构,由于文化冲突和缺乏集体意识,导致组织程序紊乱,信息阻塞,各部门职责不分,相互争夺地盘,从而造成合资企业结构复杂,运转不灵,反应迟钝,大大不利于全球战略的实施。

(三) 外部经营环境日趋复杂

由于语言文字、风俗习惯、价值观念等文化差异,合资企业的外部经营环境变得异常复杂。外部经营环境对合资企业的影响主要表现在以下几个方面:首先,不同国家的政治、经济体制有所不同,这将直接影响跨国经营企业的行为规范。政局是否稳定,经济政策是否有利和连续,政府对市场的干预程度如何,政府信誉怎样,这些非经营风险成本在一定程度上制约着跨国经营企业的发展。其次,不同国家的法律文化有所不同。跨国经营企业必须在东道国既定法律制度下,才能从事生产经营活动,并通过法律途径解决各种商业纠纷,不同国家对待合约的态度、履约的严肃性与灵活性以及仲裁方式和手段方面的差异越大,跨国经营企业的经营成本越大。最后,不同国家的社会、文化因素也影响着跨国经营企业的经营管理,处理不慎,将会导致商业合作各方误解,甚至导致商务活动失败。

二、我国合资企业跨文化差异

(一) 企业内部应建立起具有共同价值观的企业文化

合资企业应采取强有力的措施,有步骤地建立起既具有本企业特色,又能适应环境的新型企业文化。塑造企业文化,要以实现中外文化的融合为宗旨,充分把握好不同文化的共性和个性、优势和劣势,吸收双方文化的精髓,做到取长补短、共同吸收、开创特色,注重与企业的实际相结合,形成具有本企业特色的由生产经营、技术、产品、组织和管理等多方面组成的整体文化。同时,一方面,加强企业"硬"件方面的建设,如企业制度、员工生活、工作环境、娱乐条件等;另一方面,要加强"软"件方面的建设,如培养员工的责任感和归属感、创建良好的企业形象、塑造优秀企业精神等。

(二) 立足长期利益,不损害我国利益,努力实现"双赢"

一是长远的投资使用战略。不论企业来自哪个国家、地区,在其决定建立合资企业时,必然有它自己的目的和动机,而只有当双方出于其共同利益的考虑制定出长期投资发展战略时，才会表现出足够的合作诚意和长远打算，进而提高缩小彼此间文化差异的积极性和主动性。二是实现真正的两权分离。目前一些中外合资企业表面上看是按照国际惯例实行了董事会领导下的总经理负责制，但实质上合资企业中的正、副总经理经营管理行为在很大程度上受制于双方投资主体，其中中方经理人员还要受到中方行政主管部门的制约和控制，因而他们工作的首要任务是贯彻各自上级的指示、意图，而将合资企业自身的经营目标和利益置于其后，这就大大限制了经理人员缩小企业内文化差异，搞好跨文化管理的积极性和自觉性。中外合资企业要想有效解决文化差异，就必须真正实现两权分离，实施实际意义上的董事会领导下的总经理负责制。

（三）积极进行跨文化沟通与协调

我国合资企业可以采取以下跨文化沟通和协调的方式：

第一，企业内确定一种通用语言以利于直接沟通，同时注重精选高素质的翻译人员，以减少误解。

第二，通过制定一些行为规范，强调交流中双方应敞开心扉、坦诚表白，不相互抱有戒心，也不回避与对方的不同观点，并尽可能用最简洁明确的语言或符号表达真实意思，以降低信息含蓄度。

第三，多使用任务单、备忘录、检测表、黑板报、公司简报和广播等方式，简洁、快速、准确地传递信息。

第四，设立"员工信箱"，员工可将任何意见或建议投入信箱，以实现下情上传，员工畅所欲言。

第五，定期或不定期举办中外合作问题研讨会，就某些问题进行交流并达成共识。参加人员除了各级经理主管外，还应有各类员工代表。

第六，提倡不同文化者之间的友谊与交往，经常组织不同形式、不同层次和规模的联谊活动，以促进相互了解与沟通。

（四）注重跨文化人力资源管理，积极实现管理本土化

本土化的实质是跨国公司将生产、营销、管理、人事等经营诸方面全方位融入东道国经济中的过程，也是在承担东道国公民责任，并将企业文化融入和根植于当地文化的过程。本土化有利于跨国公司降低海外派遣人员和跨国经营的高昂费用、与当地社会文化融合、减少当地社会对外来资本的危机情绪，有利于东道国经济安全、增加就业机会、管理变革，加速与国际接轨。

第二十五章 寻租与制度建构分析

一、问题的提出

寻租理论源于公共选择学派的探索,并为国际贸易学派、芝加哥学派的引申和发展。寻租理论中的"租"并非等同于房租或地租,而是一种经济"租",其历经了从亚当·斯密到马歇尔,直至当代有关学者所进行的概念的拓宽和变迁,现在一般把租金定义为由于不同体制、权力和组织设置而获得的额外收益。寻租的根源在于政府的行政管制,其研究重点也就在于考察由于竞相通过政府来影响收入和财富的分配,而造成的资源的极大浪费。因此,寻租理论在经济制度、公共管理、国际贸易等领域有重要应用,成为分析这些问题有力的理论工具。

寻租一词,作为具有特定意义的术语,它的基本内涵就是"寻求直接的非生产利润"(DUP)。自从巴格瓦蒂 1982 年提出"直接非生产性寻利活动"以来,在寻租文献中,直接非生产性寻利或寻求额外收益的概念,便成了学者们的共同用语。活动的定义,是通过从事直接非生产性活动而获得利润的方法,"直接"在于直接产生于权力而不是借助于生产过程,"非生产性"在于这些活动产生金钱收益,但并不生产包括正常效用函数中的产品与服务,也不生产投入这些产品与服务生产的投入品。它不能扩大社会生产规模,甚至还会因垄断而缩小生产规模,它所争夺的是现有的生产利润。当人们追求既得的社会经济利益时,其活动的性质就变成了"寻租"。这类活动的特性是,虽然它们消耗实际资源,且盈利甚高,但却与产出毫无关系。从这个意义上说,偷盗、抢劫作为对财产所有权的直接侵犯,可以算是最原始的寻求对社会既得利益实行现分配的寻租活动了(零和博弈)。现代社会中更为常见的,也更为高级的寻租方式,则是利用政府的行政、法律手段,来维护既得经济利益或是对既有经济利益进行再分配。

根据西方经济学的寻租理论，追求利润最大化的资本家愿意投入资源获得政府的垄断性保护。特别是当这种投入违规时，以行贿为主要特征的寻租行为便产生了，于是就形成了对政府公共管理权力腐败的需求。在西方，寻租理论讨论的主要是与产品垄断相关的权力腐败，而目前中国出现的权力寻租范围要宽泛得多，这主要是因为政府的控制权深入到中国经济生活的各个领域。

不管寻租的具体行为载体是行政审批权还是资源配置权，其寻租机理是一致的，即不完善的制度约束与制度正义的缺失。在经济转轨与制度变迁过程中，经济作为因制度规范的存在而具备了一定的活动界限与维度，正常的社会秩序得以维持。然而，非完善的制度约束外生的寻租行为，有时却能产生扭曲的、非正义的制度，这种非正义的制度不仅不能有效约束寻租人的不正当行为，甚至还会产生严重的社会危害。因此，树立制度正义以及探寻制约寻租的实施机制，便成为本章的重要论题。

二、寻租产生的原因分析

按照寻租理论的解释，政府主动创租的行为源于权力持有者的"经济人"本性。我们认为"经济人"并非理论假说，而是一个简单而又基本的事实，古往今来，人们的社会联系正是出于自身利益的考虑，并形成一定的利益关系和矛盾。马克思讲"只有利己主义的个人才是现实的人，人们为之奋斗的一切，都与利益有关"。英国著名学者约翰·洛克也认为，所有的人必定总是被追求个人幸福或快乐的欲望所驱使，专一而恒常地追求自己的幸福，是人的本性。政治人被假定为选票的最大化者——正像厂商被看作是利润最大化者一样。由于利益制约是对人类行为的最大制约形式，政治市场上的政治人必然仿效经济市场上的经济人行为，以经济人的面目出现。我们很难指望政治人一旦当选，就会改变原有的偏好体系、行为动机和行为方式，把公共政策建立在仔细权衡社会成本和社会收益的基础上。根据马斯洛的需求层次理论：人是有需求的动物，其需求取决于他想得到的东西，只有尚未满足的需求才能影响行动；人的需求是有层次的，一旦某种需求得到满足，又会出现另一种需要满足的需求，相对于无限的需求而言，每个人用于满足的手段或资源是有限的，这种需求的无限性与手段的有限性之间的矛盾就是寻租产生的最根本原因，即寻求租金的最基本动力来源于无限需求与有限手段的矛盾。

官僚专制体制是寻租产生的深层诱因,依照寻租理论的研究,我国久已是一个庞大的寻租社会,官僚政治体制是支撑这个社会里各种寻租行为的柱石。我国的官僚政治起源于秦朝,经过2000多年的历史沿袭与发展,直至新中国成立,这种体制的特点是中央集权,由中央任令各部门和地方官员来管理国家和地方的事务。因此,各种官员对资源的配置拥有了决定权,从管制商业和高利贷事业,直到管制盐、铁、油、布,从而管制整个生产和流通过程。专制的政体、完全控制的体制,为官员凭借政治权力谋取私利提供了巨大的制度空间,从此升官和发财紧密联系在一起,成为一条获取财富的捷径。在中国的官僚政治体制下,始终把政治作为达成经济目的的手段,而这种倾向就是直通寻租之路的桥梁。官僚专制的体制至新中国成立之后宣布消亡,但作为一种延续2000多年的体制残余,并未完全消失,仍影响着当今的政治、经济生活。因此对治理我国权力寻租问题的严重性与长期性应有一个充分认识,而且即使专制体制趋于消亡,其弱化形式管理体制的存在也会滋生寻租现象。

在我国现阶段,法治尚未形成,对政府的各项制约措施得不到有效实施,加上经济竞争的秩序尚未形成,企业都希望获得更大的市场份额,寻租现象的滋生有着较大的制度空间。有学者认为,如今寻租的普遍性与中国历史上的"贪渎文化"有紧密联系,且不论其合理性有多大,寻租作为明显的败德行为,游离于制度的边缘,侵蚀着制度正义却是事实。没有企业会认为全凭实力就能在市场中立于不败之地,并且大多数企业都会认为,既然"大家都这么做",我参与自然无可厚非。正因为如此,寻租行为的大量滋长,在我国很少遭到文化上的反抗。在一些企业的招聘广告里,公开出现这样的词句:与政府部门有良好关系者优先录用。这意味着无论是国有企业还是私有企业,甚至外资企业,都认为其经济活动会因为拒绝寻租而受阻。

非完善的制度约束是寻租产生的制度温床,是人们制定出来以规范政治、经济与社会相互关系的约束条件,直接界定权利与义务的分配。

作为经济制度核心内容的产权制度,具有决定收入与财富的分配和行为信号与诱导激励机制两方面的作用。在我国的经济转轨期,由于产权制度的不完善与产权的不明晰,使得大量国有资产流失到了一些投机钻营分子手中,国家与劳动人民本应享有的成果被剥夺了,财富分配被扭曲,劳动者的积极性被严重挫伤。

产权的不完善与不明晰尚且会造成如此严重的后果，试想：如果产权制度不正义（例如通过制度规定把甲本应得的分配给了乙），后果将如何呢？如果法律制度不正义，社会政治、经济、文化状况又会如何呢？政府的作用在于制定法律，维护市场秩序；政府也可以重新定义或分配产权。但是采用后者时，政府要采取慎重态度，因为用行政手段改变产权，会诱使相关的个人和利益集团采取寻租行为影响政府的决策，从而造成社会资源的浪费，采用法律形式界定产权，会最大限度地减少寻租与腐败行为。因为如果某个人或团体花费成本去游说立法机构制定出有利于自己的法律规定，这项法律同时也会给相关的人或团体带来好处，从而使自己的收益减少，即使同一利益共同体中也可能出现某人未付代价而得益的"搭便车"行为，这种集体行动会导致无人寻租。我国改革中出现的寻租与腐败现象，就是因为政府在重新界定产权的过程中，以行政而非法律手段来进行。改革的目标是市场化取向，即逐渐削弱市场中的行政行为，而为达到目标，政府的行政控制又被作为一种有效的工具，因此，以行政的手段去消除经济中的某些行政行为，这是出现在我国经济体度改革中的一个悖论。制度变迁中的寻租与腐败会随着改革深化而减少，但对其的治理不能掉以轻心。

寻租行为的扩张降低了现代经济的绩效。公共选择学派经济学家布坎南对寻租产生的经济危害，做了较为科学的分析：①如果人们试图通过政治活动获取应通过市场活动获取的经济利益，对政府利益的需求就会不断增加；②为满足寻租需求所需要的高税率会抑制生产性活动，并减少产生政府收入的税基；③当公民保护自己，以免政府将其收入拿去用于使特殊利益集团获益时，逃漏税行为会越来越普遍；④当人们越来越认识到，游说和政治活动比从事市场活动更有利可图时，就会使资源脱离生产性用途，降低生产部门的效率，政府支出增加与税基缩小的结合，已造成了巨额的政府预算赤字。

三、制约寻租的制度建构

在西方经济学中，制度被赋予了一种非常广泛的含义。按照诺思的定义，制度是使财产最大化而做出的契约安排。我们理解制度是一种行为约束，它包含着人们之间的契约关系，是人们利益关系的反映。具体包括：体现制度的规章、程序、裁决等。制度是一个相互联系的由各约束因素构成的系统工程，其内容十分复杂而广泛。

我国的改革可以看作是由计划体制向市场体制转型的制度变迁过程，是渐进式的改革，即先在旧体制的边际上发展新体制，再去突破旧体制的最后堡垒。其中出现了大量的寻租空间，它是在政府管制逐渐收缩的情况下出现的，制约这一问题的着眼点仍然在于对政府作用及其行为的界定。依照公共选择学派者的"寻租理论"，行政权力对市场的干预和管制是寻租的根源。因此，抑制寻租必须从制度或体制创新方面入手，消除寻租产生的土壤和条件，这就要求我们在加快市场体制形成、实现经济转型、推进政治—行政体制改革的同时，形成一整套制约行政权力的行政法规和办事制度，建立起一个灵活、高效、廉洁的政府管理体制。

重新审视现有的各项制度和政策，纠正和弥补其可能产生租金空间的缺陷。由于我国改革过程基本上是一种"摸着石头过河"的运作思路，政策出台缺乏整体思考和系统配套，加之旧体制的影响以及在制定和实施政策过程中受到"经济人"思想的左右。各项制度和政策本身难免会存在租金空间，甚至主动设租。因此，我们必须对现有的各项制度和政策做科学的可行性研究，充分考虑每一项制度和政策之间的相关性，力求增加制度的整体性和政策的系统性，减少介入市场进行寻租活动的可能性，甚至在政策设计中增加"寻租高额成本性"条款，将制度"锁定"在正常供给的空间，不给寻租留下政策空隙。

（1）在政府机构中引入竞争机制，用市场的力量来改进政府的工作效率。例如，政府的某些活动如许可证、牌照的发放可以采用拍卖的方式；可将某些公共物品及服务的生产和供应委托给市场，或同一种物品及服务可由几个公共部门来提供形成竞争；合同承包使某些具体公共服务的供给过程按照市场逻辑运作，其实质在于政府通过合同的形式在公共领域中引入市场机制，通过投标者的竞争和制约行为完成公共服务提供的市场化。

（2）加强政府行为法制化建设，尽快实现依法行政、依法治国。公共选择学者强调立宪改革，注重宪法、法律和制度建设，尤其是公共决策规则的改革，这具有合理性。市场经济是法制经济，现代社会是法制社会；市场经济秩序的确立、运行，必须靠制度来保证，政府决策和管理活动也必须靠法律来规范。因此，在转轨时期，必须加强法制建设，重视制度规则的选择和创新，尤其是将政府的公共决策和行政管理纳入法制化轨道，改善公共决策系统，提高政府行为质量，加强行政立法和行政执法，依法约束政府行为，将政府机构规模、人员及经费开支的数量,以法律的形式固定下来,实现政府管理过程的程序化,提高依法行政水平。

(3) 建构负责任的制度正义体系。将道德和价值观融入法律、规则、制度和官僚机构,这是建构正义制度的可能途径。符合道德规范的行为不可能在孤立的情况下形成并得以有效维持。由制度伦理所表现出来的内部控制必须在总体上与组织结构、组织文化和社会期待一致,这些是设计符合制度正义的关键因素。我们可以借鉴美国公共管理学家库珀关于负责任行为的构成要素的构想。

只有被深深内化的一系列个人道德品质才能够保证既与组织目标保持和谐,又能与民主社会中的公民义务保持一致。这些个人道德品质还是政府机构有效运转的必备条件。

必不可少的组织制度有助于形成各方面的行政责任。思考组织制度和政府行为关系的重要性在于:既有必要保护个人伦理的自主性,又要对自己的行为提供合法性解释。这就要求我们采取一种可能的途径,强调组织层面的道德,并探讨什么是鼓励道德行为的组织制度维度,什么是挫败道德行为的组织制度维度。

在组织文化中,负责任的行政领导应该是能够根据自己所信奉的价值观而采取行动,并让行动与价值观相一致,负责任的领导应树立积极的组织理论准则,树立职员对其领导的信任。

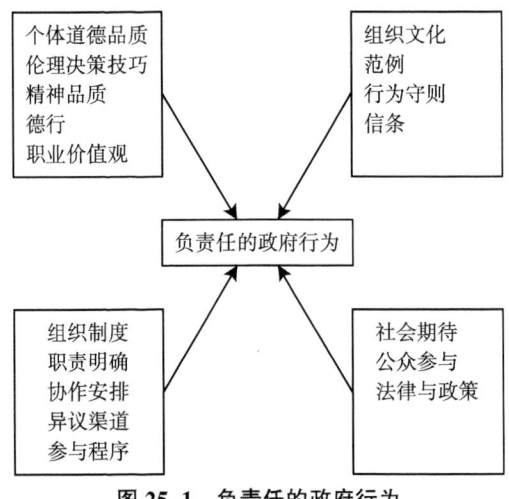

图 25-1 负责任的政府行为

要获得负责任的政府行为,就必须承认公民权的首要性。官僚的个人品质必须有助于对民主制度下的公民负责,其途径是让公民参与和尊重法律,组织制度必须为公民参与提供渠道。

探寻制约寻租的制度建构,是制度变迁过程中有益的并值得进一步研究的问题,这也是本章的意义所在。我们分析、探讨寻租与制度的关系,并非否定政府在市场经济中的必要作用,而是希望政府能进一步履行其社会经济职能。

第二十六章　跨国公司对华并购现状、趋势、影响及对策分析

兼并是指射手公司通过有偿转让方式获得目标公司的资产，目标公司丧失法人地位的一种经济行为。收购是指射手公司通过持有目标公司股份获得目标公司控制权的一种经济行为，当射手公司获得目标企业全部股权后取消其法人资格，收购则转化为兼并。由于兼并和收购都是企业产权交易的经济行为，所以经济学上常将其简称为并购。

一、跨国公司对华并购的现状分析

随着经济全球化的发展，跨国公司对外直接投资已成为世界经济增长与发展的重要推动力量，其中，跨国并购已成为扩大直接投资最主要的方式。从全球角度看，跨国并购总额占直接投资的比率已高达85%。在中国，外商直接投资的主要方式是新建投资，跨国并购所占比率大约为6%，与我国利用外资的总体规模不符。

目前，大多数世界500强企业已来中国投资，涉及的范围主要有电子通信设备、电器设备制造业、仪器仪表、医药工业、化学化工等。原国家统计局局长李德水在2006年3月4日召开的政协经济组联席会上，做了题为《继续积极有效利用外资　不断提高对外开放水平》的发言："必须绝对控股、必须是行业龙头企业、预期收益必须超过15%，这三个'必须'是一些跨国公司目前在华并购战略的基本要求。"由此我们可以看出，跨国公司并购中国行业龙头企业的案例越来越多，例如，1999年南孚电池有限公司在南平市政府吸引外资政策要求下与国外投资公司组建合资企业，2003年南孚被吉列收购成功；2001年2月美国艾默生公司收购华为安圣电气；2006年2月比利时英博啤酒集团收购雪津啤酒；2007年9月新加坡航空和淡马锡控股收购中国东方航空公司24%的股权。

二、跨国公司对华并购的趋势分析

随着我国经济的持续增长、改革开放的不断深入、并购法律法规的不断健全以及加入WTO后有关承诺期限越来越近，跨国公司对华并购将呈现出快速增长的趋势，原因主要有以下三点：

（1）跨国公司对华并购活动的开展与中国的经济体制改革息息相关。国有企业改革需要大量资金，仅依靠国内筹集是远远不够的，而通过跨国公司并购、重组是当前背景下最有效的方式。

（2）丰富廉价的劳动力、巨大的潜在市场以及我国在亚洲经济地位的上升是吸引过剩资本进入我国、加大对华并购力度的巨大动力。

（3）随着我国逐步开放商业、公有事业、金融业、汽车行业等领域，对外资有着更强烈的吸引力。

跨国公司对华并购的总体趋势可概括为，并购规模越来越大，金额越来越多，超过1亿美元的案例越来越多，例如，2000年荷兰皇家壳牌集团出资4.3亿美元收购中石化股票；并购行业逐步由电子通信设备、化学化工等制造业向金融业、商业等服务业过渡，这主要依赖于我国服务业的逐渐开放；并购形式由合资、合营逐步向独资控股转移，对控制权的要求更加强烈，如2001年阿尔卡特以"50%+1"的绝对股权控制上海贝尔；并购活动由单一、零散的并购向系统、整体的并购过渡，如法国达能先后拥有娃哈哈51%的股权、深圳益力54.2%的股权、乐百氏92%的股权、上海梅林正广和饮用水50%的股权等。

三、跨国公司对华并购的影响分析

跨国公司对华并购好比一把"双刃剑"，对我国经济发展既有正面影响也有负面影响，下面一一述之。

（一）正面影响

1. 吸引外资，弥补国内资金不足

据统计，目前我国国有企业大约40万家，对其进行改革至少需要3万亿元资金。这笔资金仅靠在国内筹集是不现实的，而跨国公司的资本注入不失为一上策，外国资本的注入可突破资金"瓶颈"问题，促进企业长远发展。

2. 引进先进技术及管理经验

跨国公司经济实力强大、财力雄厚，拥有强大的研发、创新能力和先进的管理能力。跨国公司为获得最大利润，必然会向目标企业导入先进的技术和管理经验。此外，跨国公司对华并购可发挥其技术转移效应和扩散效应，为我国培养优秀的技术人员和管理人员，提高我国人力资源的整体素质水平。

3. 促进产业结构调整、升级及优化

当前，我国部分行业的市场集中度低、企业分布较散，不能较好地发挥企业规模效应，致使企业的经济效率低下。跨国公司对华并购可导致企业规模扩大、生产要素重新合理配置、资源得到优化，还能重新建立行业的进入与退出壁垒，有助于产业结构调整及升级。另外，外资进入国有企业，有利于政府从国有企业的经营管理中退出来，更好地解决"政企不分"这一问题。而且并购促进了我国金融、财经、投资等领域的改革和完善。

4. 提高我国企业的竞争力

跨国公司对华并购行为会导入国际经济通行的规则和惯例，树立企业在市场经济中营运的样板，有利于我国建立现代企业制度、完善市场机制，有利于提高我国企业在市场机制下的运营能力和竞争力。

(二) 负面影响

1. 易形成垄断，不利于市场的竞争

企业的天性是追求利润，若某一企业在行业中处于垄断地位，则可获得高于正常利润的垄断利润。跨国公司对华并购活动本身就具有追求垄断利润的天性。通过横向并购，射手公司获得规模经济、提高市场占有率和加强行业集中度。通过纵向并购，控制大量关键原材料、销售渠道，有力地控制竞争对手的活动，提高企业所在领域的进入壁垒和企业的差异化优势。不管是哪种并购形式，都会造成市场垄断，挤占原本属于国内企业的市场份额。

2. 导致国有资产流失

跨国并购本质上属于产权交易行为。我国的产权市场还未发育完全，不能很好地发挥正确评估资产的作用。在资产评估过程中，我国企业资产往往被低估，不能正确反映其价值。另外，一些地方政府在招商引资过程中只顾地方利益和眼前利益，而未考虑到国家利益，急于引资，在并购协议中给予过多的优惠待遇，也加剧了国有资产的流失。

3. 导致民族品牌流失、自主研发能力下降

近年来，我国很多品牌逐渐消失，取而代之的是跨国公司自有的品牌。品牌作为一种无形资产，是一个企业乃至一个国家巨大的财富，民族品牌的流失不利于我国企业的长远发展。另外，并购后，跨国公司一般会利用其研发机构来提供技术支持，同时取消我国企业的研发机构，长此下去，我国的自主研发能力必会大大下降。

4. 存在投机性的跨国并购行为

一些投资公司的并购行为并非出于长期经营企业的目的，而是通过先买入后卖出目标企业的方式来牟取买卖差价。投机行为的存在会干扰市场的正常运行，加剧市场的不稳定性。

5. 外资投向与我国产业政策及国有企业改革目标错位

我国吸引外资的主要目的是重组那些经营不善、管理落后的亏损企业，而跨国公司则青睐于经济效益好、处于行业龙头地位的企业，跨国公司的这种行为偏离了我国吸引外资的初衷。

6. 削弱国家宏观调控力度，威胁国家经济安全

某些跨国公司已在我国部分行业形成寡头垄断和独家垄断局面，如柯达在整个胶卷市场上的份额已达80%以上。跨国公司总部会根据其全球战略来统一规划其中国子公司的行为，这种规划可能背离我国行业总体规划，削弱国家有关方面的宏观调控力度。

四、应对跨国公司对华并购的对策分析

跨国公司对华并购行为对我国既有正面影响也有负面影响，我国要积极采取各项对策来发挥其正面作用，避免其负面影响。

1. 建立完善的法规体系规范跨国并购行为，加大监管跨国并购行为的力度

《中华人民共和国反垄断法》已由中华人民共和国第十届全国人民代表大会常务委员会第二十九次会议于2007年8月30日通过，自2008年8月1日起施行。它的出台填补了我国在此项立法上的空白，使得我国政府对于一些跨国公司在对华并购中的恶意串通、绿色讹诈等行为的处罚有法可依、有理可据。

2008年9月18日，可口可乐公司向商务部递交了收购汇源的申报材料，此后多次根据商务部要求对申报材料进行了补充。之后，商务部通过评估果汁产业

发展走向并结合本国产业政策，做出了裁决并于 2009 年 3 月 18 日发布公告，正式否决了可口可乐公司收购中国汇源果汁集团有限公司的申请。这是自 2008 年 8 月 1 日《中华人民共和国反垄断法》实施以来，首个未获商务部审查通过的经营者集中申报案例。尽管《中华人民共和国反垄断法》已经出台并且已经在实践中加以运用，但由于其刚建立起来，还需要逐步完善、成熟。

2. 加快培养一批成熟、健全的中介机构，以便更好地为跨国并购服务

我国的银行、证券公司、会计师事务所和律师事务所等中介机构还未发育完全，其服务水准较之发达国家的中介机构还相差太远。另外，我国很多中介机构在资产评估中未考虑商标、品牌等无形资产的价值，从而低估了并购活动中我方的资产价值。成熟、健全的中介机构可提高资产评估的准确率、减少国有资产的流失和降低并购活动中的摩擦。

3. 加快发展我国的跨国公司，鼓励国内企业强强联合

鼓励有实力的公司和企业集团走出去并购外国企业，培养我国企业的民族品牌意识，加强我国企业的自主创新能力、提高我国企业的国际竞争力。此外，还要大力推进我国现代企业制度改革。

4. 积极培育符合国际化标准的资本市场、促进我国资本市场的规范发展，减少各种人为障碍，以便资本自由进入和退出

我国的资本市场特别是证券市场还不够成熟，股票价格的高低还不能真正反映企业效益的好坏。有些效益好的公司股票价格低，而有些效益差的公司股票价格反而高，人为炒作过于频繁。要加大证券市场的监管力度，防止大户操纵股市和过度投机等不规范行为的发生。

5. 规范政府行为、提高政府管制水平

对政府行为的规范可避免一些地方政府急于吸引外资而低价出售国有资产。有效的产业管制可避免跨国公司为了自己的商业利益而不惜损害我国的国家利益和社会利益。

6. 创造良好的投资环境

良好的投资环境能吸引更多的跨国公司进入中国，这会增加我国企业选择被并购对象的机会，为双方提供一个满意的价值交换模式。从全球角度来看，很多国家纷纷放宽投资限制，改善跨国公司直接投资，特别是跨国并购的政策环境。

第三篇

区域经济发展

第二十七章　经济全球化时代我国生产力跨越式发展的哲学思考

中国曾在世界历史进程中处于世界领先地位，但在近代却落后挨打。社会主义制度的建立为中国开辟了一条摆脱落后挨打、赶超世界先进生产力，通向现代化的光明大道。那么，如何实现现代化呢？显然，在社会主义中国，要想创造出高于资本主义的生产力，仅仅"单独进行"、"一切从头开始"，走按部就班的道路是不行的。其结果只能是跟在先进国家的后面蹒跚而行，永远是历史的落伍者。对于社会主义国家来说，这是历史使命和现实所不允许的。因此，实现生产力的跨越式发展，赶超世界先进生产力水平，成为中国人民理所当然的理想。江泽民同志在建党80周年的讲话中，立足于当代国际和国内条件，与时俱进，提出要努力"实现我国生产力发展的跨越"，"这是我们党代表中国先进生产力发展要求必须履行的重要职责"，反映了中国人民的意愿，实际上从生产力发展的角度为我们指明了21世纪中国人民努力奋斗的主要内容和方向。同时，也给我们理论工作者提出了一个崭新的课题，即如何从理论上进一步认识、论证我国生产力的跨越式发展。我们认为，研究这一问题对于我们全面认识和把握唯物史观生产力发展道路的理论，丰富和发展唯物史观具有重要意义。同时对于我们坚定信心，走江泽民同志在中共十六大报告中提出的走"新型工业化"道路，把握经济全球化带来的历史机遇，建设好中国特色的社会主义，具有非常重要的现实意义。

一、对生产力跨越式发展的理解

笔者对生产力跨越式发展的理解是，原本生产力水平处于比较落后的国家，不拘泥于先发展国家生产力发展的具体步骤，而是能够有效利用"后发优势"，在与世界先进生产力的交往中，根据自己的国情和经济发展的规律，制定和实施正确的经济发展战略，抓住有利时机，利用全世界先进生产力发展所取得的最新成果，以最先进的生产力来规范自己现有生产力的发展，从总体上推动经济自主、全面、持续地跨越式发展，最终在整体上进入世界先进生产力的行列。

从人类社会发展的整个历史进程来看，生产力的跨越式发展是生产力发展的一种重要方式。例如，在古代，推罗人（今黎巴嫩的苏尔）为了谋求发展，积极从事海外贸易和殖民地活动，于9世纪末在北非（今突尼斯）建立了当时最大的殖民地——迦太基。推罗人通过把当时先进的社会生产力和经济制度移植到这块新的土地上，使迦太基的社会生产力和奴隶制得到了充分发展，其结果超出了它的母国——推罗，发展成为古代奴隶制的强国。曾被称为"野蛮民族"的日耳曼人，在用武力征服了强大的罗马帝国后，通过继承和移植罗马帝国的先进生产力和社会经济制度，在实现社会制度的跨越（从原始社会直接进入封建社会）的同时，也实现了生产力水平的跨越。在近代，西欧的大陆国家尽管也属于原发性的工业化国家，但与英国相比，生产力水平较低。为了赶超先进的生产力，它们在工业化过程中也采取了学习和移植英国先进的生产技术的方式，从而大大地促进了工业化，跻身于先进的工业国家的行列。尤其是美国，直接移植了英国的大工业生产方式，使生产力的发展水平跨越了许多具体的阶段，在没有经历完整的奴隶社会的基础上，迅速完成了工业化的进程，在大工业生产方式的基础上建立了资本主义国家。而东亚日本，在实现生产力跨越式发展方面更是创造了生产力发展史上的奇迹。首先，它通过"明治维新"，引进了西方的大工业生产方式和资本主义制度，从而缩短了自身的现代化进程。其次，第二次世界大战后，它积极学习和吸收世界的文明成果，将西方工业化和后工业化进程中的一切积极成果都吸收并运用于本国的经济发展中，凭借新科技革命的有利时机，迅速跨入了发达的资本主义国家行列。总之，世界文明发展史昭示，凭借生产力跨越式发展，后进国家和地区赶上发达国家和地区的例子屡见不鲜。这充分说明生产力跨越式发展是可能的，只要条件具备，这种可能性就可以转化为现实。

当然，生产力的跨越式发展作为生产力发展的一种重要方式，在不同的时代有不同的特点。当代生产力跨越式发展的特点是什么呢？众所周知，20世纪物理学领域的伟大成就和微电子、计算机的发明，以及随后出现的各种信息技术产业群，导致了20世纪70年代末开始的以信息技术为特征的第三次技术革命，推动了人类社会从传统大工业社会向信息化、网络化和数字化时代迈进，信息化已成为不可阻挡的时代潮流。信息化的过程是信息资源、信息技术及其产业在国民经济和社会中的作用不断加强的过程。它是当今世界经济发展的强大推动力。建立在信息技术基础上的新产业群及其产生的新型生产力与传统的工业产业及其生产力有本质的差别，它是以知识和信息为中心的、最新的、最先进的生产力，而不是以资源为中心的传统大工业生产力。这种最先进的生产力规定了当代生产力跨越式发展的特点，即以信息化带动工业化，跨越以资源为中心的传统工业化阶段，从而实现生产力的跨越式发展。

就中国而言，在世界工业革命的浪潮中落伍于世界，为此，中国在20世纪50年代就确定了实现工业化的宏伟目标。50多年来，中国在由传统农业社会向工业社会转变的过程中，取得了巨大的成绩。然而，20世纪90年代之后，资源枯竭的威胁、环境污染的阴影和国际市场的饱和，便对我国产业的经济发展构成越来越多的阻力，中国的现代化之路遇到了越来越多的困难。尤其是我国工业化的任务尚未完成，信息化的浪潮又汹涌而来。在这种情况下，我们是走发达国家的工业化老路，先实现工业化、后实现信息化，还是顺应时代潮流，把握当今世界科技发展和生产力发展的趋势，把实现工业化和追赶信息化结合起来，走跨越式发展的道路呢？显然，从中国的国情和世界生产力发展的趋势来看，走前一条道路，通过挖掘和消耗自然资源来实现现代化是行不通的，更不要说实现赶超的目标。可以说，如果沿着前一条道路继续走下去，其结果仍然是历史的落伍者。我们党和国家所选择的是后者。在十六大报告中，江泽民同志又进一步把实现我国生产力跨越式发展的道路概括为"新型工业化道路"，即"以信息化带动工业化，以工业化促进信息化，走出一条科技含量高、经济效益好、资源消耗低、环境污染少、人力资源优势得到充分发挥的新型工业化路子"。这条新型工业化道路的实质和特点，就是要求我国的现代化进程必须跨越以消耗大量资源为特征的高成本的传统工业化阶段，把工业化进程置于当代先进生产力信息化的平台之上，建立以现代高科技特别是以信息技术为基础的新型工业化。不难看出，首先，这条新型工业化道路给我们指明了当代中国必须坚定不移地走工业化道路。这是因为，对于中国这样一个农业人口占多数的相对落后的国家来说，只有建立强大的工业体系，才能增强综合国力，才能为赶超世界先进生产力水平、实现信息化提供坚实的工业技术和工业产品的保障。众所周知，信息化的实现也要以工业技术含量高的工业产品为载体，信息产业所需要的材料、仪器和机器等都离不开高水平的工业技术和工业生产。其次，它指明了当代中国必须学习、借鉴和运用先进的信息技术，将信息技术广泛运用于工业化过程，才能使工业产业的技术升级，从而高质量、高水平地完成工业化的任务；必须将信息化产业作为我国经济发展中的支柱性产业，从而带动其他相关高科技产业的迅速发展。总之，江泽民同志在中共十六大报告中提出的"新型工业化道路"站在当代生产力发展的制高点，正确把握了工业化和信息化的关系以及当代生产力跨越式发展的特点，是基于中国的国情、基于当代科技革命的趋势和综合国力较量的形势、基于对中国特色社会主义前途命运的关心而做出的正确的战略选择。此外，这也是一条中国实现生产力跨越式发展切实可行的道路。

（1）信息科技革命及其产业化为我国走实现生产力跨越式发展的新型工业化道路带来了绝好的机遇。20世纪80年代，西方国家基本上完成了信息产业化的任务，从而使计算机、卫星通信、光纤通信、软件开发等高新技术部门从第一产业、第二产业中分离出来，形成新兴产业，构成第三产业的主体。信息产业能源消耗相对较小，但产值却非常高。在美国，信息产业在其国民经济中所占比重虽不到10%，但对经济增长所做的贡献却已超过33%。信息技术的一个最显著的特点是它具有广泛的渗透作用和增值作用，可以广泛应用于传统工业领域，大大降低传统工业的能耗，提高资源的利用效率。此外，信息技术的发展与传统的工业技术发展不同，它对资源的依赖性较小，主要是以人才和知识为基础。就目前的状况来看，发展中国家与发达国家相比，在信息技术领域的差距较小，而且信息技术更新速度较快，发展中国家只要具备一定的教育基础和人才条件，就可能在较短的时间内赶上或在某些领域超过发达的国家。例如，作为发展中国家的印度在软件产业领域已经处于世界领先水平，我们国家的移动通信技术和信息产业的快速发展也充分说明了这点。由上不难看出，作为人口众多，资源相对贫乏的中国，如果能充分抓住信息科技革命及其产业化的机遇，充分利用信息产业对经济增长的作用以及信息技术对传统工业的渗透和增值功能，将信息技术渗透到传统工业中，就可以跨越发达国家工业化发展的某些技术阶段；既降低能源和材料消耗，又大大提高传统产业的效率，实现以信息化带动工业化，大大缩短我国工业现代化的进程。因此，在世界科技浪潮滚滚而来的21世纪，我国完全有可能抓住这千载难逢的机会，通过走以信息技术为中心、以信息化带动工业化的新型工业化道路，实现我国生产力的跨越式发展。

（2）经济全球化所导致的全球循环的物质流、技术流、信息流、资金流，以及产业结构调整在世界范围内的进行，使我国有可能利用全球化提供的有利机遇，在对外开放参与经济全球化的过程中充分发挥后发优势，实现新型工业化，从而实现生产力的跨越式发展。所谓后发优势，是指后发展的国家在实施现代化发展战略时，可以通过国际科技合作与经济合作，充分吸取发达国家历史的经验教训和资本，选择使用国外付出巨大代价后才获得的支撑经济增长的一系列先进的科技成果，跨越某些技术发展阶段，直接采用新技术，优化产业结构，实现生产力的跨越式发展。当然，后发优势不等于生产力的跨越式发展，但后发优势与生产力的跨越式发展有着多方面的联系。首先，后发优势使得后发展的国家在追赶世界先进生产力水平的过程中目标明确，可以把有限的资源投入到先进和成熟的生产领域，并可以借鉴成功经验以避免走弯路，还可以利用发达国家的先进观念、管理体制和方法、人才、资金等，有力地促进生产力的跨越式发展。其次，后发优势使后发展的国家可以直接吸取先进的科学技术，缩短探索的时间，为生产力的跨越式发展提供坚实的科学技术基础。最后，后发优势还表现在后发展国家旧产业结构的资产包袱较小，可以直接采用最先进的现代技术来实现生产力体系的现代化。总之，像我国这样的后发展国家，如果能利用好后发优势，实现生产力的跨越式发展，建立低资源消耗、高速度、高水平的新型工业化就不是梦想。值得指出的是，发展中国家的后发优势只有在经济全球化的进程中和在与世界普遍交往的过程中才能充分发挥。世界交往和开放的程度越高，后发展的国家能够发挥的后发优势就越多。如果一个国家、民族孤立地发展，毫无借鉴、继承世界先进生产力和科学技术，结果必然是一切都从头开始，走别人走过的老路。这样，后发展的国家就无所谓后发优势。

二、如何抓住机遇实现我国生产力的跨越式发展

那么，如何充分利用这些有利的国际条件来实现我国生产力的跨越式发展，实现新型的工业化呢？下面，笔者从哲学的角度来分析在经济全球化这一大的历史背景下实现我国生产力跨越式发展的问题。

以经济全球化为主流的全球化趋势已是有目共睹的事实，但它绝不是始于今天。实际上，在资本主义兴起之时，就开始了自己的历程，只不过当今世界全球化的现象更加突出及其趋势大大加强而已。令人惊讶的是，早在19世纪40年

代,马克思就以其惊人的洞察力注意到世界经济全球化这一历史发展趋势,宣告了"全球化"时代的到来。在"世界历史"理论中,马克思以具有特定含义的"世界历史"概念分析、表征和揭示了"全球化"这一历史趋势。尽管马克思没有看到今天这样的全球化现象,但他从全球化视野阐发的"世界历史"理论,却为我们分析全球化时代实现我国社会主义生产力跨越发展问题奠定了科学的理论和方法论基础。运用马克思的"世界历史"理论和方法,从宏观层次分析全球化时代我国如何实现社会主义生产力跨越发展,具体如下。

(一)在经济全球化时代,对外开放是实现我国生产力跨越发展的必由之路

马克思的世界历史理论认为,世界历史不是一开始就有的,它是经过发展、转变而在历史的一定阶段才产生的。在前资本主义落后的生产力、分工的基础上,由于地理条件的限制,各民族之间的交往甚少,人类各大文明圈在相当长的时间里处于相互隔离的状态。尽管它们自身都处于转变和发展之中,但这些转变和发展基本上是在彼此隔离与相互不干扰的情况下完成的。所以,在资本主义之前,历史只能被分割在狭隘的民族地域中发展,不可能形成各民族相互交往、相互依赖的格局,这时各国的历史不足以构成世界历史;历史向世界历史转变是在生产力较为发达的基础上人类交往普遍化的产物。因此,只有当大工业开辟了世界市场,使商业、交通得到巨大发展,创造出打破限制民族交往的自然隔阂的生产力和生产手段时,"世界历史"才能形成。马克思所说的"世界历史",是指在世界生产力发展的特定阶段,各民族、各国家通过普遍交往,进入相互依存状态,形成世界整体化以来的历史。它形成于资本主义时代。其基本特征是:①开放性,即各民族、各国家全面地相互影响、相互制约、相互渗透,世界成为一个以物为中心的人与人全面依赖的世界;②流动性,即规模宏大的世界市场、国际联合体以及全球循环的物质流、资金流、技术流、人才流等。可见,马克思的"世界历史"概念,表征、揭示的正是"全球化"这一历史趋势。

世界历史的形成意味着世界生产力的形成以及人们可以利用这种世界生产力。马克思世界历史理论的观点表明:在世界历史时代,任何国家都不可能在闭关自守的情况下走主要依靠"自身内部积累"的道路高速发展生产力,对后发展的国家来说尤其如此。这是因为,在世界历史时代,处于闭关自守状态的落后民族和国家一切都需要从头开始和单独进行,结果是其所谓的创新往往是重复别人已经走过的老路。只有善于开放、交往的民族和国家,才能在世界历史的普遍交

往中获得交往行为的"相加"效应,即在与其他民族和国家的交往中,用自己的优势部分换取自己所需要的东西,从而避免重复劳动的耗费,给生产力的发展注入新活力。正因为如此,处于落后地位的民族和国家不必一切从头开始,而可以利用人类最新、最先进的文明成果去创造更新的东西,从而促使生产力以"跨越"的形式发展。

中国的社会主义是在半封建半殖民地的基础上建立起来的,虽然实现了资本主义制度"卡夫丁峡谷"的跨越,但生产力较为落后。根据唯物史观,社会形态的发展归根到底是由生产力的发展引起的,在特定历史条件下实现的社会形态的跨越发展需要生产力的跨越发展,只有这样,才能使通过跨越发展建立的社会形态得到巩固和发展。所以,能否实现社会主义生产力的跨越发展,关系到社会主义的生死存亡。那么,如何实现社会主义生产力的跨越发展呢?按照马克思世界历史理论的观点和方法,既然世界历史或全球化是经济发展以及由此引起的普遍发展的产物,那么,在当代世界历史或全球化趋势加速发展的今天,要实现社会主义生产力跨越发展,就不能回避这一大趋势,必须自觉加入这一历史潮流,按照现代化的规律来加速现代化进程。为此,必须对外开放。对外开放,就是投身于世界各民族的交往、竞争的过程中,尤其是要善于与发达资本主义国家交往,因为直到今天,资本主义在相当大的程度上占据着人类文明的先进成果,拥有先进的生产力。在对外开放交往中,可以充分利用全球化带来的各种条件和机遇,引进外资和利用国外资源,以弥补国内建设资金和资源的不足;引进先进的技术设备、管理经验和人才,以实现技术和管理上的现代化等。尤其重要的是,经济落后的社会主义国家在全球化时代完全可以在开放和交往中通过向发达国家学习,直接吸取新的发明创造,从而绕过"单独进行"、"从头开始"、"重复创造"的阶段。为此,邓小平多次强调,不要给自己设置障碍,置身于世界之外,社会主义要获得与资本主义相比较的优势,必须对外开放,吸取和借鉴当今世界各国,包括资本主义发达国家的一切先进成果。

总之,在当代世界历史或全球化中,在一个经济落后的国家建立的社会主义,要想创造出高于资本主义的生产力,实现社会主义生产力的跨越发展,仅仅单独进行、一切从头开始是不行的。如此下去,仍然摆脱不了历史落伍者的地位。只有在对外开放中,才能把握时代提供的历史机遇,充分利用人类创造的一切肯定成果,为自己创新和发展的起点,实现社会主义生产力的跨越式迅速发展。

(二) 大力发展社会主义市场经济,是经济全球化时代实现我国生产力跨越式发展的历史通道

全球化先是经济全球化。所谓经济全球化,即是以市场经济为内在机制而促成的世界经济一体化。正是由于世界市场的开拓,才使一切国家的生产和消费成为世界性的了,世界市场的形成,突破了各地区、民族、国家间的闭塞状态,局部的交往转变为全球性交往,简单的国内商品交往扩展为广泛的国际商品交往,市场经济在深度、广度上都得到前所未有的发展。资本主义正是凭借市场这只"看不见的手",才在全球范围内建立起广泛的经济联系,最充分地利用了全球资源最优化配置机制,使得资本主义生产力从形成至今仍然独领风骚。这充分证明,市场经济是促使生产力快速发展的有效手段之一,也是历史向世界历史转变或经济全球化的动力性条件。由上不难看出,马克思的世界历史理论蕴含着一个重要的逻辑结论,即世界市场、市场经济的形成和发展与历史向世界历史转变中现代社会的形成和发展具有同步性。当今世界市场经济的长足发展,世界市场高度发达,导致了经济全球化浪潮汹涌澎湃,有力地印证了马克思世界历史理论的这一逻辑结论。

马克思世界历史理论蕴含的这一结论,给我们以深刻的启迪。它告诉我们,在经济全球化的国际环境中,在经济落后的国家建立的社会主义要实现现代化,就必须主动走向世界,积极参与世界市场的竞争,这就要求先大力发展市场经济。只有这样,才能与世界性市场经济接轨,从而最充分地利用世界市场的资源配置机制,在国际竞争中求生存和发展,并由此促进社会主义生产力和整个国民经济的高速发展,以跨越的形式赶超世界先进国家,真正跨越资本主义的"卡夫丁峡谷",获得世界历史性的真正存在。

从社会主义国家发展的经历来看,大力发展市场经济也是历史经验教训的总结。第二次世界大战以后,一大批走上社会主义道路的国家都学习苏联实行高度中央集权的计划经济模式,忽视甚至扼杀市场经济机制的作用。应该说,这种高度集权的计划经济体制,在国民经济被战争严重破坏的特定历史条件下,对于社会主义制度的巩固、国民经济的恢复和社会主义工业化的初期建设,起到了重大的作用。但是,由于高度集中的计划经济体制主要是靠行政命令来推动的,缺乏弹性和灵活性,缺少内在的激励机制和经济活力,因此,当国民经济发展到一定的水平时,当集权型的经济体制滥用到所有经济领域和一切经济生活中时,当它排斥市场成为国家经济生活的主宰时，这种计划经济的体制就成了生产发展的桎梏，严重地阻碍了经济的持续健康发展。苏联的解体，东欧的易帜，改革开放前我国社会主义建设的严重受阻，都从实践层面上证明了计划经济体制这一固有的弊端。改革开放后，我国一步步突破传统计划经济体制的束缚，最终确立了建设社会主义市场经济体制这一宏伟的改革目标。今天，尽管社会主义市场经济体制的建设仍在完善之中，但这一体制的建立使我国经济顺利与世界市场经济接轨，使社会主义融入世界文明的潮流，从而有力地推动了社会主义生产力的跨越性发展，大大加快了社会主义现代化的步伐，有力地证明了市场经济有利于社会主义在与全球经济的相互联系、相互作用的过程中高速发展，大力发展社会主义市场经济是全球化时代实现我国生产力跨越发展的历史通道。

（三）实行科教兴国是经济全球化时代实现我国生产力跨越发展的关键战略

马克思的世界历史理论认为，资本主义大工业"首次开创了世界历史"。15~16世纪，航运技术大发展、欧洲的海洋探险家为欧洲船舶打开了除两极以外的所有海域；从17世纪开始，工场手工业和商业先集中于最强大的海上强国——英国，随后相继发展到西欧各国，给这些国家创造了庞大的世界市场。18世纪下半叶，以蒸汽机的发明和运用为主要标志的第一次科技革命和工业革命，把人类社会从农业社会带到工业社会，使人类社会进入机器大工业时代、资本主义的时代。正是以机器大工业为主要特征的工业革命及其必然成果，构成了历史向世界历史转变的客观基础。在这一时期，一个突出的特点就是科学技术的广泛应用，所以，马克思的世界历史理论认为，历史向世界历史的转变与科技的进步息息相关，科学技术发展推动生产力的发展是历史向世界历史转变的动力。此后，科学技术的发展和运用继续推动生产力的发展和历史向世界历史转变。19世纪后期，以电力、汽车制造、钢铁、化学等为代表的第二次产业革命进一步扩展了市场经济和国际交往的范围，国际分工和国际商品交换走出工业发达国家，扩大到亚非拉广大的初级产品生产国。20世纪50~60年代以来，以原子和电子技术为主要标志的新科技革命，又把人类带入了原子和电子时代。今天，以微电子学、网络技术、新的生物技术及生命复制技术、新能源技术和新材料技术等为主体的高科技群的迅速发展及广泛应用，为生产力的飞跃发展创造了广阔的空间，也推动了经济全球化的迅猛发展，世界历史日益整合成为一部"地球村"的历史。如果说近代生产力的变革以劳动资料的变革为起点的话，那么，在全球化时代，科学技术则决定了生产的方式、节奏和发展方向，科学技术作为第一生产力的地位越来越突出。人们也已经认识到，21世纪将是知识经济的时代，世界经济的发展将主要依靠科学技术的力量。知识经济的崛起，使21世纪中国的社会主义建设面临更严峻的挑战。这是因为，中国的社会主义现代化建设是在工业经济落后的条件下赶超的，现在，当这一赶超尚未实现时，又面临着在知识经济的挑战中被甩得更远的威胁。尤其是人口问题和物质资源相对不足是中国在现代化进程中遇到的最大难题。能否把沉重的人口负担转化为巨大的人才资源优势，克服物质资源相对不足的劣势，将决定中国现代化的成败。因此，在这新的挑战面前，只有大力实施科教兴国的战略，加快适应21世纪知识经济和国际经济竞争的各类人才的培养，建立健全的知识创新体系，促进科技成果向现实生产力转化，把经济增长真正转变到依靠科技进步和提高劳动者素质的轨道上来，才能回应知识经济的挑战，使中国经济融于世界经济的主流，步入世界历史的前列。所以，在知识经济崛起的全球化时代，重视和加快教育、科技的发展，大力推进科技创新，对于实现我国生产力跨越式发展具有至关重要的战略意义。

（四）坚持社会主义原则，是在经济全球化时代实现我国生产力跨越发展不可缺少的前提

按照马克思的世界历史理论，资本主义产生以前，人类历史只是"民族历史"。资本主义出现后，资产阶级对利益的追求促使资本主义战车以一种不可遏制的力量驶向全球各地，凭借资本的渗透和市场的扩张本性，推动了"民族历史"向"世界历史"转变，把一切落后甚至最野蛮的民族都卷入世界交往的狂潮，最终使整个世界形成以资本主义为主导的经济有机整体。世界历史虽然是资本主义开创的，但世界历史却为社会主义和共产主义产生和发展提供了历史舞台和条件。对此，马克思的世界历史理论通过对"世界历史"的分析，透过生产的社会化和市场的全球扩展，揭示了"世界历史"或全球化的趋势与共产主义的趋势的一致性。首先，马克思认为，资产阶级在开创世界历史的同时也造就了自己的掘墓人：一个真正同整个旧世界脱离并与之对立的阶级即无产阶级。所以，"世界历史"的形成"并不能阻碍无产阶级的阶级运动"；相反，"无产阶级只有在世界历史意义上才能存在"。其次，马克思指出，资本主义在世界历史或全球化进程中创造的巨大物质文明与狭隘的资本主义生产关系有着尖锐的矛盾，因此，随着世界历史的发展，最终将导致资本主义的经济和政治危机，其结果将是无产阶级推翻资产阶级的统治，建立共产主义。最后，马克思站在世界历史的高度指出，共产主义"是以生产力的普遍发展和与此相联系的世界交往为前提的"，"共产主义的革命……它是世界性的革命"，所以，"共产主义……只有作为'世界历史性的'存在才有可能实现"。其内在根据在于，世界历史发展和交往的全球化客观上把世界各国和无产阶级联系在一起，随着资本主义生产方式在全球扩展到极限，其固有的内在矛盾再也无法转移，各国的无产阶级革命将成为世界历史的主要内容，未来的世界历史必将实现共产主义。可见，按马克思的世界历史理论来看，世界历史或全球化的发展趋势与社会主义和共产主义有着内在的逻辑一致性。

现代，与马克思所处的世界历史时代相比，随着生产力的发展，高科技的开发和利用，各民族、国家之间的交往日益增多，其层次不断扩大，世界历史或全球化进程大大地推进。但是，当代全球化与马克思所处的世界历史时代并无本质上的不同，仍然具有资本主义主导的特点。所不同的是，由于资本主义对外扩张所引发的两次世界大战，加速或促成了无产阶级革命的爆发，其结果使社会主义完成了从理论到实践、从一国胜利到多国胜利的历史进程，大批经济落后的国家走上了社会主义道路，从而形成了当代社会主义与资本主义两种不同社会制度存在的世界历史新局面。

那么，在社会主义和资本主义两种根本对立的社会制度存在的当代世界历史中，经济落后的社会主义国家如何才能实现生产力的跨越发展呢？马克思世界历史理论的上述思想为我们正确认识这一问题提供了科学的视角。

根据马克思世界历史理论的这一思想，既然世界历史或全球化的发展趋势与社会主义和共产主义有着内在的逻辑一致性。那么，社会主义国家就必须向世界开放，积极参与全球化进程，在世界历史或全球化发展进程中把握机遇，大胆地吸收人类文明的积极成果，主动与资本主义交往和联系，充分利用资本主义国家的资金、技术、管理经验以及世界市场资源配置机制。只有这样，才能站在世界历史的制高点，充分发挥后发优势，迅速实现技术进步、产业升级、经济提速，即实现社会主义生产力跨越发展。另外，社会主义国家在积极参与全球化的进程中，绝不能忘记自己的历史使命，更不能在与资本主义的交往和联系中丧失"自我"。应该看到，当代的全球化确有着资本主义主导的特点，西方有些政治家、思想家也确实把全球化理解为"资本主义化"、"美国化"。这些使社会主义国家原有的主流意识形态和价值观念受到了严重的冲击，国家安全受到威胁。为此，要在改革开放和积极参与全球化的进程中，实现社会主义生产力的跨越发展，就必须始终坚持社会主义原则，最重要的是，首先，在全球化进程中必须是非分明，立场坚定，在对外学习、借鉴的过程中，坚持社会主义方向，甄别和厘清哪些与现代社会和现代工业相关，哪些属于资本主义本质的东西，防止和平演变。其次，加强社会主义价值观念体系和意识形态的建设与创新，面对西方势力"西化"、"和平演变"的企图，建立符合社会主义价值观念的政治、经济、文化的自我保护机制，以保证社会主义的自主发展。最后，在积极参与全球化的过程中，要把原则的坚定性和策略的灵活性结合起来，反对霸权主义和强权政治，为建立合理的国际政治经济新秩序而努力，从而在全球化中充分展示社会主义的世界历史价值，不失时机地推进社会主义的发展。总之，在全球化时代，不实行对外开放，不参与全球化的进程，我国的社会主义生产力就不可能跨越发展，社会主义也就难以获得世界历史性的存在；不坚持社会主义原则，就意味着社会主义生命力的死亡，也就谈不上我国社会主义生产力的跨越发展。

综上所述，经济全球化使各国的经济联系更加紧密，并为我国生产力提供了跨越式发展的机遇。但同时我们又要看到，经济全球化是在不公正、不合理的国际经济旧秩序没有根本改变的情况下发生和发展的。因此，经济全球化在给我们带来发展机遇的同时，又给我们带来了许多严峻的矛盾和挑战。这决定了我们走实现我国生产力跨越式发展的新型工业化道路绝不会一帆风顺，但这种矛盾和挑战并不是我们实现目标的主要难点。主要难点在于趋利避害、解决矛盾和应对挑战的能力。只要我们在坚持社会主义基本原则的前提下，对内坚持社会主义制度和体制的改革与创新，对外扩大开放，以开放的姿态融入世界现代化进程，努力建设好社会主义市场经济体系，坚定不移地实行科教兴国的发展战略，大力推进科技创新，就一定能够在积极参与全球化的过程中，应对全球化对社会主义国家带来的挑战，充分和自觉把握全球化过程中存在的生产力跨越式发展机遇，实现社会主义生产力的跨越发展。由上也不难看出，邓小平同志开辟的中国特色的社会主义发展道路，从生产力发展的角度来看，就是一条推动和实现社会主义生产力跨越式发展的光明大道。江泽民同志提出的努力"实现我国生产力发展的跨越"、"走新型工业化的道路"，是这条光明大道的延续和拓展，实际上从生产力发展的角度为我们指明了在 21 世纪全面建设小康社会的正确道路。我们坚信，只要沿着中共十六大指引的路线前进，我们就一定能在参与全球化的进程中，抓住机遇，迎接挑战，实现我国生产力的跨越发展，在"世界历史"或全球化的进程中走向社会主义现代化，为世界社会主义事业和人类进步事业做出重大贡献。

第二十八章 区域创新体系建设的路径选择
——以江西省南昌市为例

一、南昌市建立区域创新体系的意义

创新体系建设是当代技术与经济突飞猛进的产物。随着经济的迅速发展，南昌市必将面临区域经济结构战略性调整、大力发展区域特色经济和促进社会可持续性发展的紧迫任务，科技创新的要求也更高和更为迫切。

区域创新体系，是指在一个区域内，将新的区域经济要素或这些要素的新组合引入区域经济系统，推进创新的制度组织网络。其功能是推进区域内新技术、新知识的产生、流动、更新和转化，创造一种新的、更有效的资源配置方式，实现新的系统功能，使区域内的经济资源得到更有效的利用，从而提高区域创新能力，推动产业结构升级，形成区域竞争优势，促进区域经济跨越式发展。区域创新体系的目标是提高企业的竞争力，一般分为区域知识创新系统、区域技术创新体系、区域科技服务系统、区域环境支持系统和科技投融资系统。

地方科技管理部门要充分发挥自己的优势，正确把握国内外发展的新动向、新趋势，围绕南昌市经济和社会发展需要，为政府宏观决策提供科学依据。要把区域创新体系的研究作为地方科技及经济发展战略和规划中的一项重要内容，更加理性和科学地认识科技创新在区域经济社会发展中的重要作用，把区域创新体系建设作为推进南昌市科技工作的方向和重点。

作为南昌市创新的推动"网络"，区域创新体系主要由两类要素组成：一类是组织要素，主要包括企业、公共研究机构、教育培训机构、政府机构、金融机构、中介组织及基础设施，它们是创新活动的主要载体；另一类是政策制度要素，包括政府创新战略、与创新相关的制度框架（如知识产权制度、科技评价制

度、政府补贴政策等)、政府的参与调控方式、技术市场等,这些要素主要通过政府的有关法律规定和科技计划等形式作用于创新组织要素,是调控创新活动的主要手段和工具。

南昌市高新技术产业虽然一直保持较快的发展速度,但与沿海和经济发达地市相比,存在下列不足:①在发展总量和发展速度上都存在差距,总体规模偏小;②高技术含量的名牌拳头产品较少,有较大带动效应的引进项目少;③科技与经济的有机结合未从根本上解决。南昌市科技创新体系存在的问题也极其明显:①直接科技活动产出对企业竞争力产生直接影响的专利批准数低,每百万人口发明专利少,综合科技意识薄弱;②企业创新动力不足,企业与高校和科研单位之间研究与开发合作联系较弱,大多数企业没研发活动,大多数大中型企业没有技术开发机构;③科技资源分散,合作程度低,科研机构与高校之间封闭性较强,科研机构和高校自行研究项目多,科研机构、学校与企业之间合作不充分;④基础设施建设滞后,科研基础条件薄弱;⑤社会生活信息化程度低,直接妨碍了科技信息的流通、传递和吸纳;⑥科技与经济"两张皮"仍没解决,高水平的研发能力和潜力没有与经济增长联系起来。

南昌市区域创新体系的建设必须以区域体制机制创新为出发点,紧紧围绕南昌市重点发展的产业集群创新,以提升区域整体创新能力、发展高科技、推进产业化为目标,形成以高校和重点研究院所为依托的原始创新体系,以促进知识技术转移为目标的创新服务体系,以企业为主体、产业技术创新为重点的技术创新体系,以制度创新和环境建设为重点的政府宏观管理调控体系,以政府投入为引导的社会多元化创新投入体系。

南昌市区域创新体系的指导思想是用科学发展观指导区域创新体系建设,坚持技术创新为主的战略选择,以产业集群为对象,构建知识、技术创新、传播与学习的网络平台;集中资源,在优势领域加强技术创新与使用各方的合作;加速制度创新,提高政策激励水平,促进企业和研究机构与高校的技术创新;以相关产业领域的创新与产业化计划为基础,将创新的知识、技术流动平台作为南昌市区域创新的政府优先行动,在南昌市逐步建成一个体系完善、结构合理、资源丰富、创新能力强、创新效率高,能实现主体联动、资源流动、市场推动的科技创新体系,加速科技成果的创造和转化。

二、南昌市区域创新体系实施大开放主战略

南昌市区域创新体系主要由全市范围内的企业、科研机构、高等院校、中介机构、政府和金融机构所组成，这些机构为创造、储备和转让知识、技能及新产品而相互作用，共同构成区域创新网络体系，全市区域创新体系要按照实施大开放主战略和技术跨越战略的总体要求推进六大体系建设。

（一）以重点发展产业集群为核心的技术创新体系建设

在区域创新体系建设中，突出区域特色和优势，形成有核心竞争力的技术创新体系。大力培育和发展地方产业集群，强化支撑产业集群发展的区域创新体系建设规划，要立足于促进南昌市产业结构优化和核心竞争能力不断提高，突出产业集群发展的区域创新体系建设工作目标、任务和措施，形成以促进创新和发展为核心的新型空间格局。

产业集群是区域创新体系的重要载体，是区域创新体系建设的基础和活力所在。目前，南昌市已初步形成了制造业、新材料、电子信息、生物医药工程、软件工程等富有特色的产业集群。南昌市科技产业集群发展的空间布局应定位在以下两个方面：

（1）以发展新材料及精细化工、光电子信息、生物医药工程、先进制造与自动化、农产品深加工五大主导科技产业为重点，建设中部地区制造业核心基地。在已有产业的基础上，一方面，着眼于促进产业集聚，形成产业链，壮大重点产业集群规模；另一方面，大力推进结构优化升级，以信息化带动工业化，全面提升产业层次，加快高新技术产业发展步伐，增强南昌市的产业竞争力。

（2）优化产业结构，调整工业布局，延伸产业链，承接沿海地区产业转移，成为三大主导科技产业和沿海产业发展的配套产品基地；同时充分利用地方特色资源，发展资源和农产品深加工工业，重点发展矿产资源开发及深加工产品，培育新的经济增长点。

（二）以企业为主体的技术创新体系建设

市场竞争是技术创新的重要动力，技术创新是企业提高竞争力的根本途径。以提高企业的技术创新能力为目标，大力促进以技术开发中心为主要方式的企业技术创新体系建设，大力发展为企业服务的各类科技中介服务机构，促进企业之间、企业与高等院校和科研院所之间的知识流动和技术转移，形成产学研联合机

制，抓好一批试点企业，使大中型企业（集团）成为技术创新的骨干力量。创新活动的行为主体包括企业、大学、科研机构、各类中介组织和地方政府，其中，企业是技术创新的主体，也是创新投入、产出以及收益的主体，是创新体系的核心。积极推动和支持高新技术企业集团和上市公司建立高水平研发机构。

建立健全工程技术研究中心等成果转化基地。通过财税、金融等政策，引导企业增加研究开发投入，推动企业特别是大企业建立研究开发机构。依托具有较强研究开发和技术辐射能力的转制科研机构或大企业，集成高等院校、科研院所等相关力量，组建工程实验室和行业工程中心，明晰产权，加快股份制改造，实现企业化运作；不断提高工程化研究开发的试验能力和工程设计能力，不断推出高技术含量、高附加值的系列新产品，推动相关行业的科技进步和新兴产业的发展；积极接受委托承担工程技术研究、设计和试验任务，进行工程技术的辐射和推广，提供技术咨询服务；积极开展国外引进技术的消化、吸收与创新，成为企业吸收国外先进技术、提高产品水平的重要技术依托；积极培养适应高科技产业化发展需要的高级工程技术人才和科技型企业家，培训不同层次的工程技术人才和科技成果的推广人才，为科技成果产业化造就产业大军；积极创建若干高新技术企业，提高自身发展能力，加强对引进技术的消化、吸收、创新，提高技术配套和自主知识产权开发能力，使之成为企业自主研发和承接、转化科技成果的基地。

（三）科学研究和高等学校有机结合的知识创新体系建设

以建立开放、流动、竞争、协作的运行机制为中心，促进科研院所之间、科研院所与高等院校之间的结合和资源集成，加强社会公益科研体系建设，发展研究型大学，努力形成一批高水平的、资源共享的基础科学和前沿技术研究基地。

大学是我国培养高层次创新人才的重要基地，在区域创新体系建设中具有举足轻重的作用。高校不仅在创新人才培养、创新知识的产出和传播方面有着非常重要的基础性作用，而且在促进区域高技术产业集群的形成上也具有不可替代的作用。富有创新意识和活力的研究型大学往往是新知识凝聚的载体和创新人才聚集的地方，能够促进新技术、新企业的产生，并能够使科技型小企业通过孵化、培养成为地区经济增长的动力。很多国家和地区的高技术产业（如美国的硅谷、北京的中关村等）都是依托著名的高校和研究机构发展起来的。

依托科研机构和高等学校的人才智力资源，发挥优势，整合资源，突出重点，构建新的科学研究体系。围绕南昌市应用基础研究、高技术研究，尤其是高技术产业发展的知识、技术储备要求，通过竞争择优，在市域重点高校、重点科研机构优势集成的基础上，支持国家重点实验室和科学研究中心的建设与发展，建立一批省市级重点实验室和科学研究中心，形成一批高水平的科学研究基地和骨干科技人员队伍，从事基础研究、高技术研究和重大公益性研究，形成南昌市知识创新系统的核心。

（四）社会化、网络化的科技中介服务体系建设

科技中介机构是区域创新体系不可或缺的重要组成部分。当前，科技中介机构能力不足已经制约了科技创新和创业的进一步拓展，大力发展科技中介服务机构已经成为区域创新体系建设的一个十分紧迫的任务。

进一步完善技术转移中介服务体系。建立技术经纪人事务所，加强技术经纪人管理，积极为科技型中小企业发展提供技术信息和技术诊断等服务。建立南昌市高新技术成果转化服务中心，专门负责高新技术产业化和转化项目的认定和优惠政策的落实，对认定项目提供工商、财税、风险投资、融资担保、项目推介、贷款贴息、土地、用电、户口等"一条龙"服务；并以项目为纽带，做好科技界、企业界与金融界之间的对接。建立一个以高新技术成果与高新技术企业产权转让为主导业务的南昌市区域性技术产权交易中心，通过资本运作，为高新技术产业化项目解决融资难题，为科技企业股权投资、产权交易拓宽融资渠道，为创业资金的资本套现探索退出机制；加强综合性和行业性生产力促进中心建设，积极为广大中小企业提供技术和信息支撑。

进一步完善高新技术产业化服务体系建设。加强高新技术创业服务中心、大学科技园及多种类型的企业孵化器建设，使其成为培育高科技企业和企业家的摇篮。进一步提高南昌市创业者服务中心的服务质量和能力，在有条件的科技产业园区逐步建立综合性创业服务中心，并扶持其中的佼佼者成为国家级中心。鼓励有条件的高等院校建立高校创业孵化器，积极推进知识人才创业。针对软件开发、生物医药、新材料等科技成果转化对技术平台的特殊要求，建立若干专业性孵化器。充分利用国有企业，特别是国有大企业闲置的厂房、设施、设备和人力资源，建立企业内孵化器。各类孵化器要在不断提高服务质量、强化服务手段的同时，引入新的运行机制，重视社会和金融资本的引入，把知识资本、产业资本和金融资本等要素资源结合起来，实现技术成果的及时转化和产业规

模的快速扩张。

（五）多元化的科技投入体系建设

充分发挥政府在财政投入中的引导作用，通过财政直接投入、税收优惠等多种财政投入方式，增强政府投入调动全社会科技资源配置的能力。建立和完善以政府投入为引导、企业投入为主体、社会投入为支撑，多层次、多元化、多渠道的全社会科技投入体系。坚持科技三项经费有偿与无偿使用相结合，科学事业费要为科研提供保障并支持科技创新能力建设。鼓励企业增加技术开发投入，逐步成为科技投入的主体。一般企业技术开发投入占产品销售额的比重要达到1%以上，大型企业要达到2%以上，高新技术企业要达到5%以上。

（1）进一步加强政府对科技的投入。市、区级科技三项经费的增长速度要快于当年财政收入的年增长速度并逐年增加；每年市财政安排一定额度的基本建设拨款，专项用于技术创新基地和高新技术园区基础设施建设。

（2）大力发展创业投资事业。采取有效措施，吸引国内外风险投资公司来南昌市设立创业投资机构，鼓励上市公司、大企业、非银行金融机构和个人投资者及其他社会法人组建领域的或综合性的创业投资公司，形成创业投资机构群。由省市政府注资，吸引高等院校和科研院所共同建立高新技术产业孵化基金，支持科技人员创办高新技术企业。

（3）充分利用资本市场。探索建立风险投资退出机制，支持高新技术企业发展，鼓励上市公司和国有大企业并购高科技风险企业，发展网上技术成果与产权交易，降低场外股权协议转让的交易成本，为高科技企业在境内外上市创造良好的外部条件。

（4）进一步加强科技与金融机构的紧密联系。采取多种措施，吸引金融机构加大对科技项目的信贷投入，鼓励高新技术企业采取金融租赁、商业票据、信托、买方信贷、银团贷款等多种金融工具间接融资。进一步加大国内外招商引资力度。通过政策调控，积极引导企业增加科技投入。

（六）公共服务平台体系建设

科技基础条件平台是在信息、网络等技术支撑下，由研究实验基地、大型科学设施和仪器装备、科学数据与信息、自然科技资源等组成，通过有效配置和共享，服务于全社会科技创新的支撑体系。坚持平台的硬件建设同制度建设和人才培养相结合、平台的重点建设同科技发展需求相结合、政府宏观调控同市场机制相结合、平台建设计划同科技项目计划相结合、自主发展同区外合作相结合、公共财政重点支持同社会共同支持相结合的原则，整合与集成现有资源，用增量投入激活存量，优化科技基础条件平台建设的布局和配置，建立竞争、有序的发展环境，提高利用效率，形成上下联动、左右协作、内外衔接、共建共享的格局。

（1）重点实验室和工程技术研究中心建设。加强已建重点实验室和工程技术研究中心的软硬件建设，增强其科技创新能力、研发和孵化功能。在此基础上，再建若干重点实验室和工程技术研究中心，并争取使其中 1~2 个发展成为国家重点实验室或国家工程技术研究中心。

（2）科研中试基地建设。建成汽车、医药和食品、新材料、纺织服装、电子信息和家电五大支柱产业的中试基地。

（3）科学仪器设备协作共用网建设。重点以科研机构、高等院校、重点实验室为协作网成员单位，对 20 万元以上的仪器设备实行协作共用。增加投入，解决仪器设备数量少、档次低、设备不配套的问题。

（4）科学数据共享平台建设。收集和集成资源数据、环境数据、文献数据，建立分级分类科学数据库，抢救濒临散失的科学数据。解决科学数据采集、存储、处理与分发的技术和体制问题，实现数字化、可视化、网络化和信息共享，建立科技文献、信息、网络服务体系。

（5）科技成果转化服务平台建设。对各类科技成果转化基地实行有效整合和资源共享，加强科技成果、人才、供需信息、转化设施与设备、技术市场服务体系的建设，建立特色区域和领域的科技成果转化示范基地，重点是信息服务、半导体照明工程、现代制造业、新材料、生物制药、软件工程等领域建设科技成果转化培训基地。

第二十九章　国内外科技发展战略比较研究

科技发展战略是一个国家或政府就科技发展规划而有计划、有组织、有进度安排制定的引导未来科技发展动向和科技成果转化的总体指导思想与原则、目标与措施等。科技发展战略是各国经济发展、社会变化最重要的影响因素之一。鉴于此，各国政府都把长期科技发展规划制定工作作为一项战略任务来抓。

美国作为当今世界上科技发展水平最高的国家，出于抢占高新科技制高点的需要，其科技发展战略的显著特征是"科学—技术—开发"一体化。这种一体化包括三个相互联系、相互制约的阶段：①科学研究即基础研究阶段，它是对某些客观真理和发展理论的研究；②技术创新即应用研究阶段，基于科学研究的理论基础，运用新思维、新方法、新手段解决实际问题；③开发转化即开发研究阶段，依据科学研究和应用研究成果，将科技成果转化为生产力，开发出新产品、新工艺、新方案或新模型。

英国在 21 世纪全球科技迅速发展、市场发展前景无限的大背景下，始终把科技发展战略定位于发展高新科技、传统产业、商业流通、文化医疗、卫生教育、国防和环保等各大领域的"技术展望计划"，为英国描绘了新的科技发展战略。该计划对英国工商界、学术界和政府产生了巨大影响：通过信息技术的发展，推动 GDP 产生了可持续快速增长，并为人们获取高新科技知识、移动通信和多媒体运用知识提供了良好的平台；通过发展生命科学，为医疗保健提供更多的便利条件，为疑难疾病的治疗带来福音，为众多患者带来健康，为基因技术和信息技术的发展奠定了基础；通过发展处于英国中心地位的材料科学技术，为进一步研发现有材料的架构和改造加工工艺，探究具有环保价值和对健康有利的新材料创造了良好的环境；加强商品生产流通领域的研究，推行适应新形势的生产和销售模式与渠道，在生产流通中加大技术改造和高新技术的应用；通过加大国防和航空航天技术的研制投入,为新技术的研究与发展提供了广阔的空间。

日本于 2001 年 3 月 30 日制定了《第二期科学技术基本计划》(以下简称《计划》),该《计划》通过继续加大关键技术领域投入,以期在生命科学、信息通信、环境协调发展、纳米技术/材料、航空航天技术领域取得了突飞猛进的发展。此外,该计划还强调国际交流研究与开发:①实施国际空间站(ISS)计划——日本在此合作中承担建造人居设施"希望号"、研究开发往返式运输补给船(HTV)的任务;②大力研发国际热核聚变试验堆(ITER),这是迄今为止日本主导的最大的国际科技合作项目,由于此项目的关键技术在于"热核聚变发电",即无节制地利用海水中丰富的氘资源且放射性物质非常少,因此具有划时代的能源转换意义;③积极参与基因工程——这是继基因图谱测序的又一大型国际合作研究项目,该项目对医疗技术和新药研制开发提供了强大的技术支持;④实施国际深海开发计划——通过对地球深海以下 7000 米的探索,研究由于气候、生态系统、极限环境等因素影响下的生物生态以及海啸等海难发生机理。日本在此计划中因其拥有先进的,可达地幔的地球深部挖掘船而主要承担钻探任务,这为其获取第一手资料提供了有利的环境支持。日本未来几年的科技仍将在基本计划的大框架下进行,在某些方面会出现一定的调整。如以国立研究机构为主的特殊法人改革、加强产学官合作、强化解析蛋白质的结构和功能、住处通信系统、地球变化现象的观测与预测、新产业萌芽性研究四个重点领域。

韩国通过"科技思想立国"、"教育战略立国"、"研究开发立国"三大立国观念以及采取一系列推进科技进步的措施,使自己从一个没有任何工业基础的、贫穷落后的农业小国逐步发展成为跻身于世界工业化国家之列的工业强国,并奠定了其科技发展战略的地位。韩国科技发展战略的一个突出特点是科技发展与经济发展战略相结合。"科技思想立国"——思想是灵魂,是行为的源泉与动力,始终把科技发展同国家命运紧密联系起来,并以经济和产业结构调整为中心,把提高科技能力作为其发展目标与最终方向;"教育战略立国"——当今世界经济的竞争归根结底是知识的竞争,知识的竞争主要体现在其创新能力、研发能力上,韩国始终注重高素质人才的培养,通过坚持普及初等教育、重视职业技术教育和在职技术培训、着力加大高等教育的人才培育力度,为科技创新提供了后备军和生"才"源;"研究开发立国"——任何思想付诸行动才能生效。韩国不仅在思想上灌输"科技立国",更在行动上通过不断研制开发新技术、新产品、新工艺来深化"科技立国"的内涵并扩大其外延。

印度是人口大国,也是科技强国,有些科技领域甚至已经达到世界前沿。印度一向强调"没有科学和技术,我们就不能进步","没有科学技术的自力更生,经济独立则不可能"。印度宪法规定:科学必须渗透到我们国家生活的每一个方面和我们奋斗的一切领域。印度科技发展战略具有以下特征:①设有科技顾问委员会、全国性科研组织等科研机构,为科技研究与开发提供技术支持;②不断加大科技投入,不断提高科研经费,以促进印度科技的发展;③科研人才资源丰富,普遍素质很高,这是印度重视高等教育,具有独特的人才培养体系与模式的缘故;④高科技异军突起,印度的高新科技领域发展迅猛,在空间技术、核能技术、信息技术、生物技术和海洋技术等领域具有巨大的实力。印度"2003年科学技术政策"明确了国家科技政策目标,并制定了科技战略行动计划。随着科技竞争力的增强,印度逐渐把其科技发展战略定位于实现产学研一体化、运用科技造福社会、加强科技国际合作以及加大科技领域人力资源开发等。世界各国的科技发展战略均围绕抢占经济、科技制高点而在全球范围内全面展开竞争,竞争促使各国在制度、政策、体制等方面相互借鉴、相互促进,从而在世界范围内形成一股推动科技更快发展的巨大动力,各国的科技发展战略因其社会、经济、政治等差异而有所不同,但仍呈现出一些共同的特征:

(1) 强烈的"科技强国"观念。各国政府都清醒意识到科技在当今世界各方面的重要影响。鉴于提高一国科技水平也就意味着一国综合国力的提高,因此各国纷纷致力于制定及实施其中长期科技发展规划。

(2) 各国均结合世界、本国的总体形势和科技发展的现状与趋势,详细制定基于世情、国情的科技发展战略。

(3) 确定优先发展领域。各国基本上选择信息技术、生物科学技术、纳米技术、环境技术、能源技术、国防航空和航空航天等作为优先发展领域。

(4) 强调人力资源在科技发展中的巨大作用。科技发展离不开人才,各国为人才培育出台了一系列优惠和鼓励措施,为科技人才更好地施展其才能提供了广阔的平台。

(5) 强调自主创新和科技成果产业化。各国均致力于科学技术研究成果的本土化、生产力化,以服务于各国经济、社会的发展。

(6) 强调国际科技交流与合作。各国在竞争过程中,都意识到了科技交流合作的重要性，既可刺激各国加大科学研究投入力度，以提高其科技竞争力，又可节约研发成本，缩短研发周期。

面对一个以科技创新为主导，创新能力和科技实力决定国家命运的国际格局，我国当前最为紧迫的任务就是加快科技创新进程，把科技发展放在社会经济发展的大环境和改革开放的新形势下全盘详细考虑：

一是实施技术跨越式发展战略。在信息技术领域，要依据我国极其广阔的市场需求、丰富的人才资源和一定的科研水平，大力发展新型应用系统、相应软件研发平台和CPU芯片等高、精、尖技术，促进我国经济结构、产业结构的深刻变革，迅速提升我国信息产业的核心竞争力；在生物技术领域，加强基因研究，依据我国丰裕而稳定的生物物种和资源优势，在基因图谱描绘、测序、生物信息学以及生物工程药物等领域实现突破和跨越；在能源领域，针对中国能源的实情，大力发展清洁煤技术和其他清洁能源技术。

二是实施自主创新战略。此处的"自主创新"是指引进吸收和原始创新。"引进吸收"是指我们没有必要重走发达国家走过的科技、经济发展道路，要注重引进并在引进技术的基础上，消化吸收其科技内涵，进行"吸收创新"，这样既节约了研发成本，又缩短了研发周期；"原始创新"是自主创新的核心，其作为科技发展的主要源泉，在带来重大技术突破、培育发展新兴产业、优化升级产业结构等方面具有重大意义。实施自主创新战略，一方面，要大力鼓励和支持科研人员进行基础科学研究，并积极加入到大型国家基础项目和国际项目研究中去，为技术和生产的发展做出应有的贡献；另一方面，要鼓励和加大高、精、尖技术领域的原始创新，以不断提高我国科学技术在国际科技领域的地位。

三是实施技术产业化战略。要鼓励科技人员广泛参与国际交流和研究合作等，为我国科技产业化提供转变的媒介；要进行"官产学研金"合作，即强调知识资本和金融资本的融合，为加快科技产业化进程提供良好的环境支持。

我国是个农业大国，经济发展的最大特点是不平衡、多层次，科技发展战略的制定必须遵循层次性、时间性、地域性原则。经济发展各异的地域应基于社会、经济与环境协调发展，城乡协调发展，区域协调发展，科技与经济协调发展，整合资源，联动协同，优势先行，扶贫扶弱，分类指导、分层实施、重点引导、整体推进，制定和实施符合各地域社会经济发展需要的科技发展战略。

第三十章 可持续发展指标体系实例研究

一、江西省建立可持续发展指标体系的意义

可持续发展是针对传统发展战略对自然和人类自身发展的忽视所提出的科学发展观。第二次世界大战至20世纪70年代初，许多国家和地区普遍采用的传统发展战略的基本出发点是以GDP作为衡量一个国家发展程度的唯一指标，把GDP的增长视为经济发展和社会发展的标志。这种战略因片面追求经济增长而存在明显的弊端：①以资源的高消耗和环境的恶化来支撑经济增长，促进人们对资源进行掠夺性开发和不合理使用，造成了资源的大量消耗和浪费，并带来了严重的环境和生态破坏；②为追求经济增长速度，许多发展中国家过分依赖外资，他们向发达国家大量举债以引进先进的技术设备来发展本国经济，最后导致债务危机；③经济增长并未解决就业、贫困和社会分配不平等问题，有时甚至使这些问题表现得更为突出。

传统发展战略的这些弊端促使人们认识到，这种模式不是人类追求的最佳发展形势。20世纪70年代中期以后，人们先后提出了各种发展战略，其中最为人们所接受的是可持续发展策略。所谓可持续发展是指"人类有能力使发展持续进行，既能保证使之满足当代人的需要，又不危及后代人满足其需要的能力"的发展，其核心是要现代人合理对资源和环境进行开发和使用，保持一定的限度，避免对环境的过度消耗，影响后代人满足其需要的能力。可持续发展要求在制定计划和政策时，要同时注意到环境和发展两个方面，人们要将重点由"事后政策"转向"事前政策"，即在制定社会经济政策时，要采取对环境负责的态度，而不应等到环境严重恶化时再去设法解决。

可持续发展是一个包含经济、社会、人口、资源与环境等要素的复杂系统，

而区域可持续发展正是追求以上各要素的协调发展。因此，建立一个科学的适合特定区域社会、经济、环境发展的评价指标体系，以评价和监测各要素的协调发展程度就显得非常重要。

近年来，江西省取得了令世人瞩目的发展成就。2004年江西经济社会发展的主要目标是GDP实现3200亿元，比上年增长11%；全社会固定资产投资1655元，增长20%；社会消费品零售总额1018亿元，增长10%；利用境外资金增长20%，外资出口增长8%；财政总收入322亿元，增长13%；农民人均纯收入增长6%以上；城镇居民人均可支配收入增长7%，居民消费价格指数上升2%；城镇新增就业40万人，城镇登记失业率控制在4.5%以内；人口自然增长率控制在8%以内。要保证江西省经济社会各项指标的顺利实现及可持续健康发展，建立可持续发展指标体系并进行科学的动态监测就具有非常重要的理论和实践意义。

二、江西省可持续发展指标体系设计的原则

可持续发展要求社会、经济、资源和环境相互协调，为此根据江西省情确立江西省可持续发展指标体系设计的基本原则：

（1）科学系统性原则。可持续发展既是理论问题，又是实践问题。可持续发展指标的概念界定、统计口径等不能离开可持续发展的基本理论，需要彼此相互协调、贯通；指标的选取要讲究科学性、真实性、规范性，要选取那些稳定性强、相关性好、能够较好反映可持续发展变化的指标。同时，在设计可持续发展指标体系时，必须充分考虑到江西省社会经济发展的特殊性，既要有反映经济、社会、人口、环境、资源、科技各系统发展的指标，又要有反映上述各系统相互作用与联系的整体性指标，从而保证可持续发展指标体系能充分反映江西省的省情。

（2）敏感时效性原则。这点是从动态监控的需要出发，要求筛选出的指标能抓住经济运行的脉搏，与其同"跳动"。当整个国民经济呈一般波动时，这些指标应有明显的变动，一旦经济有所波动，反应要及时，能马上发出信号；否则，会错过机会，成为"马后炮"，达不到监控的目的。

（3）稳定简洁性原则。为了便于研究和比较，指标体系的内容不宜变动过频，在一定时间内，应保持相对的稳定性。当描述对象、发展重点和目标发生变

化时，指标体系可在整体基本稳定的基础上进行适当的调整。同时，指标体系应力求简单、精练，能够准确把握系统相应方面的性质，以使理论思维和实际操作切中要害，易于处理。

（4）协同关联性原则。可持续发展实质上要求在任何一个时期，经济的发展水平或自然资源的消耗水平、环境质量和环境承载状况以及人类的社会组织形式之间处于协调状态。因此，从可持续发展的角度看，不管是表征哪一方面水平和状态的指标，都协调地存在于体系内且相互间有着密切的关联，也就是说，可持续发展的任何指标都必须体现与其他指标之间的内在联系。

（5）差异特殊原则。虽然我国针对可持续发展指标体系的研究已确定了一系列原则和方法，但目前仍处于探索阶段，因此，各地区并不存在统一、规范的指标体系。由于江西省情的特殊，反映客观事物的具体统计指标也存在着差异，有其特殊性的一面。

（6）切实可行性原则。评价指标体系的关键是评价方法是否可以操作？理论上的研究在现实中是否可行？指标选择是否可以量化？数据资料是否有可靠的保证？因此，在选择统计方法和以数学模型进行量化分析时，一定要具有可操作性。

三、江西省可持续发展指标体系的架构

建立可持续发展指标体系，一方面，要以现有的各项统计制度和数据为基础；另一方面，可持续发展指标并不是传统经济、环境和社会等领域统计指标的简单照搬、相加和堆积，而是原有指标的有机综合、提炼、升华和一定程度上的创新。因此，如何充分利用现有统计资料，并使各项统计指标构成有序而严谨的体系，是我们必须认真考虑的一个重要问题。

与国家级的可持续发展指标体系相比，可持续发展指标体系应该兼顾国家实施可持续发展战略的总体要求、地区经济社会发展的具体特点、江西省现阶段地区核算的基础条件以及地区间的可比性问题。根据这些要求，笔者认为，江西省现阶段可持续发展指标体系应该包括以下四方面的有关指标：

（1）经济发展指标，共18项。该部分指标以人均GDP为核心，除整体反映经济发展规模水平外，重点反映江西省经济发展的结构、质量、成本、潜力及集约化程度和持续性方面。

（2）社会人口指标，共 23 项。该部分较为全面地反映了可持续发展战略中稳定人口、改善卫生健康和基础教育、提高科技水平、满足生活基本需要、适度城市化、促进社会参与和社会公平等基本内容。由于社会指标涉及范围很广，又没有类似经济发展指标中人均 GDP 这样的综合性指标，所以为了涵盖社会发展目标的基本内容，所选指标数量偏多。

（3）资源环境指标，共 15 项。该部分反映人类对周围环境的影响、环境污染对人类的潜在威胁以及人类在污染治理和资源保护方面的努力。

（4）科技进步指标，共 12 项。该部分反映江西省教育投入与规模、科技人力与经费资源、科技产出与贡献等基本内容。

江西省可持续发展指标体系中设置的指标实际上可分为两类：一类是描述性指标，另一类是规范性指标。描述性指标主要是反映实际状况或条件，而规范性指标是度量实际状况与参照状况之间的差距或将实际状况与参照状况加以比较。前一类指标多用平均指标表示，如人均 GNP、人均收入、人均耕地等；而后一类指标多用相对指标表示，如 GDP 增长率、基尼系数、水土流失率等。

四、江西省可持续发展的评价模型

（1）监控区间的设立。确定监控区间，即确定监控的分界点。可采用类似交通管制信号红、黄、蓝灯的标志，通过模型对近期经济社会发展运行状况发出信号，如绿灯表示当前运行状况良好，处于稳定状态；黄灯表示状态尚稳；红灯表示状态稍不稳定；双红灯表示情况趋于恶化，应采取强制措施加以调控；蓝灯说明经济发展滞缓，处于萧条阶段。这五个区间划分如下：$(S_0、S_1)$、$(S_1、S_2)$、$(S_2、S_3)$、$(S_3、S_4)$、$(S_4、S_5)$，其中 S_0、S_1、S_2、S_3、S_4、S_5 分别为各监测指标的分界点。分界点的确定可以依据经济数学方法确定，也可用历史实验法加以确定。

（2）建模方法。对所设计的反映江西省可持续发展的指标确立了分界点后，即可着手建模。建模的方法很多，如经济计量预警模型、模糊预警模型等。在这里我们主要介绍综合分数评判模型。分别规定指标值落入绿灯（S_0、S_1）、黄灯（S_1、S_2）、红灯（S_2、S_3）、双红灯（S_3、S_4）、蓝灯（S_4、S_5）的分数依次为 1、2、3、4、5 分，我们设：

$S_{5\times 1}^i = (S_1、S_2、S_3、S_4、S_5)_{5\times 1}$

$W_{P\times 1}^i = (W_1、W_2 \cdots W_P)_{P\times 1}$（$W_i$ 为指标 X_i 的权值）

再根据每个指标 X_i 落入的区间确定其分值 r_1、r_2、$\cdots r_p$，记为：

$$R_{P \times 1}^i = (r_1、r_2 \cdots r_p)_{P \times 1}, \quad P \leq \sum_{i=1}^{P} r_i \leq 5P$$

令 $R_{P \times 5} = \begin{Bmatrix} r_1、 & r_1、 & r_1、 & r_1、 & r_1、 & r_1 \\ r_2、 & r_2、 & r_2、 & r_2、 & r_2、 & r_2 \\ r_3、 & r_3、 & r_3、 & r_3、 & r_3、 & r_3 \end{Bmatrix}$

则 $W_i\{R \odot S\} = \sum_{i=1}^{P} W_i \begin{Bmatrix} 5 \\ k=1 \end{Bmatrix} (r_i V S_k) = \begin{Bmatrix} (0, 1) & 绿灯 \\ (1, 2) & 黄灯 \\ (2, 3) & 红灯 \\ (3, 4) & 双红灯 \\ (4, 5) & 蓝灯 \end{Bmatrix}$

式中"$\odot$"定义为"取大取小"运算。根据 $W_i\{R \odot S\}$ 算得的综合分所落入的分数区间可及时掌握江西省经济社会可持续发展的状况。

第三十一章 区域对外科技交流与合作的环境约束及对策研究
——以南昌市为例

伴随着知识经济理念的不断提升及国民经济产业结构的调整与升级,各地政府越来越重视对外科技的交流与合作,纷纷构建起适应本地社会经济发展的科技发展战略,以促进科技的双边和多边合作。南昌市地处我国内陆,受环境、经济等诸多因素的制约,经济外向度不高,城市影响力有限,无论从科技合作的层次还是阶段来看,南昌市对外科技交流与合作仍存在诸多环境约束,对外科技交流与合作的广度、深度还有待进一步提高。

一、南昌市对外科技交流与合作的环境约束

当前南昌市对外科技交流与合作主要存在以下问题:

(1) 对外科技交流与合作的地位与功效还未引起广泛关注和重视。南昌市作为中部区位优势明显的省会城市,同国内一些大城市相比,科技交流与合作的范围、人员来往、引资数目等方面存在很大的差距。主要原因包括:①南昌市科技对外开放尚未建立起统一的组织和领导体系。因形式和内容不同,对外科技交流与合作具体组织领导工作分别设在市科技局、市经贸委、市招商局等部门,这种管理上的分工不利于管理的整体性和目标的兼顾性,致使现有的一些科技资源未得到充分利用;②南昌市有关科技交流与合作工作尚未全方位普遍开展,对外科技被视为一般性的科技外事工作,未纳入全市科技、经济、社会发展战略规划体系,中长期国民经济和社会发展规划中对外开放专题也只述及对外经济技术合作内科技活动,难以与南昌市社会经济发展的战略目标需求以及重大的科技工程和科技攻关计划项目形成密切的配套关系。

(2) 对外科技交流与合作经费投入不足。对外科技交流与合作项目往往有较

大的风险性，完成时间较长，社会效益大，暂时的经济效益少，需要有充足的经费支持。由于受到R&D总体投入规模和强度的制约，南昌市对外科技交流与合作经费短缺的问题十分突出。至今在大学科研所、基础性前沿领域和高科技探索领域的科技合作项目尚无专项财政拨款支持，科技对外活动所需经费主要靠执行单位或个人自行解决，导致科技人才由于经费不足无心献身科技活动甚至外流，所组织的对外科技活动带有随机性和被动性，难以体现组织工作的自主性和计划性，这在很大程度上决定了南昌市在对外科技交流与合作中大多只能居于配角地位。

（3）对外科技交流与合作后续配套服务体系不够完善。广泛的对外科技交流与合作，必须建立在企业的对外科技交流与合作上。目前，由于体制和机制的多重约束，南昌市的公共科技支撑体系尚未实质建立，导致各种科技资源为少数单位或少数人所独有，封闭运行，出现了严重的重复建设和资源浪费，科技项目的展开有较大困难。此外，南昌市缺乏科技中介组织。在国外科技活动中，存在大量科技中介机构，对各个行业供给与需求进行有效调节，以形成完善的科技产业链。而当前南昌市的科技中介机构凤毛麟角，即便有，也是通过政府部门和行业协会统筹的，这样的后果是对外科技交流与合作的效率极度低下，甚至由于资源有限和体制缺陷，一些科技中介机构还会出现因利益驱使而排斥竞争对手的违规行为，成为区域对外科技交流与合作活动的一种阻碍。

（4）缺乏科技高级专门人才。当今科技竞争的关键是高素质管理人才的竞争。对外科技交流与合作的独特性、政策性与强应用性，要求高级科技专门人才是既懂法律法规、金融贸易等科技交流与合作的基础知识，又精通外语、懂得科技专业知识和运用现代信息技术的综合性复合人才。从南昌市地区大专院校的人才培养方向和模式可以直观地判断其高科技人才及后备人才不足，甚至因区域内人才总量不足而在一定程度上出现了竞争大于合作的现象。此外，科技人才质量低下，结构不合理。现行人才评价体系致使大量科技人员仅有技术职称，而缺少实质性的科技含量，人员遴选或深造论资排辈，使某些成熟领域存在人才相对过剩，而具有理论基础的技术型人才和应用型人才供不应求。

（5）对外科技交流与合作渠道狭窄。对外科技交流与合作需要广泛的发展空间。沿海发达地区一直是南昌市对外科技交流与合作的重点，无论是资金投入还是人员待遇都远远高于其他地区。但事实上，一些中西部欠发达地区尽管整体科技水平相对落后，但在某些领域内则可能处于领先水平，与这些地区的领先领域合作，不仅成本相对较低，而且关键技术也相对容易获得。此外，外事行政单位缺乏著名研究与开发机构、高等院校、企业集团的参与，争取参加的国家政府间协议项目也较有限。科技外事归口管理渠道、引进国外智力渠道、友城关系渠道、外经贸渠道和高校对外渠道等分属不同部门，缺乏有效的沟通和协作，难以形成对外渠道的综合集成优势。

二、南昌市对外科技交流与合作的策略选择

（1）提高认识，加强宏观规划与协调。对外科技交流与合作在很大程度上取决于地方政府的宏观规划与协调。可从以下几方面着手：①做好政策引导和规划，在制定好科技外事工作的规章制度和管理办法的基础上，做好南昌市中长期科技发展规划，使各部门、行业的科技对外工作纳入全市的规划当中；②建立统一的组织领导体系，形成良好的协同机制，有效促进全市科技与经济的结合，形成横向联动的体制；③大力开展"南昌市对外科技交流与合作战略研究"为主题的软科学研究，深入探讨南昌市对外科技交流与合作的战略、方针、政策，增强南昌市科技创新能力，提高科技转化为生产力的水平。

（2）拓宽经费来源渠道，加大政府对外科技交流与合作的财政转移力度。拓宽经费来源渠道，加大经费投入力度是开拓南昌市对外科技交流与合作新局面的根本保证。通过政府协调和引导，形成中央财政、地方财政、企业资金、民间资金的多渠道、多形式对外科技交流与合作的经费共同投入渠道：①加大对国家政府间科技合作协议项目组织与申请工作的力度，加强科技界与银行界的合作，争取更多国家对外科技合作专项经费和更多科技交流与合作项目的贷款；②注重开辟国际组织和国际金融机构以及发达国家的援助经费资助渠道；③引入科技产业风险投资机制，鼓励风险投资和民营经济投资。通过对外交流中心等中介机构广泛吸引社会各界、华人华侨以及国外财团和各类基金组织的经费支持；④加大市财政对科技交流与合作的转移力度，特别是增加被列入国家和省级重大技术改造与技术引进项目以及对外科技活动中的技术引进与消化、吸收、创新工作的经费支持。

（3）大力培养高素质科技人才。未来社会经济竞争的关键是科技人才的竞争，拥有一批高水平的人才是衡量科技实力的重要指标之一。培养和储备年轻

的、高水平的科技人才是发展科技的首要战略措施。一方面，切实有效地做好科技人才的引进工作，使人才招聘工作经常化、制度化，有针对性和开放性地加强在职人员的业余进修、短期培训、攻读学位等继续培育工作；另一方面，积极开展多渠道、多层次的科学技术与人才交流，支持有能力的科技人员参加国际性的科技组织，应聘到国外企业和研究单位工作，或选拔青年人才出国留学深造，以促进南昌市对外科技交流与合作的深度，使南昌市科技人员活跃于世界科技发展的前沿并为南昌市科技交流与合作储备后备力量。

（4）积极完善对外科技交流与合作配套服务体系：①构建对外科技交流与合作的中介机构；②做好知识产权的保护工作；③积极培育先进的科研机构。

（5）开辟合作渠道，扩大对外交往。对外科技交流与合作的范围是科技和经济发展的基础。在"有利于降低成本，有利于增强自主创新能力，有利于总体外交战略"这三个有利于的前提下，广泛开辟对外科技交流与合作渠道。一方面，在加强对已签订的科技合作协议关系和各部门各单位已建立的对外合作关系进行跟踪管理与滚动发展的基础上，研究国别及地区政策，开辟外省大城市、中国港澳台及周边国家和地区科技合作的新渠道，积极参加多边国际组织的科技合作计划项目以及国家政府间科技合作协议项目；另一方面，充分发挥市科技局综合性管理与协调的功能，积极发展与国内外对应政府机构的长期合作关系，扩大合作领域，推动南昌市科技与外贸相结合的国际科技合作向纵深发展。

（6）建立高效的科技互联信息网络。当今社会是信息的社会，科学技术是知识的重要源泉，科学技术所产生的知识与社会经济的结合依赖于信息的传播。对外科技交流与合作中建立区域科技信息网络对高科技技术的高效传播，科技活动的各类信息和数据的获取、处理、储存和分析具有重要作用：①要建设全市的科技交流与合作基础数据库，组成信息中心，实现科技合作方面人才、项目、成果等资源的整合和共享，为南昌市进一步开展对外科技交流与合作项目提供帮助；②在信息共享的基础上，协调和优化各有关部门对外科技合作与经济技术交流的活动，建立基于互联网网络环境下的国际科技合作管理信息系统；③转变政府管理职能，增强政府信息报告的透明度，充分利用政府网等现有的科技交流与合作网络资源，建立科技信息网络系统，及时为社会各界提供对外科技合作专项动态信息，确保区域内与外部科技信息的畅通交流。

第三十二章　江西省产业竞争力研究
——基于赣粤产业区位商的对比分析

一、产业竞争力与产业区位商的含义阐释

区位商是产业的效率与效益分析的定量工具，是用来衡量某一产业的某一方面在一特定区域的相对集中程度。区位商又称专门化率，由哈盖特提出并运用于区位分析中，主要运用于衡量某一区域要素的空间分布情况，反映某一产业部门的专业化程度，以及某一区域在高层次区域的地位和作用等方面。在产业结构研究中，运用区位商指标可以分析区域优势产业的状况。

通过计算某一区域产业的区位商，可以找出该区域在全国具有一定地位的优势产业，并根据区位商 Q 值的大小来衡量其专门化率。其计算公式为：$R_{ij}=(e_{ij}/e_j)/(E_i/E)$，式中，$R_{ij}$ 表示 j 区域 i 产业的区位商，e_{ij} 表示 j 区域 i 产业的产值，e_j 表示 j 区域的产值，E_i 表示全国 i 产业的产值，E 表示全国总产值。Q 值越大，专门化率也越大。一般来讲，如果产业的区位商大于 1.5，则该产业在当地就具有明显的比较优势。

总体来看，区位条件是产业空间布局和分布的前提，因为区位条件和区位因素的共同作用导致区位竞争力的变化，而区位竞争力的变化引起区域经济结构也不断发生改变，因而产业区位商也将发生变化。从某种程度来看，区位商是一种结果。而本章可以通过测量区位商，来反推某一区域的区位竞争力现状，以便为推进区域经济发展提供重要政策依据。

二、江西与广东产业区位商的动态特征描述

由图 32-1、图 32-2 和图 32-3 可以看出，广东省的第三产业一直处于较高的发展水平，区位商值自 1979 年起均大于 1.0，第二产业发展稳定，自 1990 年

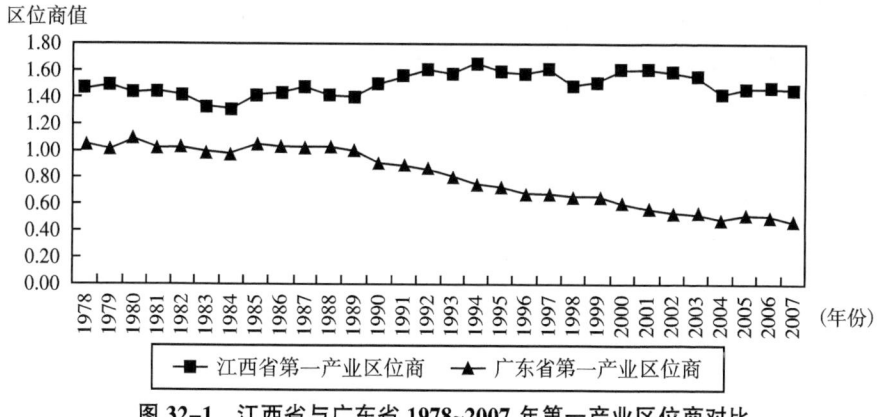

图 32-1　江西省与广东省 1978~2007 年第一产业区位商对比

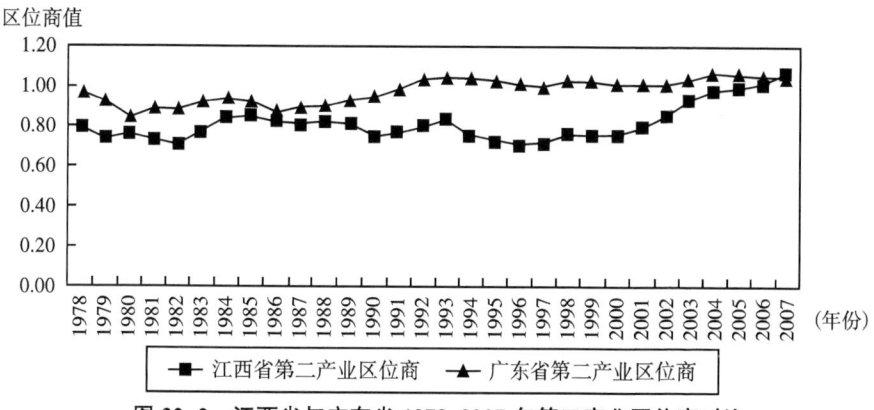

图 32-2　江西省与广东省 1978~2007 年第二产业区位商对比

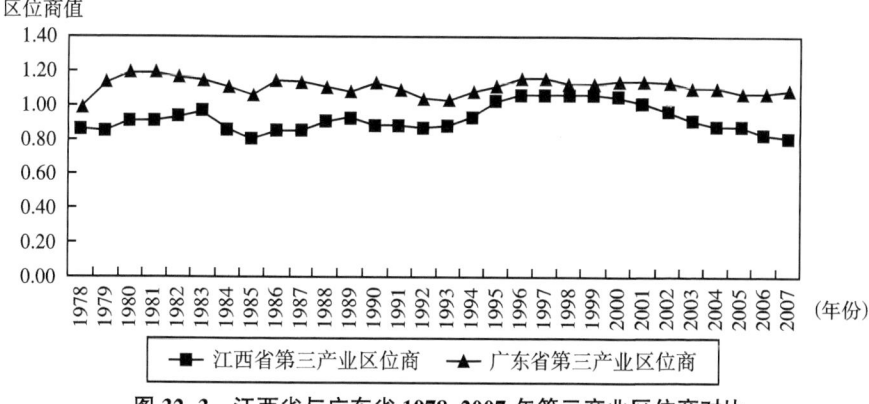

图 32-3　江西省与广东省 1978~2007 年第三产业区位商对比

开始基本维持在全国平均水平,第一产业区位商则自 1989 年始出现逐年递减趋势,从 1.0 降至 2007 年的不足 0.5。江西省的第一产业具有明显的比较优势,区位商值在过去 20 年基本维持在 1.5 左右的高水平,第二产业区位商值在 2005 年前均处于小于 1.0 的水平,近几年有上升趋势,2007 年上升至 1.06,第三产业区位商值在 20 世纪 90 年代中后期略高于 1.0,但自 2001 年开始逐年下降至 0.8 的低位。由此可见,江西省近几年农业的区位竞争优势稳定,工业发展有持续上升的趋势,而服务业的发展速度明显滞后。

三、江西省与广东省产业区位商对比分析

将江西省与广东省各产业区位商分别进行对比。由图 32-1 可看出,江西省第一产业的区位优势明显高于广东省,且差距还有逐渐增大的趋势,印证了江西省等中部省份在发展第一产业方面具有较强的区域优势。这证实了:中部地区农业资源禀赋优于沿海地区,农业区位优势更明显。

在第二产业方面,江西省正处于工业化发展阶段,工业产值逐年递增,2007 年第二产业 GDP 占全省 GDP 的比重达到 53%,成为江西省经济发展的重要支撑,区位商值为 1.06,甚至略高于广东省的 1.05,如图 32-2 所示。由此可见,江西省与广东省的工业产业优势差距正在逐渐缩小。这证实了:中部地区工业区位自改革开放以来长期处于劣势地位,但随着经济模式的转变,其工业区位优势地位在上升。

但在第三产业方面,江西省与广东省之间的差距明显,且自 1999 年始还有逐年增大的趋势。这证实了:中部地区人口密集程度不及沿海地区,工业生产企业积聚数量和规模落后于沿海地区,第三产业在很长一段时间内处于劣势地位。

总体来看,广东省与江西省区位商历史比较反映了沿海地区与中部地区区位竞争力的变化,也进一步证实了区位竞争力与经济增长关系紧密这一论断。由于区位竞争力随市场、政策、资源禀赋等因素变化而变化,区域经济发展战略应该顺应区位竞争力的变动趋势。目前中部地区农业区位优势明显,大力发展农业是必然选择。但随着中部地区工业区位优势日益凸显,工业化战略成为推动中部地区经济发展的重要途径。根据上述分析可知,中部地区产业发展重点也应顺应区位竞争力的动态变化规律。中部地区目前处于绝对优势地位的是农业,发展农业生产依然是中部地区发展的必然选择。但由于农业是弱质产业,其对经济增长的

贡献有限，必须大力发展其他产业作为经济增长的重要支撑。虽然江西省第三产业还处于劣势地位，但在工业化大发展一段时间之后，其区位竞争力不断提高。因此必须做好促进第三产业快速发展的前期准备工作。

四、江西省产业竞争力分析

相对而言，江西省工业的区位优势要强于第三产业，而且其工业区位优势地位随着我国经济模式转变还将进一步增强。工业在国民经济中所占比重较高，工业的发展也为第三产业的发展提供条件，没有高水平的工业化发展，区域经济总量与第三产业发展也会受到严重制约。因此，工业化战略是江西省经济发展的重要突破口。由于工业涉及范围广，中部六省各自产业基础、资源禀赋和空间地理还存在差异，各省应根据自身条件，有选择地引导发展不同的工业产业。

本章主要整理计算了江西省与广东省 2007 年工业各行业的区位商值来进行比较分析，得出：广东省与江西省的专业化主导产业存在明显差别。广东省的专业化主导产业主要集中在轻工业产业方面，包含纺织服装、鞋、帽制造业，皮革、毛皮、羽毛（绒）及其制品业；家具制造业；印刷业及记录媒介的复制、文化体育用品制造业；塑料制造业、金属制品业；电器机械及器材制造业，通信设备、计算机及其他电子设备制造业，仪器仪表；文化、办公用机械制造业，工艺品及其他制造业；废弃资源和废旧材料回收加工业等。这些产业的区位商值基本在 1.5 以上，有的甚至超过 2.0，从全国来看表现出较强的比较优势。

江西省具有明显专业化的产业有：①矿产资源型产业，包括有色金属矿采选业、非金属矿采选业，非金属矿物制品业、有色金属冶炼及压延加工业等，其中与有色金属采矿与加工相关的行业的区位商最高，达 4.0 左右；②农业资源型产业，包括木材加工及木、竹、藤、棕、草制品业，农副食品加工业，烟草加工业等，这些产业区位商在 1.0 以上，有相对比较优势；③其他制造业，包括汽车零配件制造业、医药制造业等，这些产业区位商大于 1.0，有的超过 2.0。相对于广东省等沿海地区来看，江西省的资源型产业具有发展优势，劳动密集型轻工业和技术密集型轻工业长期处于劣势地位。但由于沿海地区土地要素、劳动力生产要素成本的提高以及外需增长的压力加剧，中部地区的轻工业产业区位优势越来越明显，大量的沿海地区产业向中部地区转移，体现了中部地区产业区位竞争力正在不断加强。此外，江西省在汽车零配件制造业、医药制造业方面的区位竞争力明显，应加强这些产业的发展。

　　一个地区的区位竞争力不是静止不变的。而区位竞争力将政策、市场、资源等因素加以综合考虑。因此运用区位竞争力来分析经济增长的差异和解释"中部塌陷"有着重要的意义。如果一个国家推行外向型经济，且比重较大，那么沿海地区和边陲地区进行市场交易的空间距离就比中部地区短得多，因而容易取得区位竞争优势，利于该地区的经济发展。如果一个国家内向型经济比重较大，则中部地区比沿海地区和边远地区更有区位竞争优势。我国从改革开放到现在奉行的主要国策是"对外开放"，发展外向经济是时代的主旋律。而此时中部地区处于区位劣势，导致"中部塌陷"现象的形成就容易理解。随着中国经济模式向内需型经济转变，中部地区工业产业区位竞争力不断加强，走工业化战略是其根本发展路径所在。此外，中部地区对轻工业产业的区位优势越来越明显，中部地区应抓住产业转移的良好时机，大力拓展劳动密集型轻工业和技术密集型产业。

　　从发展的角度来说，区位的比较优势将经历从资源比较优势到经济比较优势，再到技术比较优势的演变过程。其中，比较优势实质上就是优势企业的规模化优势，是区域分工的进一步深化的表现。一个地区的资源总是有限的，把资源集中投入优势产业集群中的优势企业中去，不仅能够获得专业化带来的好处，还能够进一步获得规模化带来的效率。一个地区的最终优势体现在技术比较优势上。因此，增强江西省产业竞争力，还需要靠企业技术的不断创新，提高企业内部的竞争力，特别是技术创新和产品开发能力。优势企业应以市场为导向，加大新产品的开发力度，并采取各种有效方式吸引和借用优秀科研人才，从而提高江西省产业的现实竞争力。

第三十三章　推进江西省经济持续快速增长的宏观政策选择

近年来，江西省经济正逐步呈现良好的发展态势，由于体制创新和市场化进程的提高等因素，江西省经济已出现强劲的增长势头，经济增长速度明显持续高于全国平均水平。2002年全省GDP增长10.5%，增幅同比提高1.7个百分点，高于全国平均水平2.5个百分点。出现这种现象的主要原因在于江西省一直在努力营造区域经济发展的良好气候，采取切合实际又行之有效的发展思路和改革措施，坚持扩大内需的方针，着力调整经济结构，努力扩大招商引资，改革力度进一步加大，开放步伐明显加快，从而使江西省宏观经济呈现出明显加速的良好发展态势。

客观地说，未来几年对江西省而言是机遇和挑战并存。中国市场经济体系的建立（我国市场化程度已达64%）、发达国家及我国沿海发达地区传统产业的梯度转移及其低成本扩张等都为江西省发展经济提供了千载难逢的机遇，有利于江西省在更广阔的时空上拓展生产力布局，努力开发江西省丰富的自然资源和人力资源。同时，江西省近几年基础设施日益完善，增强了经济发展后劲，为进一步扩大招商引资创造了良好的环境。但在看到有利因素的同时，也应注意到江西省经济运行中的一些深层次矛盾还未得到解决，粗放式增长仍然制约着结构和效益的提高，产业结构层次不高，工业化水平较低，农业产业化程度不高，就业和再就业压力较大，资金、人才等要素缺口较大，所有这些都成为制约江西省经济增长的瓶颈因素。在这种情况下，需要我们见机行事，采取有效的宏观调控措施，乘势而上，努力实现经济持续快速增长。

总的来说，江西省作为全国宏观经济的有机组成部分，在宏观政策取向上，其基本点应与国家一致，坚持积极的财政政策和稳健的货币政策。但更要结合江西省实际，抓住重点，造就有利于江西省经济持续、稳定、快速增长的宏观环境。在宏观政策目标选择上，首先，要继续力争经济增长速度高于全国平均水平，主要指标在全国的排位前移。其次，要努力营造区域宏观经济的稳定，创造宏观调控回旋余地扩大的条件。再次，在追求高增长的同时，努力实现公平分配和充分就业。最后，加大产业结构调整力度，加快基础产业与基础设施的建设步伐。

结合江西省实际，在政府政策选择上，我们提出以下几个具体思路。

（1）强化主攻工业意识，以名牌战略为核心，把规模效益的提高作为江西省工业的主要增长点来抓江西省的经济差距在于工业，其主要增长点也在工业。江西省工业的差距主要表现在以下几个方面：①国有企业增长乏力，这几年支撑江西省工业快速增长的主要是非公有制企业，其贡献率达80%以上，而国有工业增长缓慢；②缺乏有效益、有市场竞争力的名牌产品，上水平、上档次、上规模的大企业、大集团公司也相对较少；③所有制结构中，国有企业比重大，非国有企业尤其是个体、私营企业比重小。因此，江西省在加速工业结构性调整步伐、加快工业发展上，要做到以下几点：①加快国有企业改革，切实提高国有企业有效的发展速度和水平；②支持非国有工业的发展，加快股份制改革和利用外资发展工业的步伐，推进小型国有工业企业的兼并、拍卖、破产、租赁等多种形式的改革进程；③加快名牌产品的培育和大企业、大集团战略的实施步伐，培植江西省未来几年经济增长的支柱产业群和产品群；④制定强制性淘汰落后产业的产业政策、减税政策、固定政策、固定资产加速折旧政策等；⑤加速资源优化组合和现代企业制度的改革，优化企业发展的市场环境，明晰支柱企业产权。

（2）加快推进农业的产业化进程。农业的稳定发展，是未来几年江西省经济增长的主要支持与稳定力量。江西省是农业大省，农业人口占80%以上，农业的发展直接影响第二产业、第三产业的发展。从当前看，江西省农业存在三大突出问题：①农民收入增长速度相对迟缓；②农民积极性下降，农业生产投入下降，农业资源大量流失；③农业劳动力严重过剩，农民负担过重，农业产业化程度低。因此，巩固农业基础地位，围绕农民增收、农业增产增效，打一场农业攻坚战势在必行。在这场攻坚战中，政府应在以下几个方面狠下功夫：①在投资、税收、信贷、价格等政策上向农民倾斜，确保农业与第二产业、第三产业协调发展，农民收入与城市居民收入同步增长，调动农民的生产积极性；②以三高农业、特色农业为突破口，提高农业生产效益，突出区域优势，促进三高农业、特色农业在地区中的专业化、现代化水平，从而提高农业的比较利益，增加农业与农民的收入;③着力形成农民服务的农业技术体系与服务体系,以优良的传统农业技术为基础,通过生态农业特别是生物工程技术来促进农业的发展;④政府运用政策和法规加快建立和完善农村社会保障体系,分散农业风险,保证农民收入的稳定增长;⑤加强乡镇企业及小城镇的建设,这是解决农村剩余劳动力的重要手段,也是促进农业生产规模化、专业化的重要内容之一。

(3) 狠抓第三产业的繁荣与发展。随着全国统一、开放、竞争的市场体系逐步完善,江西省在区域市场中的地位将会凸显出来。抓住这一有利时机,努力开拓市场,拓展流通,繁荣第三产业,可以为江西省经济增长提供更多的有效需求和市场机会。近年来,市场制约已逐步成为决定江西省经济增长的一个重要因素。据统计,江西省国有商业零售商品中,本地产品仅占15%这固然与产品自身质量等因素有一定关系,但也与市场拓展不力有关。作为经济增长支柱之一的第三产业的发展,取决于第一产业、第二产业的发展水平,也取决于人口城市化、生产与消费的商品化程度。加快发展第三产业应根据江西省实际情况,采取分类指导、突出重点的原则来选择政策措施,具体如下:①针对京九铁路贯穿江西南北的状况,继续强化流通基础设施建设,加强专业市场的建设,使处于交通要道的区域成为商品重要的集散地;②加强农村商业与服务的发展,使之成为商业流通的一个重要增长点,同时把城市的隐性服务转化为市场化和社会化服务;③努力完成城镇住房商品化进程。据统计,当城镇居民住房消费支出占家庭收入的比重超过12%以后,住房流通和消费可以带来的增加值占第三产业增加值的比重可达10%以上,第三产业在GNP中的比重也将上升4~5个百分点;④继续加快金融业、交通运输业、通信业以及其他服务产业的发展,尤其要重视社会化的医疗保险、待业保险、养老保险制度的建立;⑤抓住加入WTO的机遇,大力扩大对外贸易,调整出口结构,通过大进大出,有效地支持生产和消费的发展。

(4) 培育江西省的经济发展极。由于历史、地理环境等方面的影响,区域发展不平衡是一个客观存在的现实。但是,发达地区先行起步,形成发展极,落后地区可以通过接受发达地区转移过来的生产技术和劳动技能等,改变落后面貌,这就是从地区经济差异劣势转为经济增长优势的过程。为了加快江西省发展极的创建,关键要根据生产力布局拓展思路,加快京九线上的赣州、吉安、南昌、九江的发展,加快浙赣线上的上饶、鹰潭、抚州、宜春、新余、萍乡的发展,同时加快景德镇等大中城市的发展步伐,形成承接发达国家以及我国沿海传统产业转移的接受群。为此，这些城市要做到以下几点：①加快经济体制改革步伐，形成创造新企业的环境；②要着力培养主导产业，聚集一批具有创新能力的企业群；③加强城市基础设施建设，使城市成为吸引资本和人力的中心；④政府要制定鼓励发展向落后地区扩散其生产技术，以及落后地区选择接受符合本地区发展的生产要素政策，打破封锁，形成资源配置优化和有效转移机制；⑤加强中心城市周围卫星城建设步伐，通过群星拱月式的城市建设格局，发挥发展极的扩散效应。

（5）提高投资效率，切实转变增长方式。江西省经济增长与投资关系密切，统计资料表明，江西省固定资产的投资增长和GNP的增长具有较强的正相关关系。投资是影响江西省经济增长的重要因素。未来几年，江西省固定资产投资率大约在30%左右，但仍然要力争更高一些。然而目前要做的工作就是切实转变经济增长方式，把握投资的方向和效率，使投资真正成为促进经济稳定快速发展的动力。为此，要做到以下几点：

一是要切实转变经济增长方式，充分发挥市场机制引导投资的作用，实行差别利率、税率以及其他产业政策，鼓励资金流向短线产业或有效益的产业，提高宏观投资效益。

二是完善投资运行机制，强化投资者的风险意识，硬化投资主体的风险约束机制，规范投资行为。

三是加强对科技、教育的投资力度，使科技投入占GNP的比重由1.5%至少提高到3%以上，达到世界平均水平，使科技进步对经济增长的贡献率在2010年达到50%以上，以此来促进经济发展。

四是做好项目投资的可行性分析，力促项目达产达标，发挥其应有的作用。过去的投资建设存在不少浪费和损失。由于未来几年江西省资金相对不足，因此，必须在提高投资效益上下功夫，加速资金周转。

五是加快外资引进，拓宽与外界沟通的渠道，充分发挥信息在投资中的作用，支持国民经济稳定快速发展。

（6）促进微观活力和有效宏观调控的统一。改革开放以来，江西省经济运行机制已发生了巨大变化，微观主体已开始由单纯依赖政府，转为依赖市场，微观基础的活跃使之可以根据市场和政策的变化情况调整自己的经营行为，获取利益。政府已经开始主要依靠经济政策来实现宏观调控，保持经济的稳定快速增长。近几年，江西省经济波动小，周期拉长，重要原因在于宏观管理的改善和微观基础对宏观调控的反应能力增强，体制创新释放的能量使经济波动具有内在稳定器作用。因此，要加大体制改革力度，使体制创新成为江西省经济增长的强大动力。一方面，要加快现代企业制度改革步伐，建立规范有效的企业行为约束机制，使宏观调控有一个良好的微观基础；另一方面，要加快省级宏观调控体系的建立，充分发挥货币、财政等手段的调控作用。首先，优化经济结构。运用产业政策，着重进行产业结构、产品结构、企业组织结构的调整，强化资源合理配置，扶持优势产业，形成主导产业群，并通过对农业、能源、交通等基础产业的倾斜，增大这些部门支持经济增长的力度。其次，要运用经济政策强化对物价水平的控制。物价水平受全国大气候影响，但通过控制省内物价的波动，也可以有效减缓整个物价总水平的波动。

第三十四章　资源禀赋与产业融合下江西省创业发展模式探讨

一、资源禀赋和产业转移对江西省创业机会影响的分析

(一) 基于资源禀赋的创业机会分析

(1) 江西省位于我国东南部，地处扬子板块与华南板块接合部，环太平洋成矿带的内侧，成矿地质条件优越，矿产资源丰富。全省共发现各类有用矿产160种，矿产地5000余处。其中，探明储量的矿产101种，已列入储量表的矿产有96种。江西省的矿产资源虽然很丰富，但是在开发利用的过程中，却存在资源开发初级产品比重大、技术含量低的问题。矿产资源开发仍处于提供矿产品初级原料水平，利用水平低，开发粗放，浪费严重，深加工产品少，技术附加值低。江西省成了国内外企业的工业原料供应地，矿产资源优势未得到充分发挥，这为江西省利用矿产资源带来了诸多的创业机会。

(2) 江西省文化资源得天独厚，红色文化、绿色文化、古色文化像一颗颗璀璨的明珠，遍布赣鄱大地。安源是中国共产党领导下工人运动的发源地，南昌是八一起义的发生地，是人民军队的摇篮，是军旗升起的地方，井冈山是中国革命的摇篮，瑞金是共和国的摇篮，以瑞金为中心的赣南闽西革命根据地构成了中央苏区的主要区域。江西省山清水秀，自然风景、名胜古迹繁多。自古就享有"匡庐奇秀甲天下"盛誉的庐山。三清山得天独厚的自然条件构成了雄奇险秀、云雾迷蒙、空气清新、山青水碧、花木葱郁的自然景观。上饶的婺源有中国最美的农村风光，江西省古代传统文化、古代名人、古代建筑融为一体。江西省是儒学衍化出理学、心学而完成其哲学化过程的地方。白鹿洞书院是书院文化中的标本，江西省孕育了土宗和禅宗两大宗派，龙虎山是道教的发源地，因此，实施重大文化产业项目带动战略，加快文化产业基地、文化产业园区和区域性特色文化产业

集群的建设，培育或已经培育一批文化产业示范基地，利用地方特色文化资源，努力打造文化产业品牌，将带来一批创业项目，这是江西省重大的创业机会。

（3）江西省农业气候资源的总特征是热量丰富，雨量充沛，日照较充足。江西省气候丰富多样，有利于亚热带作物和林木、花卉生长，丘陵山区丰富多样的气候特征和土壤条件对农业生产的分层利用，开展有机农业、绿色农业和特色农业生产提供了有利条件。江西省水资源量约占全国水资源的5.2%，总量居全国第7位。江西开始注重绿色产品的开发和名牌产品的创立。全省已有40多家企业开发了57种绿色产品，2001年，全省绿色产品销售收入达16亿元，出口创汇1600万元。虽然绿色产品总量不多，但质量较高。全国被评为AA级绿色食品的产品共53个，江西省就占了4个。尽管农业企业得到了一定发展，但江西省农业产业化水平不高，依托于农业资源，可以推断农业产业化创业将具有重要的潜力。

（二）基于产业转移的创业机会分析

随着世界金融危机的爆发，沿海地区向内地产业转移已经演变成一股不可遏制的新浪潮。沿海产业转移通常是一些劳动密集型产业，主要是轻工业，包括电子、纺织制衣、五金、日用品制造等。而江西省在承接沿海地区的产业转移过程中拥有较大的优势。首先，江西省地处中国中部地区，紧靠3个三角地区，地理位置和交通条件具有承东启西、沟通南北、通江达海的优势。其次，与沿海发达地区相比，江西省的低成本优势很明显。目前，江西省人均工资只有沿海发达地区的一半左右，也低于中西部地区大部分省份；土地、水电等要素费用都比发达地区低，平均水价只有上海的50%、广东的60%左右。最后，江西省还处在工业化中期的开始阶段，而广东省等沿海地区已基本进入工业化成熟阶段。正是因为江西省的工业化与广东省等沿海地区的梯度差异，构成了广东省等沿海地区对江西省产业转移的原动力。因此，江西省利用立足中部的优势，积极参与地区合理分工，为江西省经济发展带来重要的创业机会，具体模式可包括：

（1）沿海企业直接投资创业模式。跨区域直接投资是指企业跨越区域界限到其他区域去投资设厂，进行生产和销售，在运行上表现为发达区域企业对发展中区域的投资行为。

（2）沿海企业内部一体化的创业模式。企业一体化是指企业在全球范围内有效地配置各种要素资源，精确地管理着各国的协作企业，形成一体化的产销网络体系。该模式有利于发挥江西省劳动力丰富的比较优势。江西省许多设备落后的国有企业通过引进沿海地区的企业参与改制、改造、输入先进技术，可以直接促进企业技术水平的提高，有利于江西省经济的进一步发展。

（3）沿海企业虚拟一体化创业模式。企业虚拟一体化模式主要是指珠三角具备一定竞争力的企业在与江西省企业合作时采取类似于跨国公司企业虚拟化的一种模式。实现形式包括来料加工、来样加工、来件装配、转包等，江西省承接珠三角产业转移。

二、资源禀赋与产业转移的创业机会间的矛盾与冲突

（一）低成本转移产业带来的污染与鄱阳湖生态经济区发展战略之间的矛盾

东部发达地区转移和辐射出的通常是传统的高耗能高污染产业，很多地方政府"饥不择食"，在承接产业转移过程中，产生一些盲目的、不科学的、以环境换取经济增长的短期行为。目前，已经有大的造纸厂（如晨鸣纸业）以及众多小的造纸厂、水泥厂、木材加工厂等落户。如果不对这些沿海省份限制发展的产业加以限制，将会对江西省造成资源浪费和环境污染，对可持续发展极为不利。2009年12月，江西省提出鄱阳湖生态经济区战略获得国务院批复，这标志着鄱阳湖生态经济区战略上升为国家战略，发展生态经济成为江西省未来经济发展的必然选择，低成本转移产业带来的污染与鄱阳湖生态经济区发展战略之间存在着矛盾。

（二）转移产业低技术含量输入与矿业深加工对高科技需求矛盾

产业转移过程也伴随着技术生产要素在区域之间的转移。20世纪下半叶，劳动密集型产业由美国向墨西哥转移、由西欧向西班牙和葡萄牙等地转移。在这种劳动密集型产业转移过程中，低加工技术也随即输入给承接地。沿海地区产业主要是轻工业产业，包括电子、纺织制衣、五金、日用品制造等与我们日常生活紧密相连的产业，这些产业所依附的技术水平也不高，对江西省技术水平的总体提升作用不明显，也不能满足江西省矿业深加工的高科技需求。江西省矿产资源开发仍处于提供矿产品初级原料水平，利用水平低，开发粗放，浪费严重，深加工产品少，技术附加值低，迫切需要提高矿产品的精加工技术，需要资本投入，利用这些资源来发展新材料。

（三）承接产业转移所需要素挤占资源性产业发展之间矛盾

一方面，大量劳动密集型产业向内陆地区转移，使得江西省对劳动力的需求总量以每年10%左右的速度增加。江西省已经出现"用工荒"现象，这表明承接产业转移所需劳动力要素挤占江西省资源性产业发展所需的劳动力资源，许多农业产业化企业面临招工不足的局面。另一方面，由于沿海产业转移快速发展，各地工业园建设加速，园区用地紧张局面逐渐出现，本地资源型企业在某种程度上受到排挤，可以预料今后这种局面会进一步加剧。另外，江西省本身资金不算充裕，当产业转移企业在江西投资时，向当地金融机构贷款后，当地资源性企业的发展资金被挤占，当地资源性企业融资越发困难。而无论是矿业资源企业提升加工技术、文化产业的项目化运作，还是农业生态产业发展都需要大量资金投入。承接产业转移所需要素挤占资源性产业发展的矛盾将在今后变得越发尖锐，这对江西省经济结构调整产生负面影响。

三、资源禀赋与产业转移融合下的江西省创业发展模式

江西省经济发展必须考虑资源禀赋和产业转移两重背景，必须对两重背景下的创业机会差异以及两者造成的矛盾和冲突进行分析，在融合两者共性的基础上，提出相应的创业机会。

基于上述分析，必须运用产业融合与产业联系的思想来展开分析。

在产业融合中解决资金要素不足的矛盾，积极发展文化产业、旅游产业、房地产产业相融合的创业模式。文化市场对相关产业的推动作用不断凸显。据省文化厅统计，江西省网络文化市场每年的计算机购置量占全省计算机销量的1/3。全省网吧每年支付电信部门的费用占其互联网业务的近一半。同时还带动了IT软件业、房产租赁业等相关产业的发展。农业生态产业与运输、旅游、服务等产业的融合。江西省信丰县素有"中国脐橙之乡"的美誉，是我国唯一脐橙原产地保护县域。全县目前种植脐橙万亩，脐橙年产量达万吨，产值亿元。如今，信丰县脐橙产业已延伸到果园养殖、种苗培育、脐橙加工、销售、运输、旅游、服务等产业，产业集群年产值达亿元。

在产业关联中对承接产业转移进行选择，重视资本转移和关联技术输入性创业模式。首先，将引进外资的较大份额投向技术、资金相对密集的行业，提升了江西省的产业结构；尤其是跨国投资企业的规模一般较大，更能体现产业规模的

经济效益；同时，对于市场经济体制还不健全的江西省来说，利用外资对改善资源配置效率的作用更加明显。其次，承接产业转移还可以提升江西省关联产业存量资本和新形成资本的质量。当外资企业向江西省本地企业购买零部件和原材料时，对其质量、技术和性能提出较高要求，还可能提供相应的技术标准和技术援助，从而提升这些关联产业的技术与产品水平。欠发达地区要吸取发达地区发展工业化方面的教训，坚持以科学发展观指导产业转移的承接工作。要大力引进高新技术产业，并用高新技术改造传统的原材料产业，提高其附加值，改变传统资源开发模式，使资源优势真正成为新的经济优势。因此，与当地资源产业配套的产业转移创业对策，应该提高产业配套能力，吸引具有龙头带动作用的大型企业入区，带动配套企业跟进，形成产业链。

鼓励对接资源性产业沿海直接投资型创业项目，大力推动矿业精加工、生态产业化、文化特色化创业模式。江西省积极推进传统产业高新技术化和高新技术产业化，做大做强传统优势产业。以推进新型工业化为核心，突出抓好矿产品精深加工、尾砂综合回收利用和煤矸石火力发电等项目；以绿色食品产业为主导，以优质的农副产品资源为依托，重点引进一批农业基础建设项目和带动能力强、科技水平高、市场前景好的龙头加工项目；重点抓优势产业的发展，努力提高产业的空间聚集度。立足于信息化和工业化互相融合，改造提升传统产业，大力发展先进制造业、高新技术产业和现代服务业，努力构建具有较强竞争力的现代产业体系。积极引入大资本直接投入，将江西省的人文资源、旅游资源、农业资源有机地融合起来，培养根植江西省资源的总部经济。

第三十五章 基于农批市场经营户视角的农产品质量安全可追溯行为分析

经过改革开放 30 多年的努力，中国人民已经基本解决了温饱问题，正在逐步迈向全面的小康社会，追求更高的生活质量成为人们的美好憧憬。然而，回顾我们经历的食品安全事件，"问题奶粉"、"镉大米"、"假羊肉"等仍历历在目，频发的食品安全危机严重影响了人们的饮食健康和消费信心。严峻的食品安全形势，使得探寻一条解决食品安全问题的路径成为政府和学术界的热点问题。进入 21 世纪以来，农产品可追溯制度被作为破解食品质量安全问题的有效手段。欧盟开启了农产品"从田间到餐桌"全过程追溯管理，此后，美国、日本等国家纷纷建立了农产品质量安全可追溯制度，并取得了不错的效果。我国也在 21 世纪初开始探索建立农产品质量安全可追溯体系，例如，农业部 2001 年启动的"无公害食品行动计划"，商务部和财政部 2010 年启动的"肉类蔬菜流通追溯体系建设"等。在农产品研究领域，可追溯系统建设成为研究热点问题。

为了更好地探索农产品链条上利益相关者实施可追溯行为的情况，本章立足于农产品批发市场内的经营户，对其展开调查，分析其可追溯行为实施情况，并通过建立计量模型来研究经营户实施可追溯行为的影响因素。

一、相关文献综述

（一）农产品质量安全

我国《农产品质量安全法》中的农产品质量安全，是指农产品质量可以达到保障人们健康、安全的要求。樊红平、叶志华（2007）认为，农产品质量安全是对农产品品质和特性的要求，可以概括为成分安全、功能安全、免疫安全和遗传安全四个方面。金发忠（2005）将农产品质量安全内涵的研究概括为三种：第一种,广义的概念,把质量安全作为一体,既有质量也包含安全;第二种,狭义的概念,突出质量因素中的安全因素;第三种,质量和安全的组合,即农产品外观、内在品质以及危害因素。

(二) 农产品质量安全问题的成因

关于农产品质量安全问题产生的原因,国内外有许多研究,多集中在信息不对称、责任不可追溯等方面。叶俊焘 (2010)、周洁红 (2011) 认为,农产品质量安全问题产生的原因在于信息不对称、责任不可追溯造成的市场失灵。胡庆龙、王爱民 (2009) 认为,除了市场失灵,导致农产品质量安全问题的原因还有为了弥补市场失灵而造成的政府管理失灵。Golan (2004)、Pettitt (2001)、Monteiroetal (2005) 等的研究成果表明,食品质量安全问题是由其质量的信用品属性引起的信息不对称和逆向选择所致。这一点在国内也有相应的研究,姬亚岚 (2006) 从农业及其产品的属性阐述了我国的"三农"问题,她认为农业要素天然地存在自然属性,农业产品具有公共产品和准公共产品的特性。她进一步从农业性质引发的问题,论述了农业产品的公共性质产生的外部性导致市场失灵,解释了我国农产品质量安全问题产生的原因。

本章通过对相关研究的文献进行归纳梳理,发现农产品质量安全问题的原因是农产品市场上存在"市场失灵",而这种失灵多是由信息不对称、外部性等引起。

(三) 农产品质量安全可追溯系统

《质量管理体系——基础和术语》认为,可追溯是一种追踪所考虑对象的历史、应用情况或所处场所的能力。欧盟《食品基本法》中将可追溯性定义为:在食品生产、加工和销售各环节中,对有可能成为食品或原料组成成分的任何物质的追踪能力。国际标准化组织将农产品可追溯系统定义为:"在生产、加工及销售的过程中对食品、饲料、食用性动物及有可能成为食品或饲料组成成分的所有物质追踪的能力。"叶俊焘 (2010),周洁红、张仕都 (2011) 指出,农产品质量安全可追溯系统本质上就是收集农产品在各个环节的质量安全信息,并在供应链各主体间进行传递,解决交易过程中的信息不对称问题,有效提高农产品质量安全水平。

二、数据来源与样本情况

(一) 数据来源

本章的数据来源于笔者在江西南昌深圳农产品中心批发市场（简称南深农市场，是江西南昌市最大的综合性农产品批发市场，属全国百亿市场行列）开展的面向经营户的实地调研。调查问卷设计在国内一些学者，如周洁红、汪渊、张仕都（2011）对相关问题研究的基础上，根据他们调查的经验和反映出的问题，对问卷进行了修改。最终调查问卷的内容结构如表35-1所示。

表35-1 调查问卷结构和内容

问卷结构	调查内容	调查内容对应的问题
第一部分	经营户基本情况	性别、年龄、受教育程度、经营年限、收入比例
第二部分	经营户的行为	实施行为、了解程度、保障安全、获取渠道、质量认证
第三部分	经营户对市场认知情况	买者类型、买者关注、买者索票、相对经营规模、同行实施情况、市场抽检频率、入场登记、出场登记、市场惩罚措施、政府抽检频率、政府处罚措施、检查票证频率

为了测量问卷的可靠性，利用SPSS19.0对问卷做了信度分析，选用Cronbach's Alpha系数作为问卷的内部信度，结果表明，问卷的信度为0.740，表示问卷具有良好的可靠性。

(二) 样本情况

本次调查共发放问卷300份，回收256份，经过筛选，共获得182份有效问卷，问卷有效回收率为71.09%。调查样本的基本情况如下：性别分布：男性占66.48%，女性占33.52%，说明农产品经营户主要为男性。年龄分布：年龄分布基本涵盖了所有成年人的年龄分布，其中40~49岁的农产品经营户最多，占样本总数的36.81%，接着是30~39岁，占样本总数的32.97%，两者合计占样本总数的69.78%。受教育程度情况：受教育程度以初中和高中专为主，两者合计占样本总数的82.42%，表明农产品经营户大部分具备中等程度的教育水平。经营年限分布：从事农产品批发行业的年限基本覆盖各个区间段，其中10年及以上最多，占样本总数的41.21%，7年以上经营年限的占样本总数的61.54%，表明进入市场的大部分经营户一般都是长期经营。收入比例情况：经营户经营收入占家庭总收入的比例同经营年限的分布类似，63.74%的被调查者收入比例超过61%，说明大部分经营户从事农产品收入是其家庭收入的主要来源，农产品经营收入对经营户可以产生比较大的影响作用。

三、农批市场经营户实施可追溯的行为分析

（一）经营户实施可追溯行为情况

（1）是否可以做到可追溯。问卷中使用"请问您经销的产品是否可以做到可追溯"来测量南深农市场内经营户实施可追溯行为的情况。调查数据显示，选择"不可以"的有130人，占比71.43%；选择"可以"的有52人，占比28.57%，表明市场内大部分经营户还不能实现农产品可追溯。

（2）对可追溯系统的了解程度和认知情况。统计结果显示，经营户对可追溯系统的了解还不够，被调查的经营户对可追溯系统一般了解的只占23.08%，有40.66%的经营户表示只是听说过，还有28.57%完全不知道。同时，65.93%的经营户认为，实施农产品质量安全可追溯系统有助于保障农产品质量安全，但也仍有34.07%的经营户对可追溯系统对农产品质量安全的作用持否定或者不确定态度。

（二）经营户可追溯行为特征

（1）获取农产品的主要渠道。样本数据显示，直接向产地收购是获取农产品的主要渠道，占样本总数的71.43%，接着是向上级批发市场批发，占样本总数的21.98%。从可追溯性角度来看，产地收购一般来源于几个产地或者几十个散户，比较难掌握农产品质量安全信息，不容易达到追溯的目的，而且追溯成本也非常大；对于自产自销的经营户，由于清楚自己产品的过程和质量信息，他们容易选择好的产品进入市场实施可追溯；来自上级批发市场和本市场的农产品可以根据票证、长期契约关系和信息上相互较充分沟通都能比较好地达到可追溯要求。

（2）农产品质量认证情况。调查数据显示，61.83%的被调查者认为自己经销的农产品没有获得农产品质量认证，31.87%的被调查者认为已经获得某类质量认证。通过对调查个案的观察，发现农产品的质量认证对于实施可追溯行为还是比较有影响的，一般表示可以做到追溯，基本都获得了质量认证。

（3）同行业实施可追溯行为。调查结果显示，多数认为身边实施了可追溯行为的同行比较少。选择"基本没有"、"有一些"、"很多"的比例分别为41.21%、

35.71%、21.98%,反映市场内整体实施可追溯的环境不是很好。

四、农批市场经营户实施可追溯行为的影响因素分析

(一)理论模型

在农产品质量安全研究领域,许多计量研究方法不断完善。周洁红、汪渊、张仕都(2011)利用二元逻辑回归模型分析了蔬菜质量安全可追溯体系中的供货商行为;吴林海、徐玲玲、王晓莉(2010),王锋(2009)利用二元逻辑回归模型分析了消费者对可追溯农产品的认知和支付意愿情况。考虑到因变量经营户可追溯行为分为可以和不可以两种行为,因此,采用二元Logistic回归分析:

$\ln\left(\dfrac{p}{1-p}\right) = \beta_0 + \beta_1 x_1 + \cdots + \beta_k x_k$。其中,p表示经营户已实施可追溯行为的概率,$\ln\left(\dfrac{p}{1-p}\right)$表示经营户已实施可追溯行为发生比的对数,$x_k$表示第k个自变量,$\beta_0$,$\beta_1$,…,$\beta_k$是待估计的未知参数。根据问卷设计内容和理论模型,本章的变量、变量定义及变量赋值含义如表35-2所示。

表35-2 模型变量定义

变量	变量定义	变量赋值含义
是否可以做到可追溯	是否可以做到可追溯	0=不可以,1=可以
性别	性别	1=男,2=女
年龄	年龄	1=30岁以下,2=30~39岁,3=40~49岁,5=50岁及以上
受教育程度	受教育程度	1=小学及以下,2=初中,3=高中/中专,4=大专及以上
经营年限	从事农产品批发行业的年限	1=3年及以下,2=4~6年,3=7~9年,4=10年及以上
收入比例	经营收入占家庭收入的比例	1=20%及以下,2=21%~40%,3=41%~60%,4=61%~80%,5=81%~100%
相对经营规模	市场内相对经营规模	1=很低,2=较低,3=中等,4=较高,5=很高
获取渠道	获取农产品的主要渠道	1=自产,2=上级批发市场,3=产地收购,4=本市场,5=进口
质量认证	产品是否获得某类质量认证	1=没有,2=有
买者类型	购买者的主要类型	1=家庭和食堂,2=超市和农贸市场,3=下级供货商,4=配送商,5=酒店、饭馆等场所
买者关注	购买者对产品来源的关注程度	1=不关注,2=一般,3=关注,4=很关注
买者索票	购买者是否会索要交易凭证	1=不会,2=偶尔,3=经常

续表

变量	变量定义	变量赋值含义
同行实施情况	身边同行实施可追溯行为情况	1=基本没有，2=有一些，3=很多，4=全部
市场抽检频率	市场监测中心每周的抽检次数	1=0次，2=1~2次，3=3~4次，4=5~6次，5=7次
入场登记	产品进入市场是否有进行入场登记	1=没有，2=有
出场登记	产品退出市场是否有进行出场登记	1=没有，2=有
市场惩罚措施	是否清楚农批市场对不合规格产品的处罚措施	1=不清楚，2=不确定，3=清楚
政府抽检频率	政府部门每月的抽检次数	1=0次，2=2次，3=2~3次，4=4次及以上
政府处罚措施	是否清楚政府部门对不合格产品的处罚措施	1=不清楚，2=不确定，3=清楚
检查票证频率	政府部门和农贸市场检查经营票证的频率	1=不会，2=偶尔，3=会，4=经常

（二）模型估计结果

本章采用SPSS19.0统计软件，对调查获得的变量数据进行二元Logistic回归处理，采用Enter方法，并将概率设定为0.01。将所有变量代入模型进行运算，根据运算结果，在自变量的系数显著为零的概率大于1%的所有变量中，将最不显著的自变量从模型中剔除；然后将剩余的自变量代入模型，重复前面的判断，依此类推，直到所有自变量都显著为止。

检验运算过程共经过16步，模型依次剔除了"买者类型"、"出场登记"、"相对经营规模"、"经营年限"、"买者关注"、"政府抽检频率"、"收入比例"、"市场抽检频率"、"年龄"、"受教育程度"、"获取渠道"、"同行业实施情况"、"市场处罚措施"、"入场登记"和"性别"共15个变量。运算结果对比如表35-3和表35-4所示。

运算输出结果显示，模型的似然比卡方统计量为160.091，自由度为4，对应的p值为0.000，小于0.01，所以有理由拒绝所有回归系数都等于零的假设；Hosmer-Lemeshow卡方统计量为24.261，自由度为8，对应的p值为0.002<0.01，所以，得到与对数似然比检验一致的结论；-2 Loglikelihood统计量为57.679，Cox & Snell R方统计量和Nagelkerke R方统计量分别等于0.585和0.838，意味着模型解释了被解释变量80%以上的变动。综合以上指标，该模型整体是显著的。

表35-3 模型运算结果(初始)

变量	B	S.E.	Wals	df	Sig.
性别	13.105	8.100	2.592	1	0.107
年龄	2.222	1.693	1.723	1	0.189
受教育程度	2.501	1.902	1.733	1	0.188
经营年限	−4.317	0.823	1.032	1	0.310
收入比例	0.638	0.699	0.834	1	0.361
相对经营规模	1.133	1.349	0.705	1	0.401
获取渠道	3.206	2.494	1.646	1	0.199
质量认证	7.204	4.011	3.226	1	0.072
买者类型	0.577	0.733	0.519	1	0.471
买者关注	−1.662	2.128	0.610	1	0.435
买者索票	7.691	4.676	2.706	1	0.100
同行实施情况	2.405	2.433	0.978	1	0.323
市场抽检频率	−1.893	1.531	1.529	1	0.216
入场登记	4.644	3.246	2.046	1	0.153
出场登记	1.575	1.971	0.639	1	0.424
市场惩罚措施	−3.840	2.594	2.192	1	0.139
政府抽检频率	1.570	1.532	1.049	1	0.306
政府处罚措施	11.559	6.630	3.039	1	0.081
检查票证频率	5.711	3.045	3.517	1	0.061
常量	103.455	58.584	3.119	1	0.077

表35-4 模型运算结果(最终)

变量	B	S.E.	Wals	df	Sig.
质量认证	2.985	0.789	14.304	1	0.000
买者索票	1.603	0.513	9.764	1	0.002
政府处罚措施	2.631	0.655	16.127	1	0.000
检查票证频率	1.395	0.518	7.257	1	0.007
常量	−17.030	3.061	30.906	1	0.000

(三)结果分析与讨论

(1)农产品质量认证。"质量认证"对经营户实施可追溯行为具有显著影响,因为如果产品获得某类质量认证,代表质量上有保障,这时经营户就愿意承诺可追溯;相反,对于没有经过认证的产品,经营户实施可追溯的风险就大,出于自我保护意识而不愿意实施可追溯。调查中,"获取渠道"对经营户实施可追溯行为没有显著影响,这与农产品获取渠道多、存在不规范行为有关系。

（2）购买者索票。票据作为购买行为的直接证据，对于经营户可以形成较强的约束力，对索要票证的购买者，经营户会比较重视所卖产品的质量信息。但统计数据显示，大多数购买者主动索要交易凭证的意愿不强烈，导致了这种约束力有限。而"买者类型"、"买者关注"都不是经营户实施可追溯行为的显著影响因素，也与现在对农产品质量安全关注程度不高、意愿不强有关。

（3）农批市场管理。农批市场管理者直接面对市场和经营户，是检查票证的主要管理方，对经营户资格证件和经销产品票据的定期检查可以有效确保市场内农产品质量安全，也能够保证可追溯行为持续进行下去。"入场登记"、"出场登记"、"市场抽检频率"和"市场处罚措施"不是经营户实施可追溯行为的显著影响因素，除与市场相关制度的执行力度有关之外，还与农批市场的性质有关。农批市场作为一家企业，必须要考虑自身经济利益，批发市场数量大、规模小，面临着激烈的市场竞争，经营户数量减少必然导致企业损失，所以经济利益的考量也使得一些市场管理措施难以影响经营户的可追溯行为。

（4）政府管制。政府处罚一般具备法律效应，可以对经营户形成强烈的约束力。只要政府处罚措施执行到位，是能够对经营户可追溯行为产生较好影响的。"政府抽检频率"和"市场抽检频率"一样，都不是经营户实施可追溯行为的显著影响因素，这与政府、市场管理方和经营户之间存在信息不对称有关。经营户比抽检人员更清楚自己产品的质量安全情况，因此，可以对抽检进行有效应对，结果抽检就难以对经营户形成有效约束力。

（5）经营户特征。"性别"、"年龄"、"受教育程度"、"从业年限"、"收入比例"、"相对经营规模"和"同行业实施情况"都不是经销实施可追溯行为的显著影响因素。这说明经营户自身主动实施可追溯系统的积极性低，加上推动实施可追溯的难度大、成本高，要经营户自己加强可追溯系统的建设不太现实。在实际经营中，影响其经营行为的因素更可能来自外在力量的约束，而非经营户本身。

综上所述，我们可以得到下列结论与启示：

第一，造成农产品质量安全问题的原因在于农产品市场上存在"市场失灵"，造成市场失灵是因为农产品市场上存在信息不对称和外部性等原因。因此，要解决信息不对称的问题进而达到解决农产品质量安全问题，其核心还是要增加农产品质量安全信息的透明度，通过优质优价的激励机制和明确责任的潜在惩罚机制，使市场提供高质量安全的农产品。建立农产品质量安全可追溯系统是破解农产品质量安全信息不对称的好办法。

第二，南深农市场内农产品经营户实施可追溯行为的比例不高，自发实施可追溯行为的积极性不高，购买者和农批市场管理者的监督有限。在现有市场环境下，建立农产品质量安全可追溯系统更多地需要依靠政府部门的引导，利用购买者和农批市场管理者的外部约束力，形成"倒逼"机制，使得经营户参与到农产品质量安全可追溯系统建设中。在四方协同作用下，才能保证农产品质量安全可追溯系统更加有效地建立和运行，从而达到保障市场农产品质量安全的目标。

第三，"质量认证"、"买者索票"、"政府处罚措施"和"检查票证频率"对市场内经营户实施可追溯行为具有显著影响。因此，在农批市场内建立可追溯系统，还应注重从以上四方面着手，以有效引导经营户实施可追溯的行为。具体来讲，政府应该加强农产品质量认证体系和农产品质量认证工作建设，强化农产品市场质量认证意识，提高质量认证的公信力；加强对农产品质量安全可追溯的宣传，提高消费者的索票意识；政府和农批市场管理部门完善处罚措施制度，规范检查经营者票证的规定，保证各项工作得到有效执行。

第三十六章　农产品质量安全问题及其解决路径探析

食品安全问题日益严峻，食品安全事件如"问题奶粉"、"镉大米"、"假羊肉"等仍历历在目，而类似名词几乎每年都能成为新闻媒体争相报道的对象。频发的食品安全事件及其解决路径探索已经成为社会各界关注的焦点。

一、农产品与农产品质量安全

（1）农产品。我国《农产品质量安全法》中的农产品，指来源于农业活动的初级产品——植物、动物、微生物及其产品。《现代汉语词典》中农产品是指农业生产的物品。美国农业部对农产品的概念界定相对较详细，包括耕作和放牧活动所形成的产品，以及所有类似活动形成的副产品，并进行了具体分类。本章认为，农产品来源可以概括为土地、海洋、湖泊等，满足人们需要的农作物品及其初级加工品，包括蔬菜、肉类、粮油干货、果品和水产等。

（2）农产品质量安全。我国《农产品质量安全法》中的农产品质量安全，是指农产品质量达到可以保障人们健康安全的要求。通过对农产品质量安全研究的归纳，农产品质量安全应该包括以下几个方面：①生产安全，即农产品生产环境、生产过程中使用的中介物质，例如化肥、农药、饲料、设备等；②流通安全，农产品在流通环节不受污染及其他添加的不安全因素；③可追溯安全，实施了可追溯系统的农产品应该确保能够有效实现可追溯，保证可以追溯到问题农产品出现问题的环节，落实责任；④食用安全，也可称为餐桌安全，即农产品最终被消费者食用时是安全可靠的。

二、农产品质量安全问题的成因分析

关于农产品质量安全问题产生的原因，国内外有许多相关的研究，多集中在信息不对称、责任不可追溯等方面。

通过对相关研究的文献进行归纳梳理，发现造成农产品质量安全问题的原因在于农产品市场上存在"市场失灵"，而造成这种失灵多是因为信息不对称、外部性等原因。因此，下面从信息不对称和外部性两个角度来进行分析。

（一）信息不对称

第一，经营户与消费者之间的信息不对称。经营户从产地或者批发市场收购农产品，主要关注农产品外观品质和价格，考虑的是要让消费者认可从而获取收益，并不太注重生产环境是否良好、生产过程是否科学等，甚至存在经营户为了给产品增色或保持其品质，在运输过程中违规使用添加剂等现象。而消费者难以获得这些信息，从而导致在消费环节不能把这些问题产品甄选出来。

第二，经营户与监管者之间的信息不对称。现在，一般的农产品市场自身都有检测机构来负责本市场的农产品质量安全，政府监管部门也有相应的检测机构来监督。但是，相对于市场和政府检测人员，经营户拥有更充分的信息，他们更清楚自己农产品的质量信息。经营户可以通过各种手段，如干预抽检人员抽样、规避质量问题风险较大的产品被检测，那么通过抽检来控制农产品质量安全问题的能力就变得十分有限。

第三，监管者和消费者之间的信息不对称。无论是政府的监管机构还是农产品市场管理部门，对于农产品各类监测的数据信息公布的广度和力度不够，不能迅速、有效地传递给消费者，使得消费者缺乏做出选择的信息。此外，消费者对产品质量认证缺乏清晰的认识，导致质量认证信息不能反映到农产品价格中，使得质量认证体系对于保障农产品质量安全的效果有限。

（二）外部性

农产品市场上存在外部性，而且不论是正的外部性还是负的外部性，都可能削弱市场提供优质农产品的动力。从正的外部性来看，如果经营户向市场输入优质的农产品在消费者心中留下了好印象，当消费者不能分辨优质农产品和伪劣农产品的时候，消费者可能认为整个市场的产品都是一致的，这就产生了正的外部性，而实际买到的可能是伪劣的农产品。这样，没有花费成本去努力提供优质农产品的经营户获得了高利润，为了更大程度地获利，他们便会降低对经营的农产品的质量要求。相反，如果经营户向市场输入伪劣的农产品在消费者心中留下了不好的印象，消费者便对整个市场的产品产生了怀疑，降低了其消费意愿，那么优质的农产品难以实现优质优价，经营户不能获利，继续提供优质农产品的激励就减弱了。

综合以上分析，发现造成农产品质量安全问题的内在原因是一致的。在外部性分析中，市场不能给提供优质农产品的经营户以回报，其前提在于消费者不能分辨优质农产品和劣质农产品，本质上还是信息不充分。因此，本章认为造成农产品质量安全问题的根本原因在于农产品市场上信息不对称。

三、解决农产品质量安全问题路径探析

通过前文的分析，要解决信息不对称的问题进而达到解决农产品质量安全问题，其核心还是要增加农产品质量安全信息的透明度，通过优质优价的激励机制和明确责任的潜在惩罚机制来使市场提供高质量安全的农产品。国内外对于探索解决食品质量安全问题也有许多研究，大多数学者认为建立可追溯系统是消除信息不对称、保障食品质量安全的有效办法。

下面结合本章提出的农产品质量安全四个基本内涵，来分析农产品质量安全可追溯系统是如何保障农产品质量安全，实现"从田间到餐桌"的全程控制。

（1）生产安全与可追溯系统。农产品生产加工阶段是农产品质量安全问题产生的源头，因此，控制生产安全是控制农产品质量安全的最前端。可追溯系统将农产品的生产信息——产地、生产者、所用原料、添加物等信息传递到流通和消费环节，保证整个农产品链上信息畅通，消费者就可以根据充分的信息做出合理的选择，实现优质优价。另外，建立可追溯系统还对生产者形成了一种潜在的惩罚机制，就是如果农产品链下端出现了农产品质量安全问题，可以通过质量安全信息流追溯到问题的源头，从而对生产者的行为起到约束作用，减少了生产者的"投机"和"不道德"行为，大大降低了质量安全问题发生的概率。

（2）流通安全与可追溯系统。现在我国农产品一般都要经过产地生产加工—批发市场—超市或农贸市场—消费者这样一个过程。这中间是一个很长的流通过程，也是农产品质量安全问题发生的重要节点，任一中间商的行为都可能改变农产品的质量。农产品质量安全可追溯系统可以很好地对这一过程进行控制。其一，可追溯系统要求每一个流通环节都要进行信息记录和信息交接，保证所有上一环节及之前的信息都可以进入下一环节，实现紧密衔接。这样，每一个中间商和最终消费者清楚流通过程的信息，从而能够做出最优选择。其二，可追溯系统

所具备的追溯能力同样也可以对每一中间商形成强有力的约束，这种潜在的惩罚机制时刻约束中间商的行为，从而实施农产品质量流通安全。

（3）追溯安全与可追溯系统。追溯安全是对建立可追溯系统的农产品提出的内在要求，即可追溯系统本身是安全可靠的，是可以有效实现可追溯功能的。农产品追溯安全保证了可追溯系统在传递质量安全信息和潜在惩罚机制能够有效实现，换句话说，农产品可追溯系统的追溯安全有效保障了农产品质量安全。

（4）食用安全与可追溯系统。从本章提出的农产品质量安全四个内涵来看，食用安全是生产安全、流通安全和追溯安全的结果，是农产品质量安全"从田间到餐桌"控制的最终目标。可追溯系统对农产品质量安全的控制从源头开始，再到流通，最后到消费者，保证其获得充分的质量安全信息。同时也为消费者提供了一份保障权益，即追溯安全。

总之，农产品质量安全可追溯系统可以有效破解农产品市场上信息不对称的问题，建立起农产品质量信息互联互通机制和农产品链条上利益相关者的潜在惩罚机制，可以达到保障农产品质量安全的目标。因此，建立农产品质量安全可追溯系统是解决农产品质量安全问题的一条有效路径。

第三十七章 构建农产品可追溯体系的理论与实践

——以南深农产品批发市场为例

　　严峻的食品安全形势，使得探寻一条解决食品安全问题的路径成为政府和学术界的热点问题。进入 21 世纪以来，农产品可追溯制度被作为破解食品质量安全问题的有效手段。欧盟开启了农产品"从田间到餐桌"全过程追溯管理，此后，美国、日本等国家纷纷建立了农产品质量安全可追溯制度，并取得了不错的效果。我国也在 21 世纪初开始探索建立农产品质量安全可追溯体系，在农产品研究领域，可追溯体系建设成为研究热点问题。本章在江西省南昌肉类蔬菜流通追溯体系建设项目的基础上，充分吸收试点单位的有益经验，提出构建南深农市场肉类追溯体系的实践思路及建议。

一、相关概念的界定

（一）可追溯

　　《质量管理体系——基础和术语》中认为可追溯是一种追踪所考虑对象的历史、应用情况或所处场所的能力；欧盟《食品基本法》中将可追溯性定义为：在食品生产、加工和销售的各环节中，对有可能成为食品或原料组成成分的任何物质的追踪能力。日本农林水产省《食品追踪系统指导手册》中将可追溯作为一项生产履历制度，将追踪系统定义为能够追溯食品由生产、处理、加工、流通及销售的整个过程的相关信息。Souza-MonteiroDM（2004）也认为，可追溯是指能够在食品生产、加工和分销的某个特定阶段实现追溯的能力。概括各方对"可追溯"的论述，基本都包括如下两个方面：①能力，即可追溯代表一种能够追溯产品来龙去脉的能力；②过程，可追溯不单只是跟踪食品链上某个节点上的信息，一般都涵盖了从产品生产到最终消费全过程的信息。

（二）农产品可追溯体系

关于农产品可追溯体系的定义。国际标准化组织和欧共体管理法规将农产品可追溯体系定义为："在生产、加工及销售的过程中对食品、饲料、食用性动物及有可能成为食品或饲料组成成分的所有物质追踪的能力。"我国商务部联合财政部于2010年启动的"肉类蔬菜流通追溯体系建设"项目，指出追溯体系是以发展现代流通方式为基础，运用信息技术手段，实现肉菜商品流通的索证索票、购销台账的电子化，从而形成来源可追溯、去向可查证、责任可追究的质量安全追溯链条。于维军（2004）认为，食品追溯系统是对食品生产、加工、流通及销售各个环节的信息加以有效监管，来实现溯源以减少问题，并且一旦发现问题可以有效追溯至源头。综上所述，如果一种农产品实施可追溯体系，那么就应该能够知道这种农产品是从哪里来的、怎么生产出来的以及运输过程中的信息。本章认为，农产品可追溯体系是一条能够有效实现监管农产品质量安全的路径，通过农产品可追溯体系能够实现溯源管理，能够有效对农产品的质量安全实现全程监控，从而达到保障农产品质量安全的目的。

二、农批市场构建农产品追溯体系的依据

（一）理论依据

（1）交易成本和契约经济理论。农产品批发市场是农产品供、销的集散地，是价格形成的交易场所，是农产品物流和信息流的交汇点。在农产品批发市场建立质量安全可追溯体系，进行前向和后向追溯，可以有效降低交易成本。政府或者农批市场管理者提供可追溯设备，能够被有效利用，实现规模经济，减少交易成本；在市场内，消费者容易获得农产品价格、质量等信息，经营户能够较快获得消费者需求信息，政府或者农批市场发布的可追溯信息易于在消费者之间实现共享，降低信息搜寻成本。另外，经营户进入市场，与农批市场建立契约关系，需要符合农批市场规定的经营户进场资质和农产品的入场条件。农批市场可以强制要求经营户供应的农产品具备可追溯功能，或者配合政府和农批市场建立农产品可追溯体系。另外，建立契约关系也有利于事后监督，减少经营户的机会主义行为，形成有效约束力，提高农产品可追溯体系的运行效率。

（2）规制经济理论。农产品批发市场把大大小小的农产品经营户集中在场内，便于政府或者农批市场集中实施农产品可追溯体系，政府将监管资源集中于

批发市场,会比监管其他主体来得更有效力,也可以大大降低监管成本。另外,将可追溯行为纳入企业和农产品进入市场的规制,保证农产品可追溯体系的政令有效执行。可见,从政府管制费用和效度的角度来看,以农批市场为核心构建农产品质量安全可追溯体系也是最具经济的选择。

(3) 利益重复博弈理论。首先,农批市场管理者与经营户之间的重复博弈。前面也提到,农批市场为经营户提供了固定经营场所,不同于农贸市场,这种固定且经常的交易减少了机会主义"打了就跑"的策略。农产品可追溯体系建设也一样,随着政府监管压力的层层内化和传导,利益主体间基于分清责任归属的动机,农批市场管理者和经营户之间通过利益上的重复博弈建立起相互监督机制(叶俊焘,2010)。最终,博弈的均衡点就是经营户参与到农产品可追溯体系建设中,并为提高产品竞争力主动提供质量安全信息。其次,消费者与经营户之间的重复博弈。在农批市场内,消费者和同一个经营户的交易往往是要重复进行的,即如果经营户将不具备可追溯功能的产品按照具备可追溯功能的价格销售给消费者,经营户很可能下次就失去同这个消费者交易的机会,这样经营户为了长远的利益也会减少眼前的"败德行为"。

(二) 现实依据

农产品批发市场是我国农产品市场体系的重要组成部分,是农产品流通的主渠道和中心环节,全国有70%~80%的鲜活农产品是经过批发市场流通并最终进入百姓的菜篮子。2010年全国有4500家农产品批发市场,其对我国农产品的集散与流通发挥了重要作用。以农产品批发市场为核心建立农产品可追溯体系,前向联通生产环节,后向联结其他流通和消费环节,是物流和质量安全信息流集中与分配的节点,能最有效地实现农产品质量安全信息的收集与传播。由此可知,构建以农批市场为核心的农产品质量安全可追溯体系也是现实的需要。

三、国内肉类蔬菜流通追溯体系建设实践

(一) 总体建设情况

2010年10月13日,商务部、财政部联合发布《关于肉类蔬菜流通追溯体系建设试点指导意见》,指出为解决肉类蔬菜流通来源追溯难、去向查证难等问题,提高肉类蔬菜流通的组织化、信息化水平,增强质量安全保障能力,中央财政支持有条件的城市进行肉类蔬菜流通追溯体系建设试点。截至2014年,在全国先

后分四批共 50 个试点城市与商务部签署了肉类蔬菜流通追溯体系建设协议，建立肉类蔬菜流通追溯体系。如表 37-1 所示。2011 年 4 月，南昌同商务部签署了肉类蔬菜流通追溯体系建设协议，成为全国第二批该体系建设试点城市之一，也是目前为止江西省唯一一个肉菜可追溯体系试点城市。从此，南昌市开启了肉菜可追溯体系建设的时代。

表 37-1　商务部肉类蔬菜流通追溯体系建设试点城市

批次	时间	数量（个）	试点城市名单
第一批	2010.10.18	10	大连、青岛、南京、无锡、上海、宁波、杭州、重庆、成都、昆明
第二批	2011.4.28	10	天津、石家庄、哈尔滨、合肥、南昌、济南、海口、兰州、银川、乌鲁木齐
第三批	2012.6.20	15	长春、北京、潍坊、苏州、芜湖、济南、太原、呼和浩特、西安、宜昌、长沙、南宁、贵阳、锦州、西宁
第四批	2013.01.30	15	秦皇岛、包头、沈阳、吉林、牡丹江、徐州、福州、淄博、烟台、漯河、襄阳、湘潭、中山、遵义、天水

资料来源：根据商务部肉类蔬菜流通追溯体系建设网站资料整理。

（二）南昌市肉类蔬菜流通追溯体系建设情况

（1）现状。按照南昌市商贸委公布的建设计划，南昌确定的 8 家机械化定点屠宰场（含 1 家牛定点屠宰场）、3 家肉类蔬菜批发市场、50 家室内农贸市场、28 家大中型连锁超市、55 家肉品专卖店、100 家集团消费单位，共 244 家单位要在 2013 年全部建成肉菜流通可追溯体系，实现了南昌市肉菜流通节点单位的全覆盖。但到 2013 年 11 月 15 日，南昌市已建成的试点单位有屠宰场 7 家，超市 30 家，集贸市场 22 家，加起来仅为 59 家；到 2014 年 3 月 12 日，已完成上线单位数量也才达到 100 家，分别为屠宰场 8 家、批发市场 2 家、超市 31 家、集贸市场 24 家、肉菜专卖店 35 家。

（2）存在的问题。通过在南昌市肉类蔬菜流通追溯体系建设试点单位的调研，发现各试点单位追溯子系统及南昌市追溯体系存在以下问题及实施难点。

第一，追溯系统设备没有得到合理利用。通过在筷子巷农贸市场、广润门集贸市场和西湖区抚河菜市场的观察，发现追溯专用的溯源秤被当作普通秤使用，溯源查询机都没有投入使用。

第二，经营户不配合，市民溯源意识不强。在整个调研过程中，未发现有经营户主动向消费者提供溯源小票，同时也未发现有消费者主动向经营户索要小票。根据进一步了解，是由于溯源秤没有打印纸、没有墨、不会操作和耽误时间而没有提供溯源小票。而不少市民在购物后，一般都不会特意到溯源一体机上去查询购买产品的信息，而且，现在仍有许多市民不知道肉菜溯源查询一体机具有追本溯源的功能。

第三，增加试点单位运行成本从而导致其积极性不高。市场内商贸委为商户提供的设备，需要市场管理人员维护，大大增加了单位人力成本；另外，进入市场的农产品需要进行登记录入查询机中，猪肉、牛肉等肉类均有代表身份的质量IC卡，通过扫描就可以完成录入。然而对于蔬菜，批发渠道多，流动性大，蔬菜入场登记需要手动完成，需要大量人力，难度较大。在南昌市深圳农产品批发市场的调研中，市场管理者曾提到这一点。

第四，可追溯手段单一。现在只有市场内溯源一体机可以查询到溯源信息，而通过互联网、手机短信或热线电话查询所购买食品信息的功能还没有开通。

(三) 肉类蔬菜流通追溯体系建设经验总结

通过对肉类蔬菜流通追溯体系建设项目的学习和实地调研，肉菜流通追溯体系实际上是构建一条从农产品产地—批发市场—超市和集贸市场—消费者流通过程的追溯链条，它保证了农产品在流通过程中可追溯，质量安全有保障。通过前文的理论分析和现实情况可知，农产品批发市场是这一链条的核心环节。这样一个流通追溯链条离不开信息技术的支撑。在此，先对流通可追溯体系的技术设备做总结，为后面提出构建南深农市场肉类可追溯体系的实践提供基础。IC服务卡相当于经营户的"经营身份证"，向上游批发产品、入场登记、交易、出场登记等都是通过服务卡来进行的。服务卡内保存了经营户的基本信息和当天所有交易信息，卡内信息都可以通过刷卡来实现传递，便于可追溯信息流通。IC服务卡读写终端具备条码识读、射频识别和IC卡读写、手写输入等功能，并能通过无线或有线方式传输信息的移动式或固定式设备。溯源秤是指集称重、非接触式IC卡读写、凭证打印等功能于一体，并能通过有线或无线等方式接收、传输相关信息的电子秤；同时该秤可以连接打印机打印追溯票据。溯源一体机同IC服务卡读写终端类似，具备条码识读、射频识别、手写输入等功能，并能通过无线或有线方式传输信息的移动式或固定式设备。

四、南深农市场肉类可追溯体系构建思路

(一) 南深农市场肉品流通过程

南深农市场作为南昌市肉类蔬菜流通追溯体系的试点之一,为了构建南深农市场肉类可追溯体系,需要先了解南深农市场肉品的一般流通过程,如图 37-1 所示。由图 37-1 可知,要构建南深农市场肉类可追溯体系,是为了起到溯源信息"上连下接"的作用,即上连屠宰场试点单位的肉品信息,下接零售摊位经营户和消费者,保证信息全程可追溯。

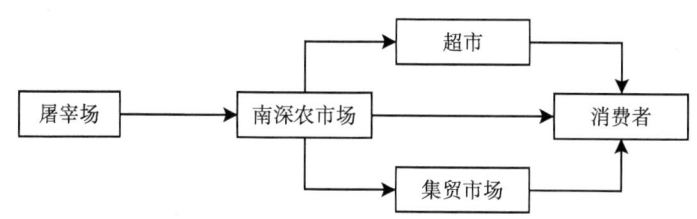

图 37-1 南深农市场肉品一般流通过程

(二) 构建思路

在南深农市场追溯子系统中,商户进场、肉品进场、肉品交易溯源信息查询和肉品出场登记是该系统的组成部分。

(1) 经营商户进场备案。经营商户入场需符合市场经营户入场制度,其经营资质、相关证件必须齐全,这是批发市场可追溯体系的前端,对于保障农产品质量安全也是不可缺少的环节。经营商户向市场提供有效身份证件、营业执照原件及复印件等材料进行入场申请,市场进行审核,审核不通过退回材料;审核通过建立纸质和电子备案文档。向商户发放"南昌市肉类蔬菜流通服务卡",现主要使用的是 IC 卡,是由南昌市商贸委统一制定和配发的。商户以后的进场和交易都是通过服务卡进行的,其记载的信息如表 37-2 所示。

表 37-2 IC 服务卡信息内容

类别		主要信息内容
基本信息		商户姓名、营业执照号、身份证号、联系电话、摊位号、EC 卡编号、所属单位名称
当日保存信息	肉品信息	产地、品种、动物检疫证号、屠宰场名称、屠宰场编号、屠宰出场时间
	交易信息	商户名称、摊位号、交易流水号、交易时间、商品名称、溯源码、交易数量、交易单价、交易金额

(2) 肉品进场登记。商户从屠宰场购买的肉品进入市场销售，需要通过市场的入场登记。商户从屠宰场购买肉品，获得交易凭证，商户肉品进场凭交易凭证和IC服务卡进入市场，通过IC卡读写终端将肉品信息录入市场追溯系统，形成入场电子台账。

(3) 肉品交易信息输入。肉品进入市场后，商户进行销售，一般分为两种情况：①批发给下级中间商，如超市和集贸市场，这时需要商户和批发商的IC服务卡进行肉品信息的交接，并利用溯源秤将交易信息输入市场追溯系统；②零售给消费者，通过溯源秤实现交易，并打印出追溯票据给消费者。肉品交易形成的信息成为销售电子台账，通过溯源秤将信息输入南深农市场肉类蔬菜流通追溯系统。

(4) 溯源信息查询。消费者购买肉品时，从商户获得了追溯票据，消费者可以通过追溯票据上的追溯码、网址、短信、二维码来查询肉品的溯源信息。追溯码是按照统一编码规则自动生成，标注于交易凭证或零售凭证上，用于查询肉类蔬菜流通追溯信息、合成追溯信息链条的代码。例如，上海肉类蔬菜交易的追溯码由13位经营者主体码+7位交易流水号组成，共20位数字。消费者只需将追溯票据放到溯源一体机上，进行红外线扫描或者手动输入追溯码，就可以看到所购买肉品的信息及交易商户的信息。消费者还可以通过以下方式实现可追溯：根据追溯票据上提供的网址，在网络上实现可追溯；将溯源码以短信方式发送到查询号码；通过拨打查询热线电话来获取溯源信息；还可以在手机上下载肉菜追溯客户端以通过扫描二维码查询肉品、商户以及检测的信息，实现多渠道、多手段可追溯。

(5) 肉品出场登记。经营户每天要进行出场登记，同进场一样，通过服务卡完成，形成出场电子台账。这样就形成了完整的购销存台账，便于核对购、销、存数据。以上五个模块就是构建南深农市场肉类追溯体系的主要思路，最后，各个模块形成的信息都要保存到南深农市场肉菜追溯子体系中，并及时上传到南昌市肉类蔬菜流通追溯体系管理平台，保证数据统一和及时共享。

(三) 配套措施的完善

一个完整的可追溯体系需要市场场地、人力、物力等方面的配合，才能更好地发挥其效果，目前，市场需要在以下方面进一步完善：

(1) 设立肉类交易区进出场登记位置，规范市场内摊位建设。需要在肉类交易市场门口设立专门的进出场位置，安装好 IC 卡读写终端，提供良好的网络环境。在市场内，规范经营摊位，每个摊位标明摊位号，对号经营。

（2）增加专业素质人才配备。进出场登记、信息录入和市场内硬件设备管理维护需要投入人力，为保证可追溯体系持续稳定运转下去，市场需要增加专门的人力投入。

（3）加强市场内农产品质量安全意识和可追溯意识的宣传。提高消费者主动追溯的意识，让消费者了解可追溯体系，从而提高其索取溯源票据的积极性，形成一个良好的外部环境，使得经营户主动参与到可追溯体系建设中，发挥其主体作用。从而营造出农产品质量安全可追溯体系内生运转的动力，确保可追溯体系的效果落到实处。

参考文献

[1] 马克思. 资本论（第 1 卷）[M]. 北京：人民出版社，1972.

[2] 季陶达. 资产阶级庸俗政治经济学选辑 [M]. 北京：商务印书馆，1963.

[3] 马克思. 剩余价值理论 [M]. 北京：人民出版社，1974.

[4] 詹姆斯·M.布坎南. 自由、市场和国家 [M]. 北京：北京经济学院出版社，1998.

[5] 查尔斯·沃尔夫. 市场或政府：权衡两种不完善的选择 [M]. 北京：中国发展出版社，1994.

[6] 享利·勒帕日. 美国新自由主义经济学 [M]. 北京：北京大学出版社，1985.

[7] 毛泽东选集（第 3 卷）[M]. 北京：人民出版社，1991.

[8] 毛泽东著作选读（下卷）[M]. 北京：人民出版社，1983.

[9] 毛泽东选集（第 5 卷）[M]. 北京：人民出版社，1977.

[10] 石仲泉. 毛泽东的艰辛开拓（增订本）[M]. 北京：中共党史出版社，1992.

[11] 薄一波. 若干重大决策与事件的回顾（下册）[M]. 北京：中共中央党校出版社，1993.

[12] 龚育之，逢先知，石仲泉. 毛泽东的读书生活 [M]. 北京：生活，读书·新知三联书店，1986.

[13] 亚当·斯密. 道德情操论 [M]. 北京：商务印书馆，1997.

[14] 亚当·斯密. 国富论 [M]. 北京：商务印书馆，1997.

[15] 刘荣春等. 巴师夏"经济和谐论"的历史庸俗性合理内核及现代启示 [J]. 江西师范大学学报，2007（6）.

[16] 哈罗德·孔茨. 管理学（第十版）[M]. 北京：经济科学出版社，2003.

[17] 丹尼尔·A.雷恩. 管理思想的演变 [M]. 北京：中国社会科学出版社, 1997.

[18] 苏东水. 管理学 [M]. 上海：东方出版中心, 2001.

[19] 黄明杰. 管理学——现代的观点 [M]. 上海：上海人民出版社, 2002.

[20] 何继善, 陈晓红. 管理科学：历史沿革、现状与发展 [M]. 长沙：湖南人民出版社, 2004.

[21] L.罗宾斯. 经济学史中的经济发展理论 [M]. 伦敦：麦克米伦出版社, 1968.

[22] 马克思, 恩格斯. 马克思恩格斯全集（第 4 卷）[M]. 北京：人民出版社, 1958.

[23] 马克思. 资本论（第 3 卷）[M]. 北京：人民出版社, 1975.

[24] 马克思, 恩格斯. 马克思恩格斯全集（第 46 卷）（上）[M]. 北京：人民出版社, 1979.

[25] 马克思, 恩格斯. 马克思恩格斯全集（第 1 卷）[M]. 北京：人民出版社, 1956.

[26] 马克思, 恩格斯. 马克思恩格斯选集（第 3 卷）[M]. 北京：人民出版社, 1972.

[27] 马克思, 恩格斯. 马克思恩格斯全集（第 21 卷）[M]. 北京：人民出版社, 1965.

[28] 马克思, 恩格斯. 马克思恩格斯全集（第 22 卷）[M]. 北京：人民出版社, 1965.

[29] 马克思, 恩格斯. 马克思恩格斯全集（第 20 卷）[M]. 北京：人民出版社, 1971.

[30] 马克思. 资本论（第 2 卷）[M]. 北京：人民出版社, 1975.

[31] 马克思, 恩格斯. 马克思恩格斯全集（第 18 卷）[M]. 北京：人民出版社, 1964.

[32] 马克思, 恩格斯. 马克思恩格斯全集（第 2 卷）[M]. 北京：人民出版社, 1957.

[33] 马克思, 恩格斯. 马克思恩格斯全集（第 19 卷）[M]. 北京：人民出版社, 1963.

[34] 孙见君. 21世纪美国科技发展战略与我国科技发展对策 [J]. 江苏工业学院学报，2004（9）.

[35] 赵建军. 印度科技政策与科技发展——兼对中印国家创新能力比较 [J]. 世界科技研究与发展，2004（10）.

[36] 徐冠华. 面向21世纪的中国科技发展战略 [J]. 科技与经济，2003（6）.

[37] 黄本笑. 科技进步与区域发展 [M]. 武汉：武汉大学出版社，2002.

[38] 樊红平，叶志华. 农产品质量安全概念探析 [J]. 广东农业科学，2007（7）.

[39] 金发忠. 关于农产品质量安全几个热点问题的理性思考 [J]. 农业质量标准，2005（1）.

[40] 叶俊焘. 以批发市场为核心的农产品质量安全追溯系统研究：理论与策略 [J]. 生态经济，2010（10）.

[41] 周洁红，张仕都. 蔬菜质量安全可追溯体系建设——基于供货商和相关管理部门的二维视角 [J]. 农业经济问题，2011（1）.

[42] 周洁红，汪渊，张仕都. 蔬菜质量安全可追溯体系中的供货商行为分析 [J]. 浙江大学学报（人文社会科学版），2011（2）.

[43] 胡庆龙，王安民. 农产品质量安全及溯源机制的经济学分析 [J]. 农村经济，2009（7）.

[44] 姬亚岚. 农业性质与中国"三农"问题 [J]. 农业经济问题（月刊），2006（5）.

[45] 吴林海，徐玲玲，王晓莉. 影响消费者对可追溯食品额外价格支付意愿与支付水平的主要因素——基于Logistic、Interval Censored的回归分析 [J]. 中国农村经济，2010（4）.

[46] 王锋，张小栓，穆维松，傅泽田. 消费者对可追溯农产品的认知和支付意愿分析 [J]. 中国农村经济，2009（3）.

[47] 沈传萍，徐强，杨兵杰. 宁波产业竞争力评价分析 [J]. 经济丛刊，2006（3）.

[48] 谢盼盼. 区域产业竞争力影响因素分析 [J]. 消费导刊，2009（1）.

[49] 李梦觉. 产业竞争力的测度与评估 [J]. 统计与决策，2009（10）.

[50] 陈颖. 产业竞争力影响因素与产业政策作用机制分析 [J]. 商业时代，

2009（10）.

[51] 舒晓波，陈丽华，喻荣春. 江西省区域产业竞争力研究［J］. 企业经济，2006（12）.

[52] 江泽民. 论科学技术［M］. 北京：中央文献出版社，2001.

[53] 邓小平. 邓小平文选（第3卷）［M］. 北京：人民出版社，1993.

[54] 傅伯言. 江西经济形势分析与预测［M］. 南昌：江西人民出版社，2004.

[55] 洪银兴. 可持续发展经济学［M］. 北京：商务印书馆，2002.

[56] 王慧炯. 可持续发展与经济结构［M］. 北京：科学出版社，2001.

[57] 张尧庭. 定性资料的统计分析［M］. 桂林：广西师范大学出版社，2001.

[58] Souza-Monteiro D. M., Caswell J. The Economics of Implementing Traceabilityin Beef Supply Chain: Trends in Major Producing and Trading Countries［J］. Annual Meeting of the Northeastern Agricultural and Resource Economics Association，2004（6）.

[59] 于维军. 建立质量安全追溯制度，提升我国农畜产品国际竞争力［J］. 动物科学与动物医学，2002，21（9）.

[60] 商务部肉类蔬菜流通追溯体系建设［EB/OL］. http：//traceability.mofcom.gov.cn/index.html.

[61] 关于肉类蔬菜流通追溯体系建设试点指导意见［EB/OL］. http：//traceability.mofcom.gov.cn/static/zy_zhengcewenjian/page/2013/9/1380009169063.html.

[62] 大连市肉类蔬菜流通追溯体系项目办理IC卡管理办法［EB/OL］. http：//rczs.dl.gov.cn：7001/Pages/Site/detail.aspx?id=749.

[63] Golan E., Krissoff B., Kuchler F., et al. Traceabil-ity in the U.S. Food Supply: Economic Theory and Industry Studies［J］. Economic Research Service，U.S. Department of Agriculture，Agricultural Economic Repot，2004（830）.

[64] Pettitt R. G. Traceability in the Food Animal Industry and Super market Chains［J］. Scientific and Technical Review，2001（10）.

[65] Souza-Monteiro D. M., Caswell J. Traceability from a U.S. Perspective［J］. Meat Science，2005，71（1）.

[66] 姬亚岚. 农业性质与中国"三农"问题［J］. 农业经济问题，2006（5）.

[67] 陈仁政. 科技信息的价值［J］. 知识就是力量，2005（1）.

[68] 胡学军. 国际科技合作与交流呈现新特点 [J]. 科技成果纵横, 2004 (3).

[69] 李国青. 我国对外科技合作中存在的问题及对策 [J]. 东北大学学报（社会科学版）, 2004 (9).

[70] 曾路. 机遇与挑战——广东省对外科技合作的环境与对策 [J]. 科技管理研究, 2004 (5).

[71] 李德平, 龚晓辉. 江西经济发展中创业环境问题的思考 [J]. 求实, 2010 (8).

[72] 李长平, 刘东皇. 浅析提升江西文化资源优势的手段及价值 [J]. 牡丹江师范学院学报（哲学社会科学版）, 2008 (2).

[73] 陈祥云, 王志刚. 江西省矿产资源产业发展研究 [J]. 中国矿业, 2008 (4).

[74] 罗运阔. 江西省矿产资源开发利用现状与对策 [J]. 江西农业大学学报（社会科学版）, 2008 (1).

[75] 肖润华, 肖晓军. 江西承接产业转移研究 [J]. 改革与战略, 2010 (4).

[76] 蒋万里. 略论绝对地租消失的经济条件 [J]. 经济研究, 1984 (5).

[77] 涂名. 中国经济：过热冲动在加剧 [J]. 中国改革, 2004 (6).

[78] 马淑芳. 消费和社会投资的相互驱动 [J]. 消费经济, 2004 (2).

[79] 尹世杰. 消费需求与经济增长 [J]. 消费经济, 2004 (5).

[80] 隋萌. 由控制四大行业引发的思考 [J]. 经济论坛, 2004 (21).

[81] 杨坚白. 中国宏观经济政策选择 [M]. 北京：社会科学文献出版社, 2003.

[82] 蒋泽中. 企业收购与兼并 [M]. 北京：中国人民大学出版社, 2004.

[83] 陈佳贵, 王钦. 跨国公司并购与大型国有企业改革 [J]. 中国工业经济, 2003 (4).

[84] 郑文萍. 跨国公司的并购投资及我国的应对措施 [J]. 经济问题, 2003 (5).

[85] 祖强, 周志莹. 跨国公司并购对我国经济发展的影响和对策 [J]. 新金融, 2005 (12).

[86] Agata Antkiewicz, John Whalley. China's New Regional Trade Agreement [J]. The World Economy, 2005 (10).

[87] 冯景源. 唯物史观视野中的生产力跨越发展 [J]. 中国人民大学学报, 2001（5）.

[88] 中国共产党第十七次全国代表大会文件汇编 [M]. 北京：人民出版社, 2007.

[89] 丰子义. 关于生产力发展的跨越问题 [J]. 河北学刊, 2006（11）.

[90] 郭金龙. 经济增长方式转变的国际比较 [M]. 北京：中国发展出版社, 2000.

[91] 洪银兴. 论经济增长方式转变的基本内涵 [J]. 管理世界, 1999（4）.

[92] 谈儒勇. 中国金融发展和经济增长关系的实证分析[J]. 经济研究, 1998（7）.

[93] 马家顺. 资本市场与经济增长 [M]. 南昌：江西人民出版社, 2000.

[94] 蒋万里. 略论绝对地租消失的经济条件 [J]. 经济研究, 1984（5）.